Bildung braucht Beziehung

Julius Kuhl | Susanne Müller-Using |
Claudia Solzbacher | Wiebke Warnecke

Bildung braucht Beziehung

Selbstkompetenz stärken – Begabungen entfalten

herausgegeben vom

nifbe Niedersächsisches Institut für frühkindliche Bildung und Entwicklung

HERDER

FREIBURG · BASEL · WIEN

www.herder.de

Layout: Weiß-Freiburg GmbH – Graphik & Buchgestaltung
Satz und Gestaltung: Susanne Lomer, Freiburg
Titelbild: © Bettina Meckel
Fotos im Innenteil: © Bettina Meckel (S. 14 und 58),
Angela von Brill (S. 106) und Brigitte Geupel (S. 180 und 184))

Druck und Bindung: fgb · freiburger graphische betriebe
www.fgb.de
Gedruckt auf umweltfreundlichem, chlorfrei gebleichtem Papier
Printed in Germany

ISBN 978-3-451-32490-1

Inhalt

Vorwort

DIE SECHSJÄHRIGE JULIA hat es in der Schule nicht immer leicht: Sie kann nicht lange still sitzen, fühlt sich häufig von den Lern- und Leistungsanforderungen überrollt und ist manchmal richtig erschöpft, entmutigt und unglücklich. Dann wird sie patzig und widerspenstig gegenüber ihrer Lehrerin, kritzelt ihre Bücher voll und zettelt Streit mit den anderen Kindern an. Aber Julia kümmert sich gerne um die Grünpflanzen im Klassenzimmer und achtet darauf, dass diese auch immer genügend Wasser bekommen. Zum Glück hat Julias Lehrerin dies bemerkt. Als die großen Ferien beginnen, bittet sie Julia darum, während der Ferienzeit den »Geldbaum« aus dem Lehrerzimmer, der ganz zerrupft und vertrocknet aussieht, mit nach Hause zu nehmen und sich um ihn zu kümmern. »Du hast wirklich eine Begabung für Pflanzen!«, hat die Lehrerin dabei zu Julia gesagt. Julia kümmert sich sechs Wochen lang hingebungsvoll um den »Geldbaum«. Am Ende der Ferien hat er keine vertrockneten Blätter mehr, sondern sogar ein paar neue Triebe hinzubekommen. Julia hat sich zu Hause einen eigenen kleinen Garten angelegt und in ihrer Klasse ist sie jetzt die »Pflanzenwartin«. Irgendwann sagt sie zu ihrer Mutter: »Du Mama, ich kann das richtig gut mit den Blumen. Ich kann alles darüber lernen. Ich kann ein Doktor für Blumen werden.«[1]

Die Reformvorschläge der vergangenen fünf bis zehn Jahre für den frühkindlichen Bereich und die Schule hatten tatsächlich weitreichende Konsequenzen: Rahmen- und Orientierungspläne für Kindertageseinrichtungen sowie einheitliche Bildungsstandards für den Schulbereich wurden festgeschrieben, Maßnahmen der Qualitätssicherung wurden vorgegeben und institutionalisiert (z.B. in Form von Schulinspektionen). Diese Bemühungen zielen zunächst und vor allem darauf ab, die Möglichkeiten der Vergleichbarkeit von Bildungsangeboten und -ergebnissen zu

---

1 Dieses Beispiel zur Einstimmung stammt von Martina Schalk, die sich u.a. in der Andrea Kuhl-Stiftung intensiv dafür einsetzt, immer wieder neue Wege zu finden, Kindern den Kontakt mit sich selbst zu erleichtern. Wer mehr über die Andrea Kuhl-Stiftung wissen möchten, kann im Netz nachsehen unter: www.andreakuhl-stiftung.de.

verbessern und durch Evaluation Hinweise auf mögliche Qualitätsmängel in der Schule bzw. Verbesserungsmöglichkeiten für das Bildungs- und Erziehungsangebot in Kindertageseinrichtungen zu erhalten. Parallel dazu wurde eine weitere Entwicklung angestoßen, die sich darauf richtet, der Individualität und Persönlichkeit von Kindern im öffentlichen Bildungskontext stärker gerecht zu werden, das Instrument der Förderung und Forderung bereits ab dem Kindergartenalter gezielter einzusetzen und damit den individuellen Begabungen von Kindern vermehrt Rechnung zu tragen (spätestens seit den Empfehlungen des Forum Bildung 2001).

Dieser breit angelegte Bildungs- und Erziehungsauftrag von Kindertageseinrichtungen und Grundschulen, der neben der Vermittlung von fachlichen Inhalten auch die Entwicklung von überfachlichen Basiskompetenzen sowie die Entfaltung individuellen Begabungen vorsieht, stellt für den Berufsalltag eine nicht unerhebliche Herausforderung dar. Um diese zu bewältigen, sind positive emotionale sowie professionelle Beziehungen eine wichtige Voraussetzung. Professionelle Beziehungen meint in diesem Kontext zum einen die Beziehungen innerhalb des Kollegiums, zum anderen – und das ist der Schwerpunkt dieser Publikation – die Beziehungen zwischen ErzieherIn bzw. LehrerIn und den ihnen anvertrauten Kindern. Sie sind Grundlage dafür, die Begabungen der Kinder zu erkennen und dass die Kinder Selbstvertrauen und den Glauben an die eigenen Fähigkeiten entwickeln können. Hüther[2] spricht in diesem Zusammenhang von der »Macht der inneren (Selbst-)Bilder«, die durch soziale Beziehungen (mit Erwachsenen) geprägt werden und sich bis in die Hirnstrukturen hinein verfestigen.

Die Fähigkeit der im Dialog erlernten Ich-Stärke ist Ausgangspunkt sämtlicher Lernprozesse eines Kindes. Es sind diese inneren Bilder (positive wie negative), die das Selbstvertrauen in das eigene Begabungspotenzial beeinflussen und damit auch die Selbstkompetenz im Umgang mit der Begabung und ihrer Umsetzung in individuelle Leistung prägen.

Daher sind professionelle Beziehungen bzw. ihr prägender Einfluss auf die Kinder von großer Bedeutung für das Thema Bildung und Begabung. Ihre positive Ausgestaltung muss also deutlicher als bisher Bestandteil handlungsrelevanten und verantwortungsbewussten Professionswissens sein.

---

2 Hüther, G. (2009). Ohne Gefühle geht gar nichts! Mühlheim-Baden: Auditorium Netzwerk.

Die Relevanz der ErzieherInnen-Kind-Beziehung wird in elementarpädagogischen Veröffentlichungen erkannt, wenn auch möglicherweise nicht in seiner gesamten Reichweite. In der schulpädagogischen Literatur steht die Lehrer-Schüler-Beziehung weniger klar im Fokus, wie es für individuelle Förderung eigentlich nötig wäre. Ähnliches lässt sich für die Praxis feststellen. Bei ErzieherInnen geht es in ihrer Arbeit mehr um »Bindungen schaffen und Beziehungen zum einzelnen Kind herstellen«, als dies bei Lehrkräften der Fall ist, deren Arbeit vordergründig doch eher auf Unterrichtsinhalte zielt und möglicherweise deshalb die Beziehungsarbeit in den Hintergrund treten lässt. In diesem Zusammenhang muss auch noch darauf verwiesen werden, dass der Kindergarten und die Schule als Institution die Beziehungskultur innerhalb der Einrichtung nachhaltig prägen. Wir wissen aus Untersuchungen, dass Überforderung und Belastung das Beziehungsverhalten schwächen – Beziehungen werden dann nur noch sehr formalisiert aufrechterhalten und gelebt.

Wie kann Beziehung in Bildungsprozessen gestaltet werden, damit ihr große Potenzial für die Entfaltung sichtbarer und verborgener Begabungen genutzt werden kann? Das ist die Kernfrage dieses Buches. Dabei wird nicht nur von Beziehungsgestaltung im engeren Sinne die Rede sein. Es wird auch darum gehen, im Detail zu erarbeiten, was innerhalb einer gut funktionierenden Beziehung geschehen muss, wenn begabungsrelevante Kompetenzen gefördert werden sollen. Wie kann im Rahmen von Bildungsprozessen die Fähigkeit von Kindern gefördert werden soll, sich selbst zu motivieren, gerade auch dann, wenn schwierige und unangenehme Lernschritte zu bewältigen sind? Wie lernen Kinder Selbstsicherheit und die Fähigkeit zur Selbstberuhigung, um stressresistenter zu werden? Und es geht auch um den pädagogischen und institutionellen Kontext: Wie schaffen es ErzieherInnen und LehrerInnen, innerhalb der institutionellen Strukturen und formalen Vorgaben persönliche Beziehungen zu den Kindern professionell zu gestalten?

Das Buch soll den Blick für diese professionelle Beziehungsebene schärfen, ihre Bedeutung für die individuelle Förderung in Bildungsinstitutionen und für die Begabungsforschung hervorheben und vor allem praktische Wege und Möglichkeiten aufzeigen, wie Begabungen Beziehungskompetenz besser wahrgenommen und gefördert werden können.

Wir freuen uns sehr, in diesem Buch interdisziplinär Fachbeiträge präsentieren zu können, die sich aus sehr unterschiedlichen Perspektiven der Thematik nähern.

Der erste Teil des Buches beschäftigt sich mit den pädagogischen und psychologischen Grundlagen von Selbstkompetenz, die die Basis für Begabungsförderung darstellt. Julius Kuhl, Thomas Künne und Frank Aufhammer erläutern in ihrem Beitrag den Zusammenhang von Begabungsförderung und Selbstkompetenz aus psychologischer Sicht. Ausgangspunkt ist dabei die zentrale These, dass die Entwicklung von Selbstkompetenz maßgeblich von der Qualität der Beziehung zwischen Lehrendem und Lernenden abhängt.

Ein Beispiel für Selbstkompetenz ist die Fähigkeit, sich selbst motivieren zu können, auch wenn Frustrationsmomente erlebt werden oder besonders schwierige, unangenehme Aufgaben zu bewältigen sind. Etwas schaffen zu wollen, bedeutet aber noch lange nicht, es auch schaffen zu können. Alexandra Strehlau und Thomas Künne beleuchten daher das interessante Zusammenspiel von Motivation und Beziehung und zeigen, was bei der Zielbildung und Zielerreichung psychologisch passiert.

Claudia Solzbacher, Birgit Behrensen und Meike Sauerhering beschäftigen sich in ihrem Beitrag mit der Relevanz der Selbstkompetenzentwicklung für die Begabungsförderung. Die Begabungsförderung geht davon aus, dass jedes Kind über besondere Fähigkeiten und Ressourcen verfügt. Es ist Aufgabe der PädagogInnen, dem Kind zu ermöglichen, diese auch zur Entfaltung bringen zu können. Um das zu erreichen, sind tragfähige und vertrauensvolle Beziehungen entscheidend.

Wenn Begabungsförderung als pädagogische Aufgabe verstanden wird, muss des Begabungsbegriffs auch theoretisch klar verortet und definiert werden. Im Beitrag des Teams der erziehungswissenschaftlichen Abteilung der nifbe-Forschungsstelle wird ein inklusiver Begabungsbegriff erarbeitet, der einen breiten Blick auf Begabungen, Selbstkompetenz und individuelle Förderung vorsieht.

Der zweite Teil des Buches fokussiert Möglichkeiten der Beziehungsgestaltung in Bildungsprozessen. Die Beiträge von Susanne Völker und Christina Schwer setzen sich aus psychologischer und aus pädagogischer Perspektive mit Bindung und Begabungsentfaltung in der frühen Kindheit auseinander. Sie stellen zum einen Befunde der wissenschaftlichen Forschung vor und analysieren zum anderen die Bindungs-Explorations-Balance anhand der Auswertung von Videomaterial aus dem Kita-Alltag.

Roswitha Staege beleuchtet Beziehungsgestaltung und Bildung aus einer musikpädagogischen Perspektive. Sie stellt Unterrichtssequenzen aus dem Jenaer Projekt »Musik und Bewegung an Grundschulen im sozialen Brennpunkt« vor und analysiert sie. Ihr Interesse gilt dabei dem Zusammenhang von Beziehungsgestaltung und bildender Erfahrung mit besonderem Blick auf Bewegung, Gestus und Tanz.

In Wissenschaft und Praxis herrscht weitestgehend Konsens darüber, dass die Beziehung des Kindes zur ErzieherIn bzw. LehrerIn die Entwicklung eines Kindes in jeder Hinsicht beeinflussen kann. Wie aber hängen Beziehungskulturen und Schulqualität zusammen? Und welche Auswirkungen haben Werte auf das professionelle Alltagshandeln von LehrerInnen? Diesen Fragen ist Susanne Müller-Using in einer ethnographischen Vergleichsstudie nachgegangen, die Schulkulturen und Beziehungen zwischen GrundschullehrerInnen und SchülerInnen aus Deutschland, Dänemark und Finnland in den Blick nimmt.

Begabungsförderung und der Ruf nach gerechten Chancen auf Bildungsteilhabe bedeuten auch, dass individuelle Ressourcen gestärkt werden müssen. Einführend in den dritten Teil des Buches bringt Wiebke Warnecke die Begriffe Begabungsentfaltung, Verschiedenheit und Diversity in einen Zusammenhang und macht deutlich, wie wichtig die Reflexion von Verschiedenheit für Begabungsförderung und Bildungserfolg ist.

Michael Bachg zeigt in seinem Beitrag, wie wichtig es ist, dass Fehlentwicklungen in den Interaktionen zwischen Eltern und ihren Kindern rechtzeitig erkannt werden. »Feeling-seen«, ein neurobiologisch generiertes Konzept zur Beziehungsgestaltung in pädagogischen Prozessen, kann ein Weg dazu sein und wird hier anhand einer Fallgeschichte vorgestellt.

Gerd E. Schäfer hat den Diskurs um frühkindliche Bildung und Entwicklung entscheidend geprägt und mitgestaltet. Die von ihm beschriebene Kultur des Lernens ist eine Kultur der Beziehung und Bildung von Anfang an. In seinem Beitrag in diesem Buch geht er insbesondere auf kindliches Erfahrungslernen und frühkindliches Wissen als implizites Handlungswissen bzw. Alltagswissen ein.

Hiltrud Bierbaum-Luttermann beschäftigt sich ebenfalls mit dem Begriff des Lernens. Vor dem Hintergrund ihrer therapeutischen Tätigkeit greift sie auf die drei großen »Cs« der Positiven Psychologie zurück – Control, Commitment, Challenge – und führt aus, warum Lernen Neugier, Verwunderung und Kompetenzerleben braucht.

Ein Weg zur Begabungsförderung und Stärkung individueller Ressourcen ist die individuelle Förderung in Kindertageseinrichtungen und Schule. Monika Kaiser-Haas und Monika Konrad berichten in ihrem Beitrag über ein Forder-Förder-Projekt als Beispiel für eine Pädagogik der individuellen Förderung. Dabei werden u.a. historische Bedingungen und rechtliche Rahmenbedingungen mit den Begriffen Werte, Haltungen und Beziehungen in Verbindung gebracht.

Eines der verbindenden Ziele von Pädagogik und Psychologie ist es, Ressourcen bei Kindern zu stärken. Diese Facette von Bildung, Begabungsförderung und Beziehung wird aus psychotherapeutischer Perspektive von Brigitte Geupel in ihrem Beitrag zur pädagogischen Arbeit mit Kindern und Jugendlichen mit sogenannten Kraft-Quellen bearbeitet. Die Erfahrung und Möglichkeit der Selbststabilisierung eröffnet sich Kindern, wenn sie sich damit beschäftigen, was ihnen gut tut.

Viele der beteiligten AutorInnen haben ihre Thesen und Themen im Rahmen unserer nifbe-Fachtagung »Begabung und Beziehung« im April 2010 bereits einem breiten Publikum aus Wissenschaft und Praxisvorgestellt. Wir möchten uns an dieser Stelle noch einmal ausdrücklich für ihr Engagement und die sehr anregende Zusammenarbeit bedanken.

Julius Kuhl, Susanne Müller-Using,
Claudia Solzbacher, Wiebke Warnecke

Osnabrück im März 2011

Teil I
Pädagogische und psychologische Grundlagen zur Selbstkompetenz

1. Wer sich angenommen fühlt, lernt besser: Begabungsförderung und Selbstkompetenzen

Julius Kuhl | Thomas Künne | Frank Aufhammer

WENN KINDERGARTEN UND SCHULE den Auftrag haben, Wissen sowohl fachlich als auch lebenspraktisch zu vermitteln, dann kommt es im Wesentlichen darauf an, Lernbedingungen zu optimieren und den Stoff didaktisch so aufzubereiten, dass er möglichst effektiv vermittelt werden kann. Heute mehren sich allerdings die Stimmen derer, die fordern, dass der Auftrag von Kindergarten und Schule über die effektive Wissensvermittlung hinausgehen sollte. Der klassische Bildungsbegriff meint mehr als das, was in den Leistungsfächern der Schule bewertet wird: Es geht auch um die Entwicklung der ganzen Person mit ihren Werthaltungen, ihren kreativen Potenzialen und der Fähigkeit, eigenverantwortlich zu handeln (Klafki 2005; Kuhl 2009). Dass diese Entwicklung auch in der Schule gefördert werden soll, lässt sich allein mit der Tatsache begründen, dass Kinder und Jugendliche einen großen Teil ihrer Zeit in der Schule verbringen, sodass ein Teil dieser Zeit auch zur Förderung gesellschaftlich wichtiger Entwicklungsziele aufgewendet werden soll. In diesem Beitrag wird allerdings aus einen anderen Grund dafür plädiert. Denn die Effektivität und Nachhaltigkeit des Lernens hängt maßgeblich von persönlichen Kompetenzen, auch Selbstkompetenzen genannt, ab, die wir als wichtigen Teil der Persönlichkeit ansehen (Heller/Perleth/Hany 1994; Holling/Kanning 1999).

Die Begabungen einer SchülerIn können sich nach dieser Annahme umso besser entfalten, je mehr sie auch wirklich in schulischen Leistungen zum Ausdruck kommen können. Gibt es für eine Begabung keine Ausdrucksmöglichkeit, kann sie sich auch nicht gut entwickeln. Begabung bedeutet zunächst einmal nicht mehr, als dass ein Potenzial vorhanden ist, bestimmte Leistungen zu erbringen. Inwieweit sich vorhandene Begabungen tatsächlich entfalten können, hängt auch von den jeweiligen Selbstkompetenzen ab. Beispiele dafür sind etwa die Fähigkeit, die eigene Motivation auch dann aufrechtzuerhalten, wenn schwierige oder unangenehme Phasen des Lernens zu bewältigen sind (Selbstmotivierung), oder die Fähigkeit, negative Gefühle wie Angst und Enttäuschung nachhaltig zu bewältigen (Selbstberuhigung). Eine weitere Selbstkompetenz bezieht sich auf den Entwicklungsstand des Selbstsystems. Mit diesem eigenständigen Regulations- und Handlungssystem organisiert das Individuum seine Lebenserfahrungen immer nach der persönlichen Bedeutung. D.h., dass das Selbst nach der individuellen Bedeutung einer Erfahrung »schaut«: in Bezug auf die eigenen (aber auch fremden) Bedürfnisse, Werte, Handlungsmöglichkeiten, Begabungen und andere charakteristische Eigenschaften (Biebrich/Kuhl 2009; Kuhl/Hüther 2007). Auf diese Weise können alle persönlich relevanten Erfahrungen so ausgewertet und integriert werden, dass in jeder schwierigen Situation, auch beim Lernen, immer diejenige persönliche Kompetenz eingesetzt werden kann, die gerade benötigt wird.

Der griechische Philosoph Platon verglich die Selbstregulation (die nach unserer Vorstellung ein wichtiger Bestandteil der Selbstkompetenz ist) mit der Regierung oder dem Herrscher in einem gerechten Staat: Ein Herrscher oder ein Staat ist »gerecht«, wenn er für jede Aufgabe immer denjenigen Experten einsetzt, der die Aufgabe am besten erledigen kann. Eine Person wird also sich selbst (und anderen) umso mehr »gerecht«, je besser sie bei jeder Aufgabe diejenigen Kompetenzen einsetzen kann, mit der sie die Aufgabe am besten bewältigt: Wenn die Lust am Lernen nachlässt, wird die Selbstmotivierung aktiviert. Diese sorgt z.B. dafür, dass ein aus der vorherigen Stunde frustrierter Schüler wieder neue Lust verspürt und sich mit Offenheit auf die nächste Stunde einlassen kann. Wenn hingegen Angst das Lernen stört, greift die erlernte Selbstberuhigungskompetenz, die z.B. einer Schülerin dabei hilft, ihre Versagensangst angesichts einer baldigen Prüfung zu regulieren. Ist in einer Situation kein Lösungsweg parat, müssen Planungskompetenzen eingesetzt werden, um Alternativen zu erarbeiten. Nehmen wir z.B. einen Schüler, der in Chemie einen Versuch durchführen soll, der in dieser Form noch nicht besprochen wurde. Dieser Schüler muss nun aus seinem bestehenden Wissen Möglichkeiten für eine Lösung erarbeiten. Wenn in einem anderen Fall die Gefahr besteht, dass man sich zu lange bei unwichtigen Tätigkeiten aufhält, müssen verschiedene Ziele und Handlungsmöglichkeiten gegeneinander abgewogen werden. Ganz konkret zeigt sich dies in Klausuren, in denen die Schülerin z.B. abwägen muss, wie viel Zeit sie für welche Aufgabe verwendet und sich nicht an einer Aufgabe festbeißt. Mit unserer Osnabrücker Persönlichkeitsforschung haben wir in den letzten zwei Jahrzehnten etwa hundert solcher Selbstkompetenzen ermittelt und Methoden entwickelt, sie zu messen.

Die zentrale These dieses Beitrags lautet, dass die Entwicklung von Selbstkompetenzen maßgeblich von der Qualität der Beziehung zwischen Lernendem und Lehrendem abhängt. Das hat einen ganz einfachen Grund: Das Selbst kann sich am besten, in mancher Hinsicht sogar nur durch den Kontakt mit einem anderen Selbst entwickeln. Das liegt daran, dass die Fähigkeit zur Selbstwahrnehmung und Selbstäußerung im Verlauf der Evolution des Menschen in erster Linie der sozialen Interaktion gedient hat. Soziale Bindungen werden erst dadurch gefestigt und vertieft, dass sich die Interaktionspartner gegenseitig ihre Befindlichkeiten mitteilen. So lässt anhand eines der frühesten Merkmale der Interaktion zwischen Mutter und Kind, der Erwiderung des Blickkontakts, bereits das Risiko einer Fehlentwicklung von Selbstkompetenzen abschätzen: Kinder, deren Mütter nicht in der Lage sind, den Blickkontakt des Säuglings im Alter von sechs bis zwölf Wochen prompt (d.h. in weniger als einer Zehntelsekunde) zu erwidern, haben in der späteren Kindheit ein erhöhtes Risiko, psychosomatische Symptome zu entwickeln (z.B. Einnässen, Infektanfälligkeit, Stottern), die mit Defiziten bei der Emotionsregulation (z.B. Angstbewältigung) und der sozialen Anpassung (z.B. im Kindergarten) einhergehen (Keller/Gauda 1987). Heute werden bei der Untersuchung der Interaktion zwischen Säuglingen und ihren Bezugspersonen auch andere Merkmale untersucht, welche die zeitliche (und inhaltliche) Abstimmung (Synchronisierung) des wechselseitigen Verhaltens betreffen (Feldman 2003, 2006; Keller et al. 2004).

Wie stark die Beziehungserwartungen bereits bei Säuglingen die emotionale Befindlichkeit beeinflussen, zeigen z.B. die klassischen Untersuchungen zum »still face« und ähnlichen Phänomenen: Wenn Kindern das unbewegliche Gesicht der Mutter oder einer anderen Bezugsperson gezeigt wird oder wenn die mimische Reaktion der Mutter auf die Signale des Kindes auch nur um Bruchteile einer Sekunde verzögert über einen Monitor gezeigt werden, reagieren Kinder verstört (Murray/Trevarthen 1985). Dass das Gesicht der Mutter über einen Videomonitor gezeigt wird, stört die Kinder nicht, solange ihre mimischen Reaktionen zeitgenau übertragen werden. Das bedeutet, dass Säuglinge bereits ein geistiges Erwartungsmodell haben, das millisekundengenau die Zeitverzögerungen festlegt, an denen zu erkennen ist, ob eine soziale Interaktion »gut« verläuft. Tut sie das, so hat dies eine beruhigende Wirkung auf das Kind. Ist der soziale Kontakt jedoch auch nur geringfügig gestört (z.B. erkennbar daran, dass die emotionale Reaktion der Mutter um Sekundenbruchteile verzögert gezeigt wird), ist das Kind beunruhigt.

Man geht heute davon aus, dass diese subtile Abstimmungsdynamik in der zwischenmenschlichen Interaktion lebenslang relevant ist, also auch in den Interaktionen zwischen LehrerInnen und SchülerInnenn, so kurz und selten sie auch sein mögen (vgl. auch Becker-Soll/Textor 2007). Ist die Synchronisierung des Emotionsausdrucks und anderer Interaktionsmerkmale auch nur leicht gestört, so wird dies bereits als eine Störung der Interaktion wahrgenommen. Die vielleicht folgenschwerste Auswirkung gestörter Interaktion ist die »Abschaltung« des Selbst: Wenn die Interaktion nicht mehr so erlebt wird, dass einer der Interaktionspartner (oder beide) sich als Person wahrgenommen fühlt, dann wird das Selbst abgeschaltet; wir sprechen auch von einer Hemmung des Selbst.

Die Hemmung des Selbst hat für die Entwicklung von Selbstkompetenzen schwerwiegende Folgen. In diesem Fall können selbst noch so gute Erfahrungen nicht in das Netzwerk persönlich relevanter Erfahrungen (d.h. ins Selbst) integriert werden. Das gilt insbesondere auch für Ermutigungen oder beruhigende Signale von Eltern, Freunden oder LehrerInnen. Entwicklungspsychologen vermuten schon seit Langem, dass die Fähigkeit des Erwachsenen, sich selbst zu beruhigen (bzw. zu motivieren), durch Verinnerlichung (Internalisierung) solcher beruhigenden (bzw. ermutigenden) Erfahrungen entstehen, die in der Kindheit (und auch in der Schule) durch die prompte und auf die Bedürfnisse des Kindes abgestimmte Reaktion von Bezugspersonen ausgelöst werden (Vygotski 1978). Hat die Bezugsperson nicht in dieser Weise auf die Signale des Kindes reagiert, steigt die Gefahr, dass sich das Kind ungeschützt fühlt und dass das Selbst abgeschaltet wird, weil es für die Steuerung der Interaktion nicht mehr gebraucht wird. Das Kind merkt schon an leicht verzögerten Reaktionen der Bezugsperson, dass diese nicht voll präsent und damit nicht zuverlässig zu seinem Schutz und seiner Versorgung verfügbar ist.

Wie funktioniert nun der Erwerb von Selbstkompetenzen wie Selbstmotivierung und Selbstberuhigung in einer geglückten Interaktion? Man geht heute davon aus, dass diese Internalisierung der zunächst durch die Bezugsperson ausgelösten Emotionsregulation durch einen elementaren Lernprozess zustande kommt, den wir Systemkonditionierung nennen (Kuhl/Völker 1998). Grundsätzlich werden im Gehirn zwei Prozesse dann miteinander verknüpft, wenn sie gleichzeitig oder ganz kurz hintereinander aktiviert werden (mit weniger als einer Sekunde Abstand). Beim klassischen Konditionieren werden zwei bislang noch nicht verknüpfte Reize (z.B. die Glocke und das Fleischstück in Pawlows Experimenten an Hunden) dadurch verknüpft, dass sie ein paar Mal gleichzeitig oder kurz hinter einander auftauchen (z.B. wenn die Glocke kurz vor Zeigen des Futters ertönt, wird sie vom Hund direkt mit dem Fleischstück verknüpft und später als Ankündigung des Fleisches gewertet, mit den entsprechenden Reaktionen wie Speichelfluss).

In ähnlicher Weise stellen wir uns den Lernprozess vor, bei dem das Selbstsystem die Kontrolle über die eigenen Gefühle erlangt. Das Selbst wird mit der emotionsregulierenden Wirkung verknüpft, die zunächst die Bezugsperson auslöst, wenn die beiden beteiligten Systeme (das Selbst und die Emotionsregulation) gleichzeitig oder sehr kurz hintereinander aktiviert werden. Das Selbst wird dadurch aktiviert, dass sich das Kind persönlich angesprochen fühlt (ob durch Blickkontakt, durch die

Unmittelbarkeit des Emotionsausdrucks der Bezugsperson oder ihres zugewandten Verhaltens) und das an der Emotionsregulation beteiligte System wird z.B. dadurch aktiv, dass die Bezugsperson das Kind ermutigt oder beruhigt. Wenn auf diese Weise die Ermutigung oder die Beruhigung, die von einer Bezugsperson ausgehen, mit dem Selbst des Kindes verknüpft werden, dann braucht es später bei einer auftretenden Belastung oder Beunruhigung nur sein Selbst zu aktivieren (z.B. seine Beunruhigung spüren), um das emotionsregulierende System in Gang zu setzen. Die Selbstberuhigung (oder Selbstmotivierung) geschieht dann so schnell, dass sie meist gar nicht bewusst wird. Diese »Mikroregulation« der Emotionen ist deshalb so wichtig, weil sich Emotionen bewusst meist nicht gut regulieren lassen. Wenn man einem z.B. Kind sagt: »Du brauchst keine Angst zu haben« oder »Freu dich doch«, lässt der Erfolg einer solchen Aufforderung oft zu wünschen übrig.

Emotionsregulierende Selbstkompetenzen werden zwar in der Kindheit sehr nachhaltig geprägt. Eine Systemkonditionierung kann aber auch in späteren Jahren »nachgeholt« werden, und zwar in allen persönlichen Beziehungen, in denen der Lernende sich als Person soweit wahrgenommen und angenommen fühlt, wie es dem jeweiligen Kontext entspricht (bei der Lehrer-Schüler-Beziehung braucht dieses Gefühl des Sich-persönlich-angesprochen-Fühlens« natürlich nicht so tief und umfassend zu sein wie in den Beziehungen zu den Eltern, zu engen Freunden oder in der Partnerschaft). Persönlich werden Beziehungen immer dann, wenn die Bezugsperson ab und zu prompt und angemessen auf die Bedürfnisse des Lernenden eingeht. Ist das nicht der Fall, wird das Selbst abgeschaltet, wie es für alle biologischen Systeme der Fall ist, wenn sie nicht gebraucht werden (man denke z.B. daran, wie schnell ein Muskel an Volumen und Kraft verliert, wenn er längere Zeit in Gips liegt). Ist das Selbst abgeschaltet, können noch so ermutigende oder beruhigende Erfahrungen nicht mit dem Selbst verknüpft werden, also auch später nicht von »selbst« aktiviert werden. Ein Kind, das sehr häufig fröhliche, ermutigende oder beruhigende Reaktionen erlebt (z.B. von Eltern oder LehrerInnen) wird zwar entsprechend leicht und häufig in eine fröhliche, motivierte bzw. entspannte Stimmung kommen. Damit ist aber noch keineswegs garantiert, dass es aus einer unguten Stimmung, wenn sie tatsächlich einmal auftritt, selbstständig (d.h. ohne Hilfe) herauskommt. Um die Integration der Beruhigungserfahrung ins Selbst zu ermöglichen, muss die Beziehung zumindest gelegentlich so positiv erlebt werden, dass das Selbst aktiv ist: Noch so gute Beziehungserfahrungen können nicht mit dem Selbst verknüpft werden, wenn dieses gar nicht aktiviert ist.

Welche Rolle spielen nun solche Selbstkompetenzen für schulisches Lernen? Beeinflussen sie wirklich das Ausmaß, in dem Begabung in schulische Leistung einfließen kann? Erste Antworten auf diese Fragen mag ein aktuelles Beispiel aus unserer Forschung veranschaulichen (Biebrich et al., in Vorb.). Es ging darum, wodurch die Schulleistung eigentlich beeinflusst wird. Selbstverständlich hängt die Beantwortung dieser Frage maßgeblich davon ab, ob man die relevanten Selbstkompetenzen verlässlich und hinreichend genau messen kann. Denn umfassende Konstrukte wie die Selbstwirksamkeit oder andere Kontrollüberzeugungen können zwar zur Vorhersage der Umsetzung von Begabung in Leistung herangezogen werden, aber kaum die spezifischen Mechanismen erklären. Wenn z.B. ein Schüler angibt, sich in der Schule nicht wohl zu fühlen und dabei schlechtere Noten hat, erklärt der Zusammenhang zwischen Wohlbefinden und Noten noch nicht, welche Mechanismen zu den schlechten Noten führen. Dies kann beispielsweise daran liegen, dass der Schüler nur über eine gering ausgeprägte Selbstberuhigungskompetenz verfügt, die es ihm nicht ermöglicht, den alltäglichen Schulstress zu bewältigen. Eine solche Selbstkompetenz kann man fördern und sie vermag dem Schüler wirklich dabei zu helfen, in der Schule besser zurechtzukommen.

Zurück zu unserem exemplarischen Forschungsergebnis: In statistischen Modellen konnten fünf Wege aufgezeigt werden, die die Schulleistung (hier anhand von Noten dargestellt) beeinflussen. Dabei gibt es direkte Wege der Beeinflussung (durchgezogenen Linien) und indirekte Wege (gestrichelte Linien), bei denen zusätzlich vermittelnde Ursachen zwischengeschaltet sind (z.B. Abb. 1).

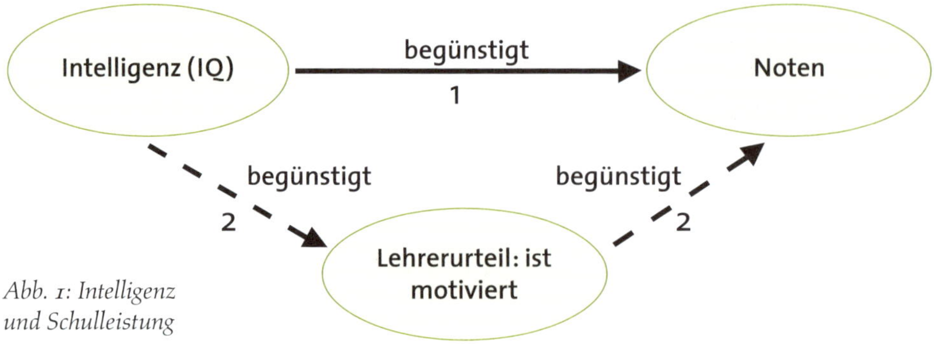

Abb. 1: Intelligenz und Schulleistung

Der erste Weg in Abbildung 1 ist der klassische Befund, dass sich die Intelligenz eines Schülers direkt auf dessen Noten auswirkt, d.h., je höher der Intelligenzquotient (IQ), desto besser fallen im Durchschnitt auch die Noten aus. Diese wie alle anderen in unseren Abbildungen gezeigten Wege waren statistisch signifikant. Der zweite Weg in Abb. 1 zeigt, dass ein höherer IQ-Wert dazu führt, dass der Lehrer des Schülers diesen als insgesamt motivierter einschätzt. Ein solch positives Lehrerurteil wirkt sich dann wiederum positiv auf die Noten aus.

Weg 3 (Abb. 2) zeigt den Einfluss der Leistungsmotivation eines Schülers auf die Noten. Wie zu erwarten, führt eine gesteigerte Leistungsmotivation zu verbesserten Noten. Interessant dabei ist, dass bei dieser Form der Leistungsbereitschaft das Selbst beteiligt ist. Aus unserer Forschung wissen wir, dass einige Formen der Leistungsmotivation keinen positiven oder sogar einen negativen Einfluss auf die Umsetzung der Begabung in entsprechende Leistung haben (z.B. eine abstrakte, nicht konkret gefühlte Leistungsmotivation oder Leistungsziele, die mehr darauf ausgerichtet, besser als andere zu sein, als sich selbst zu verbessern). Dagegen wirkt sich die ins Selbst integrierte (»gefühlte«) Leistungsmotivation durchaus leistungssteigernd aus: Spaß und Freude am Thema untermauern den Willen, Leistung zu erbringen, und ermöglichen dadurch, eigene Begabungen in gute Leistungen umzusetzen. So wird ein Schüler, der sich z.B. für Geschichte begeistern kann, gar nicht merken, wie schnell die Stunde vorüber ist. Ein weniger motivierter Schüler schaut hingegen alle fünf Minuten auf die Uhr, oder er meldet sich zwar, aber nur aus der Überlegung heraus, etwas für die mündliche Note tun zu müssen.

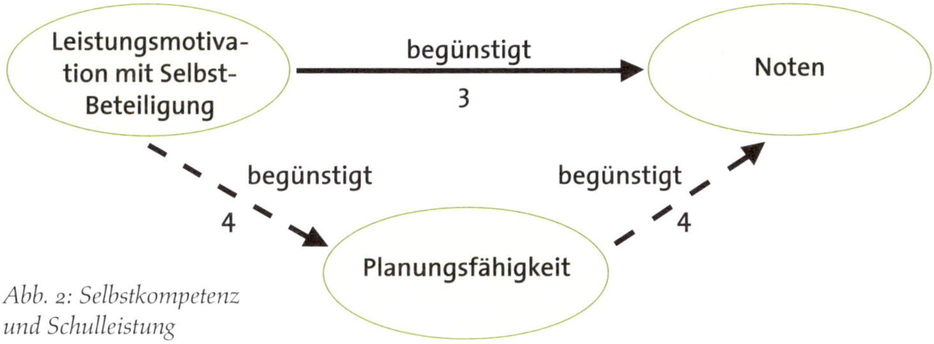

Abb. 2: Selbstkompetenz und Schulleistung

Der vierte, indirekte Pfad stellt den Einfluss der Leistungsmotivation mit Selbst-Beteiligung (»gefühlte Leistungsmotivation«) auf die Planungsfähigkeit dar, diese wiederum wirkt sich günstig auf den Notenschnitt aus. Muss ein Schüler für ein Fach lernen, für das er »Feuer und Flamme« ist, so fällt es ihm leicht, einen Lernplan aufzustellen. Ein Schüler, den das Fach kaum interessiert, verfügt über eine geringer ausgeprägte Planungsfähigkeit, muss hierfür mehr Kraft aufwenden bzw. sich überwinden.

In unserer letzten Abbildung (Abb. 3) ist kein direkter Weg, sondern nur der indirekte Weg 5 sichtbar. Hierbei führt eine gut ausgeprägte Selbstberuhigungskompetenz zu einer niedrigeren Stressbelastung. Je niedriger die Stressbelastung ist, desto besser sind die Noten. Ein Beispiel aus dem Sportunterricht: In der Klasse werden heute Noten für das Basketball-Spielen vergeben und eine Schülerin weiß, dass sie in den letzten beiden Stunden schlechte Leistungen erbracht hat. Deshalb ist sie nervös, steht unter Stress. Schafft sie es nicht, den Stresspegel zu regulieren, besteht ein größeres Risiko, auch dieses Mal nicht die gewünschte Leistung zu erbringen. Verfügt sie aber über eine hohe Selbstberuhigungsfähigkeit, so kann sie eigenständig den Stress senken und sich zuversichtlich der Aufgabe widmen. Der Weg 5 zeigt auch, dass sich Selbstkompetenzen nur unter bestimmten Bedingungen auswirken, in diesem Falle nur dann, wenn die Person auch wirklich viel Stress hat.

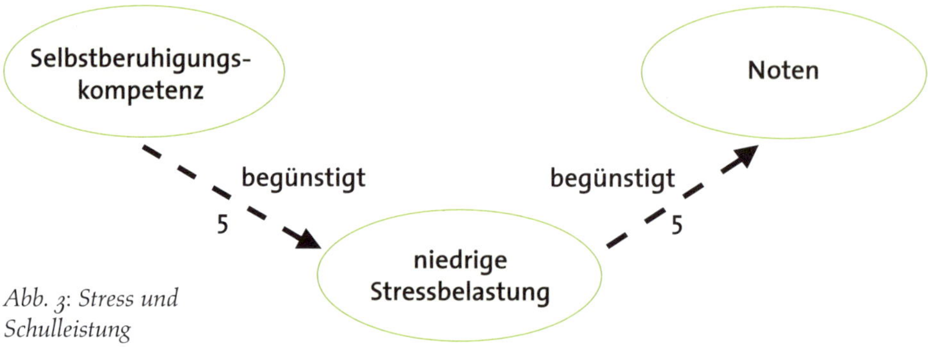

Abb. 3: Stress und Schulleistung

Mit der Osnabrücker Persönlichkeitsdiagnostik lassen sich im Unterschied zu klassischen Persönlichkeitstests sehr viele (d.h. an die 100) persönliche Kompetenzen (Selbstkompetenzen) differenzieren. Sie kann bei Beratung und Coaching von Führungskräften ebenso eingesetzt werden (Kuhl & Strehlau, 2009) wie zur Planung und Evaluation von Psychotherapie (Ritz-Schulte/Schmidt/Kuhl 2008) und zur Begabungsförderung bei Schulkindern (Kuhl 2004; Renger 2009; Künne 2008). Die Berücksichtigung dieser mannigfaltigen Kompetenzen erlaubt ein besseres Verständnis der Ursachen einer Leistungsstörung und eine sehr konkrete Antwort auf die Frage, welche individuellen Kompetenzen gefördert werden können und sollten, um die Begabung eines Kindes besser zur Entfaltung zu bringen.

Dies gilt vor allem auch im Vor- und Grundschulalter, das wir in unserer zukünftigen Forschungsarbeit zunehmend berücksichtigen wollen. In einem seit gut zwei Jahren laufenden Projekt entwickeln wir neue Methoden, mit denen wir Vorläufer späterer Selbstkompetenzen bereits im Grundschulalter untersuchen können. Die bisherigen Ergebnisse geben interessante Aufschlüsse über wichtige Funktionen, die sich im Alter von vier bis sechs Jahren entwickeln. Beispiele hierfür sind die Fähigkeit, unerledigte Absichten (z.B. eine etwas langweilige Aufgabe nach einer Unterbrechung wieder aufzunehmen und zu Ende zu führen, sowie die empathische Fähigkeit, sich in andere hineinzuversetzen oder entwicklungspsychologische Vorläufer der Fähigkeit zur Verantwortungsübernahme, die sich z.B. aus der Tendenz ablesen lässt, einseitig anderen oder sich selbst die Schuld für ein Missgeschick zuzuschreiben).

So zeigt sich beispielsweise, dass selbst eine hohe Intelligenz kaum in entsprechende Schulleistung umgesetzt wird, wenn nicht die gefühlte Leistungsmotivation gut entwickelt ist (Kuhl/Solzbacher et al., 2010). Andere Selbstkompetenzen, wie die Fähigkeit, Absichten in die Tat umzusetzen, sind für Hochbegabte weniger wichtig als für Schüler mit unterdurchschnittlichem IQ. Wiederum andere Selbstkompetenzen beeinflussen unabhängig von der Intelligenz die Leistung. Die gute Beziehung zum Kind wirkt sich bei Kindern mit hohem wie niedrigem IQ positiv auf die Schulleistung aus, während Leistungsangst von SchülerInnen ebenso wie die »sorgenvolle Leistungsorientierung« der Eltern sowohl bei hohem wie niedrigem IQ die Schulleistung beeinträchtigt. Ganz besonders nachdenklich stimmt der Befund, dass Hochbegabte, die sich von der LehrerIn nicht angenommen fühlen, fast ähnlich niedrige Schulleistungen zeigen wie SchülerInnen, deren IQ weit unter dem Durchschnitt liegt. Obwohl diese Befunde noch vorläufigen Charakter haben und die genauen Verursachungszusammenhänge noch weitgehend unerforscht sind, machen sie doch deutlich, wie wichtig es ist, den Beitrag von Selbstkompetenzen in Forschung und Praxis sorgfältig zu beachten. Obwohl Begabungen sehr viel weiter gestreut sind als das, was sich als Leistung in der Schule zeigen kann, darf die Bedeutung der Schulleistung für die Entfaltung latenter Begabungspotenziale nicht übersehen werden.

Zusammenfassend lässt sich sagen, dass die psychologische Forschung heute ermöglicht, eine Vielzahl von Selbstkompetenzen bereits im Kindergarten und im Grundschulalter zu messen. Die dargestellten Forschungsergebnisse zeigen nicht nur, dass, sondern auch warum Selbstkompetenzen maßgeblich von der Beziehung zwischen dem Kind und seinen Bezugspersonen abhängig sind und warum sie dazu beitragen, dass sich Begabungen entfalten können. Die Entfaltung solcher Begabungsaspekte wird offensichtlich durch Selbstkompetenzen unterstützt. Dazu gehören Kompetenzen wie eigenständiges Planen, Aufrechterhalten der Aufmerksamkeit, das Sich-zu-eigen-Machen von Leistungszielen (Integration ins Selbst) und die Fähigkeit zur Selbstberuhigung, die es ermöglicht, aus Fehlern und Misserfolgen zu lernen, statt sich davon lähmen zu lassen. Alle diese Kompetenzen werden im psychischen System gebildet und bereitgestellt, das wir das Selbst nennen. Dieses System ist in der Lage, eine Vielzahl von momentan relevanten Lebenserfahrungen gleichzeitig »auf den Schirm zu bringen«, ohne dass dazu ein bewusstes Nachdenken notwendig ist. Dass die Entwicklung des Selbstsystems maßgeblich von der Qualität der Beziehung zwischen dem Kind und seinen Bezugspersonen abhängig ist, hat einen einfachen Grund: Das Selbstsystem kann alle Erfahrungen, die es von Bezugspersonen lernen kann, wie Beruhigung, Ermutigung, planvolles Vorgehen u.v.m., nur dann integrieren (um sie später von »selbst« nutzen zu können), wenn es eingeschaltet ist. Eingeschaltet wird es aber nur, wenn das Kind sich als Person angesprochen und akzeptiert fühlt. Denn das ist die Hauptaufgabe des Selbstsystems: Die Person als Ganze im Blickfeld zu haben, d.h. sich selbst oder eine andere Person mit ihren Stärken und Schwächen, Erlebnissen und Belastungen, Vorlieben und Abneigungen zu sehen.

Literatur

Becker-Stoll, F. /Textor, M. R. (2007)(Hrsg.). Die Erzieherin-Kind-Beziehung. Zentrum von Bildung und Erziehung. Berlin u. a.: Cornelsen Scriptor.

Biebrich, R./Kuhl, J. (2009). Reflexionsfähigkeit und Selbstentwicklung. In: R. Sachse (Hrsg.), Theorie und Praxis der Klärungsorientierten Psychotherapie. Göttingen: Hogrefe.

Biebrich, R./Kuhl, J./Künne, T./Frankenberg, H./Aufhammer, F. (2011). Die Bedeutung der selbstregulatorischen Kompetenzen für die Begabungsentfaltung beim Übergang von der Grundschule zum Gymnasium. Unveröffentlichtes Manuskript. Universität Osnabrück. (in Vorb.).

Heller, K. A./Perleth, Ch./Hany, E. A. (1994). Hochbegabung – ein lange Zeit vernachlässigtes Forschungsthema. Einsichten – Forschung an der Ludwig-Maximilians-Universität München, 1, S. 18–22.

Holling, H./Kanning, U. P. (1999). Hochbegabung: Forschungsergebnisse und Fördermöglichkeiten. Göttingen: Hogrefe.

Keller, H./Gauda, G. (1987). Eye contact in the first months of life and its developmental consequences. In: H. Rauh et al. (Hrsg.), Psychobiology and early development. Advances in psychology 46. Amsterdam: North Holland, S. 129–143.

Klafki, W. (2005). Sinn-Dimensionen allgemeiner Bildung in der Schule. In: M. Fiegert/I. Kunze (Hrsg.), Zwischen Lehrerbildung und Lehrerausbildung. Münster: Lit-Verlag, S. 181–199.

Kuhl, J. (2004). Begabungsförderung: Diagnostik und Entwicklung persönlicher Kompetenzen. In: C. Fischer/F. J. Mönks/E. Grindel (Hrgs.), Curriculum und Didaktik der Begabtenförderung. Begabungen fördern – Lernen individualisieren. Münster: Lit-Verlag.

Kuhl, J. (2009). Macht Musik reifer? Theoretische und methodische Grundlagen der Persönlichkeitsbildung durch Musik. In: Bundesministerium für Bildung und Forschung (Hrsg.), Pauken mit Trompeten? Lassen sich Lernstrategien, Lernmotivation und soziale Kompetenzen durch Musikunterricht fördern? Reihe: Bildungsforschung. Bonn, Berlin.

Kuhl, J./Hüther, G. (2007). Das Selbst, das Gehirn und der freie Wille: Kann man Selbststeuerung auch ohne Willensfreiheit trainieren? In: Pädagogik, H. 11, S. 36–41.

Kuhl, J./Solzbacher C. et al. (2010). Jahresbericht der Forschungsstelle Begabungsförderung im Niedersächsischen Institut für frühkindliche Bildung und Entwicklung. Osnabrück: nifbe.

Kuhl, J./Strehlau, A. (2009). Handlungspsychologische Grundlagen des Coaching: Anwendung der Theorie der Persönlichkeits-System-Interaktionen (PSI). In: B. Birgmeier (Hrsg.), Coachingwissen: Ansätze, Betrachtungen, Konzepte und Entwürfe zur Theorie- und Wissenschaftsorientierung im Coaching. Wiesbaden: VS-Verlag.

Kuhl, J./Völker, S. (1998). Entwicklung und Persönlichkeit. In: H. Keller (Hrsg.), Lehrbuch der Entwicklungspsychologie. Bern: Huber, S. 207–240.

Künne, T. (2008). Umsetzungsformen des Leistungsmotivs als Prädiktoren für Schulleistung und Wohlbefinden: eine empirische Untersuchung zur gruppenspezifischen Begabungsförderung. Saarbrücken: VDM.

Murray, L./Trevarthen, C. (1985). Emotional regulation of interactions between two-month-olds and their mothers. In: T. M. Field/N. A. Fox (Hrsg.), Social perception in infants. Norwood, NJ: Ablex.

Renger, S. (2010). Begabungsausschöpfung – Persönlichkeitsentwicklung durch Begabungsförderung. Münster: Lit-Verlag.

Ritz-Schulte, G./Schmidt, P./Kuhl, J. (2008). Persönlichkeitsorientierte Psychotherapie. Göttingen: Hogrefe.

Vygotsky, L. S. (1978). Mind in society: The development of higher psychological processes. Cambridge: Harvard University Press.

2. Wollen und Wollen-Können

Alexandra Strehlau | Thomas Künne

MOTIVATION GILT IM BERUFSLEBEN als Schlüsselqualifikation und wird mittlerweile auch schon von Kindern gefordert. In diesem Sinne ist die Förderung von Motivation bei Kindern ein verbreitetes Anliegen von Eltern, ErzieherInnen, LehrerInnen und anderen pädagogisch tätigen Personen. Aber was ist Motivation genau und wie kann man sie am besten fördern? Mit diesen Fragen möchten wir uns im Folgenden auseinandersetzen.

Der kleine Lars sitzt vor seinen Hausaufgaben und legt einfach nicht los. Er guckt aus dem Fenster, kritzelt auf seinem Blatt herum, turnt auf seinem Stuhl. Was ist los? »Du musst doch nur wollen!«, »Er könnte, wenn er wollte!«, »Es ist alles eine Sache des Willens!«, »Reiß dich zusammen!«, »Das kann doch nicht so schwer sein!« Diese und andere Sätze haben wir schon häufig gehört und vermutlich auch selbst das eine oder andere Mal von uns gegeben. Gemeinsam ist ihnen die Annahme, dass es nur vom Willen abhängt, ob eine Aufgabe geschafft wird. Dabei gehen wir davon aus, dass die angesprochene Person die Aufgabe ohne Weiteres schaffen könnte und die nötigen Fähigkeiten besitzt, dass ihm nur die Bereitschaft dazu fehlt: Er will einfach nicht! Im Grunde wissen wir aber aus der eigenen Erfahrung: Ganz so einfach ist das mit dem Wollen nicht. Und mittlerweile können wir das auch psychologisch erklären. In der Psychologie bezeichnet man Wollen auch als »Willensbahnung«, d.h. die Umsetzung dessen, was man will. Dazu gehört es aber auch, Ziele zu haben und diese zu erreichen. Doch wie kommen Ziele zustande und wie erreichen erfolgreiche Menschen ihre Ziele? Im Weiteren soll beschrieben werden, was bei der Zielbildung und -erreichung aus psychologischer Sicht passiert.

Willensbahnung: Wie funktioniert das?

Die Persönlichkeits-System-Interaktionstheorie (PSI-Theorie) von Kuhl (2001) ist eine Theorie über Handlungen und Willen (genau: willentliche Handlungssteuerung) und beinhaltet Annahmen über Prozesse bei der Bildung und der Umsetzung eigener Absichten. Eine Absicht auszuführen, wird in der PSI-Theorie als Willensbahnung bezeichnet. Willensbahnung bedeutet, dass ein Vorhaben in ein besonderes Gedächtnis, das Absichtsgedächtnis »geladen wird« (z.B. »Ich möchte das Zimmer aufräumen«) und dann mit Hilfe der Verhaltenssteuerung, einer Art Ausführungsorgan, in die Tat umgesetzt wird. Diese beiden psychischen Systeme, das Absichtsgedächtnis und die Verhaltenssteuerung, sind also für die Zielbildung und -erreichung von großer Bedeutung.

Ziele bilden und nicht vergessen: Das Absichtsgedächtnis und »Wollen«
Das Absichtsgedächtnis (in der PSI-Theorie nennen wir es das Intentionsgedächtnis) ist ein intelligentes psychisches System, in dem Pläne und Absichten gespeichert werden. Es sorgt dafür, dass unerledigte Absichten aufrechterhalten und nicht vergessen werden. Das ist besonders dann nötig, wenn die Ausführung schwerfällt oder nicht möglich ist (z.B. wenn man auf eine günstige Gelegenheit warten muss oder die beabsichtigte Handlung so unangenehm ist, dass man sich nicht sofort dazu überwinden kann). Die Konfrontation mit Schwierigkeiten und Hindernissen führt zu einer Aktivierung des Intentionsgedächtnisses, weil das Ziel so lange aufrechterhalten werden muss, bis eine Lösung oder eine passende Gelegenheit zur Umsetzung gefunden worden ist. Das Intentionsgedächtnis arbeitet analytisch, logisch und Schritt für Schritt. So ist es optimal darauf eingerichtet, Handlungsschritte zu planen und vorzubereiten. Um ein Ziel zu erreichen, ist es in vielen Fällen sinnvoll, Schritt für Schritt vorzugehen. Wenn ein Kind Hausaufgaben macht oder ein Erwachsener seine Steuererklärung, erleichtert es die Zielerreichung, eine Aufgabe nach der anderen abzuhaken anstatt alles gleichzeitig zu bearbeiten. Es bedarf daher einer Planungsphase: Was mache ich zuerst, was als nächstes? Wir symbolisieren das Intentionsgedächtnis durch die Farbe Rot: Sie signalisiert wie eine rote Ampel das »STOP«: Hier muss erst geplant und nachgedacht werden, bevor gehandelt werden kann. Deshalb ist die Verbindung zum Absichten ausführenden Verhaltenssteuerungssystem blockiert oder gehemmt, solange das Intentionsgedächtnis aktiviert ist: Solange noch geplant wird, wird nicht gehandelt. Wenn diese Hemmung nicht gut funktioniert, erfolgt das Verhalten zu impulsiv und unüberlegt; eine Person handelt, bevor sie denkt. Wenn die Hemmung der Verbindung zur intuitiven Verhaltenssteuerung aber auch dann besteht, wenn eigentlich eine gute Gelegenheit

vorliegt, die Absicht umzusetzen, kann es zum Aufschieben oder »Vergessen« der Absichtsausführung kommen. Dann schmiedet eine Person möglicherweise viele Pläne, setzt sie aber nicht in die Tat um.

Absichten umsetzen: Intuitive Verhaltenssteuerung

Die intuitive Verhaltenssteuerung ist für die Ausführung von Absichten optimiert. Wenn also eine Absicht umgesetzt werden soll, muss der Zugang zur Verhaltenssteuerung aufgebaut werden. Man kann sich das wie einen Wasserschlauch vorstellen, der geknickt wird, damit kein Wasser mehr fließen kann: Erst wenn der Schlauch losgelassen wird, kann das Wasser fließen. Kinder und Erwachsene, die ihre Vorhaben häufig aufschieben, denen es also nicht gelingt, ihre Ziele umzusetzen, haben Schwierigkeiten damit, nach der Planung den Zugang zur Verhaltenssteuerung herzustellen (übertragen auf das Beispiel: den Schlauch loszulassen). Die intuitive Verhaltenssteuerung ist nicht nur bei der Umsetzung von Absichten aktiv, sondern auch bei der Ausführung automatisierter Handlungsabläufe und Verhaltensroutinen. Intuitive Verhaltensprogramme kommen im sogenanntem Small Talk zum Einsatz oder überhaupt, wenn Menschen sich intuitiv »synchronisieren« (Stern 2006). Durch die intuitive Verhaltenssteuerung wird Verhalten »sensu-motorisch« gesteuert. D.h., eine Vielzahl von Reizen und Reaktionsmustern wird gleichzeitig in einem gemeinsamen neuronalen Netzwerk verarbeitet, ohne dass diese Informationen bewusst werden müssen (Rumelhart & McClelland 1986). Ein Beispiel: Gehen wir in einem Raum umher, so stoßen wir im Allgemeinen nicht an Tischkanten, Türrahmen oder mit anderen Menschen zusammen. Aus dem Augenwinkel nehmen wir diese Dinge wahr, und unsere intuitive Verhaltenssteuerung sorgt unbemerkt dafür, dass wir Hindernissen ausweichen.

Von der Absicht zur Umsetzung: Willensbahnung

Wie kommt ein Erwachsener oder ein Kind von der Absicht zur Umsetzung? Die psychischen Systeme werden gemäß der PSI-Theorie von Affekten, d.h. von Gefühlen oder Stimmungen aktiviert bzw. gehemmt. Wenn das Intentionsgedächtnis aktiv ist, also eine Absicht gebildet und ein Handlungsplan geschmiedet wird, befindet sich eine Person eher in einer nüchtern-sachlichen Stimmung. Ist der Plan fertig und eine Gelegenheit gekommen, die Absicht auszuführen, braucht sie hingegen eine positive Stimmung, um vom Denken ins Handeln zu kommen. Die intuitive Verhaltenssteuerung wird durch positiven Affekt aktiviert und das, was geplant worden ist, wird ausgeführt (Willensbahnung) (vgl. ausführlicher Kuhl 2001; Martens/Kuhl 2008).

Aus dieser Theorie lassen sich Ansatzpunkte für die Förderung von Motivation ableiten. Die Ursache für fehlende Motivation und damit den Ansatzpunkt für Unterstützung findet man in den meisten Fällen, wenn man das Wechselspiel zwischen den psychischen Systemen und die damit verbundenen Affekte und Gefühle betrachtet.

Schauen wir an dieser Stelle noch einmal auf den kleinen Lars, der an seinem Schreibtisch sitzt und sich nicht zum Erledigen der Hausaufgaben durchringen kann. Wie können wir diese Situation mit dem jetzigen Wissen betrachten? Zunächst die Ausgangslage: Lars hat vermutlich die Absicht, seine Hausaufgaben zu machen, kommt aber nicht ins Handeln. Das heißt im Sinne der beschriebenen Theorie, dass sein Intentionsgedächtnis mit der Absicht »Hausaufgaben machen« geladen ist. Lars gelingt es aber nicht, eine Verbindung zu seiner intuitiven Verhaltenssteuerung herzustellen. Im übertragenen Sinne: Er knickt den Wasserschlauch, kann ihn aber nicht mehr loslassen, damit das Wasser wieder fließt. Es passiert vielleicht sogar Folgendes: Er bemerkt, dass der Wasserdruck immer größer wird und anstatt den Schlauch loszulassen, knickt er ihn noch stärker. Das bedeutet, dass die Verbindung zur intuitiven Verhaltenssteuerung immer weiter blockiert, die Hemmung größer wird. Wie könnte es ihm gelingen, die nötige Verbindung zur Verhaltenssteuerung herzustellen? Wir wissen, dass die intuitive Verhaltenssteuerung durch positiven Affekt aktiviert wird. Lars braucht also ein positives Gefühl oder einen Anreiz. Bleiben wir bei dem Wasserschlauch: Vielleicht sieht Lars eine trockene Pflanze, die er gießen kann. Dann fällt das Loslassen leicht. In Bezug auf seine Hausaufgaben könnte das bedeuten, dass er sich vielleicht freut, nachher mit seinen Freunden spielen zu gehen, oder das positive Gefühl antizipieren kann, wenn die Hausaufgaben fertig sind. Vielleicht findet er auch einen interessanten Aspekt an den Aufgaben, etwas, das er spannend findet oder gern macht.

Selbstmotivierung, Selbst und »Wollen-Können«

Gelingt dem kleinen Lars das oben Beschriebene von alleine, kann man dies folgendermaßen beschreiben: Er kann wollen, er verfügt also über die Fähigkeit, selbst kleine positive Anreize zu entdecken. In der Psychologie wird diese Fähigkeit als Selbstmotivierung bezeichnet. D.h., man ist dazu in Lage, den durch das Intentionsgedächtnis gehemmten positiven Affekt selbstständig heraufzuregulieren bzw. wiederherzustellen, damit die Absichten aus dem Intentionsgedächtnis mit der intuitiven Verhaltenssteuerung umgesetzt werden können. Doch woher kommt der positive Affekt eigentlich? Kommt er von selbst? Im Grunde ist es genau so, nur dass er nicht von selbst kommt, sondern vom Selbst. Das Selbst nimmt in der PSI-Theorie einen besonderen Stellenwert ein (vgl. den Beitrag von Kuhl in diesem Band), da dort alle Erfahrungen, Erlebnisse, Gefühle und zwischenmenschliche Beziehungen gespeichert sind. Das kann man sich wie ein sehr großes weitreichendes Archiv vorstellen. Besonders wichtige hier gespeicherte Informationen sind die Beziehungserfahrungen: Wann und wie wurde ich von jemand anderem beruhigt und umsorgt, konnte mich jemand motivieren, wenn mir bei einer besonderen Aufgabe die Luft ausging? All diese positiven und natürlich auch die negativen Erlebnisse mit anderen werden im Selbst gespeichert und dienen als großes Reservoir für spätere Situationen, in denen man emotionalen Beistand braucht.

Wenn Lars nun in seiner Vergangenheit häufig genug erlebt hat, dass ihn jemand an der richtigen Stelle und für ihn passend motiviert hat, kann er jetzt in der Hausaufgabensituation sein Reservoir anzapfen, in dem viele kleine positive Erlebnisse gespeichert sind. Fehlt dem Kind dieses Reservoir oder ist es noch nicht ausreichend gefüllt, funktioniert das Anzapfen natürlich nicht. Dann braucht er emotionale Unterstützung von außen, also eine positive Motivierung. Wichtig ist dabei allerdings, dass sich diese für Lars stimmig anfühlen muss: Würde seine Mutter ihn jetzt mit etwas aufheitern wollen, was er überhaupt nicht mag, so ginge der äußere Beistand an ihm vorbei und sorgte möglicherweise sogar für noch mehr Frustration. Damit der äußere Beistand sich in einen inneren Beistand, als eine Art »Vorrat« im Selbst, entwickeln kann, muss dieser möglichst genau passen: Trifft die Mutter diesen Punkt, z.B. eine kleine Sache, bei der die beiden beim Mittagessen herzlich lachen mussten, kann

Lars sein Reservoir füllen. Im Bild mit dem geknickten Schlauch, wäre es vielleicht so, dass die Mutter Lars kitzelt und dieser vor Lachen seinen Griff um den Schlauch löst und das Wasser wieder fließen kann.

Wichtig ist dabei, dass das Kind in diesem Moment nicht nur einfach aufgeheitert oder angetrieben wird, sondern dass es sich von seiner Bezugsperson mit seinen Schwierigkeiten wirklich verstanden und angenommen fühlt. Immer nur für positive Stimmung zu sorgen, unterstützt ein Kind nicht dabei, seine Gefühle zu regulieren und dadurch Willensstärke zu entwickeln. Wenn die positiven Reaktionen der Bezugspersonen nicht gut auf die Selbstäußerungen des Kindes abgestimmt waren, sind sie zwar im Kind gespeichert (es ist vielleicht auch oft ganz fröhlich), aber nicht mit dem Selbst verknüpft, d.h. dieses Kind kann durchaus ein ganz umgänglicher Typ sein, aber völlig hilflos werden, wenn es vor einer schwierigen Aufgabe steht. Das Selbst einer Person ist aktiviert, wenn sie sich als Person ernst genommen, verstanden und angenommen fühlt, andernfalls wird das Selbst abgeschaltet und kann folglich auch nicht mit noch so beruhigenden, sinnstiftenden oder motivierenden Gefühlen, die jemand auslöst, verknüpft werden (wenn jemand sagt: »Du musst doch nur wollen!«, fühlt man sich meistens nicht besonders gut verstanden). Wenn die ermutigenden Reaktionen des jeweiligen Interaktionspartners aber mit einem echten gegenseitigen Verstehen einhergehen, wird das Selbst des Kindes angesprochen, und die emotionale Unterstützung kann ihre Wirkung entfalten.

Zusammengefasst bedeutet dies, dass Beziehungserfahrungen im Kontext von Herausforderungen besonders wichtig für die Entwicklung von Motivation sind: Wie gehen Bezugspersonen mit dem Kind um, wenn es eine schwierige Aufgabe bewältigen soll? Sammelt ein Kind positive Beziehungserfahrungen, wird sein »persönlicher Vorrat« mit Erfahrungen angereichert. Auf diesen »Vorrat« kann ein Kind (später ein Erwachsener) zurückgreifen, wenn es vor einer Herausforderung steht. Der einst äußere Beistand wurde dann erfolgreich verinnerlicht und kann dem Kind nun als eine Art »innerer Beistand« bei Schwierigkeiten und Herausforderungen zur Seite stehen. Um motiviert handeln zu können, braucht man also »Wollen« und »Wollen können«.

Literatur

Kuhl, J. (2001). Motivation und Persönlichkeit: Interaktionen psychischer Systeme. Göttingen: Hogrefe.

Martens, J./Kuhl, J. (2008). Die Kunst der Selbstmotivierung: Fortschritte der Motivationsforschung praktisch nutzen. 3. Aufl. Stuttgart: Kohlhammer.

Rumelhart, D. E./McClelland, J. L./The PDP Research Group (1986). Parallel distributed processing: Explorations in the microstructure of cognition. Vol. 1. Cambridge, MA: MIT press.

Stern, D. N. (2006). Der Gegenwartsmoment. Veränderungsprozesse in Psychoanalyse, Psychotherapie und Alltag. Frankfurt: Brandes & Apsel.

3. Individuelle Förderung und Selbstkompetenzentwicklung aus pädagogischer Perspektive

Claudia Solzbacher | Birgit Behrensen | Meike Sauerhering

JEDEM KIND SIND BEGABUNGEN GEGEBEN. Diese Begabungen sind vielfältig und unterschiedlich. Aufgabe von PädagogInnen ist es, dieser Unterschiedlichkeit im pädagogischen Handeln Rechnung zu tragen. Die Unterstützung des Einzelnen bei der Entfaltung seiner individuellen Begabungen ergibt sich zuallererst aus der Wertschätzung seiner Persönlichkeit. Sie ist aber auch eine Antwort auf gesellschaftliche Notwendigkeiten in einer demografisch bedenklichen Situation. Die zukünftig immer weniger werdenden Kinder und Jugendlichen müssen so gut wie möglich gebildet und ausgebildet sein.

Ein geeignetes Mittel zur Unterstützung der Begabungsentfaltung ist die individuelle Förderung. Dabei geht es um die Persönlichkeitsentwicklung eines jeden Kindes. Dies trägt dazu bei, dass die Umsetzung von Begabungspotenzialen in individuelle Leistung verbessert wird (vgl. hierzu die beiden vorherigen Kapitel). Wie der Begriff der individuellen Förderung nahelegt, spielt hier das Verhältnis von PädagogIn und Kind eine zentrale Rolle. Die PädagogInnen sind es, die Begabungen erkennen, förderliche Umgebungen schaffen müssen und vieles mehr. Die Kinder sind aktive Mitgestalter derartiger Prozesse. Ihr Verhältnis zur ErzieherIn oder Lehrkraft bestimmt maßgeblich den Lernprozess. Diese PädagogIn-Kind-Beziehungen deutlicher als bisher zu beleuchten, ist vor allem auch deshalb notwendig, weil es bestimmter Voraussetzungen bedarf, um Begabungen in Leistung umzusetzen. Eine Voraussetzung ist die Entwicklung von Selbstkompetenzen.

Um Fähigkeitspotenziale ausschöpfen zu können, bedarf es bestimmter persönlicher Kompetenzen

Aufgrund der individuellen Verschiedenheit von Begabungen ist es notwendig, eine breit angelegte Definition zugrunde zu legen (vgl. dazu den Beitrag von Team Pädagogik in diesem Band). Dies gilt in besonderem Maße für die Begabungsförderung in der Elementar- und Primarpädagogik, da wir es hier mit Kindern in Altersgruppen zu tun haben, deren Fähigkeiten entwicklungsbedingt noch nicht festgelegt sind, aber auch im Hinblick auf ein immer wieder angemahntes chancengerechtes Bildungssystem.

Begabungen können recht allgemein als »Fähigkeitspotenziale« (Heller/Perleth 2007: 141) bezeichnet werden, die nicht Fertigkeiten oder Kompetenzen an sich beschreiben, sondern nur die Möglichkeit zu diesen. Als Beispiel für ein mehrdimensionales, typologisches Modell sei das Münchener Begabungsmodell vorgestellt (Heller/Perleth 2007: 143; Abb. 1). Hier ist deutlich zu sehen, dass es vieler Voraussetzungen bedarf, damit Begabung in Leistung umgesetzt wird:

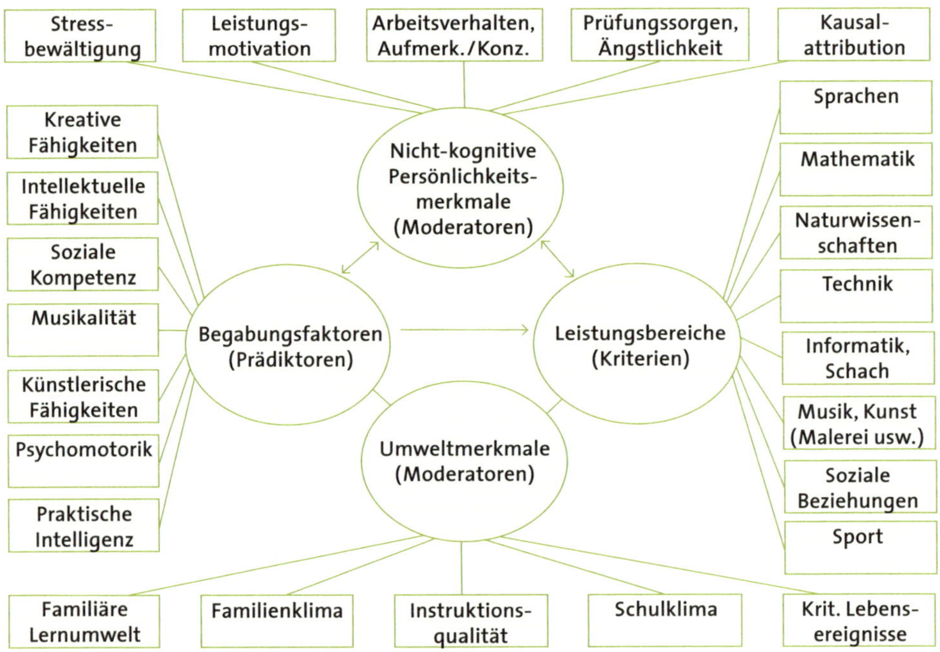

Abb. 3 Das Münchner (Hoch-)Begabungsmodell als Beispiel für mehrdimensionale, topologische Begabungskonzepte, vgl. Heller/Perleth 2007: 143; Abb. 1.

Heller und Perleth (2007) sehen Begabungsentwicklung als kontinuierlichen Interaktionsprozess zwischen internen Anlagefaktoren und externen Sozialisationsfaktoren. In dem Modell wird deutlich, dass die Entfaltung von Begabungen sowohl von Persönlichkeitsmerkmalen als auch von Umweltfaktoren beeinflusst wird. Die Selbstkompetenzen (vgl. Kuhl et. al. in diesem Band) finden sich im Münchner Begabungsmodell als nicht-kognitive Persönlichkeitsmerkmale (obere Leiste der Grafik). Man kann auch die (Lern-)Umweltfaktoren (untere Leiste der Grafik) so organisieren, dass sie für die Förderung von Persönlichkeitsmerkmalen relevant werden; dies machen die Pfeile in der Grafik ebenfalls deutlich. Deshalb ist die individuelle Förderung mit ihren besonderen Ansätzen und Methoden vor allem im Hinblick auf den Bildungsauftrag der Schule hier von Bedeutung.

Die folgenden Themen werden vor dem Hintergrund dieser Faktoren behandelt, vor allem der nicht kognitiven Persönlichkeitsmerkmale, da deren Förderung maßgeblich von der Qualität der Beziehungen zwischen PädagogInnen und Kindern beeinflusst wird.

Individuelle (Früh-)Förderung als Beitrag zur Fähigkeitsentfaltung und Persönlichkeitsentwicklung

So wie es wichtig ist, die Gleichwertigkeit aller Begabungen anzuerkennen, ist es unerlässlich, jedes einzelne Kind in Kindertagesstätte und Grundschule in den Blick zu nehmen. Entsprechend gilt die individuelle Förderung im Kontext einer »Bildung für alle« seit einigen Jahren national und international als Qualitätsindikator von Bildungsreformen. Sie ist Bestandteil des Bildungsauftrags (z.B. Forum Bildung 2002). Inzwischen ist eine verbesserte individuelle Förderung als zentrale Leitlinie in Bildungs- und Orientierungsplänen und in Erlassen bzw. Schulgesetzen in zahlreichen Bundesländern verankert.

Bemerkenswert ist in vielen Veröffentlichungen zur individuellen Förderung das überaus hohe Ziel der optimalen Entfaltung von Begabungen und der Nutzung von Chancen (Klafki 2002; Bönsch 2004; Braun/Schmischke 2006). Gleichwohl mangelt es bildungspolitisch – zum Teil auch von Seiten der Wissenschaften – an der Konkretisierung dessen, was dies bedeutet und wie man diese optimale Förderung umsetzen und in Bezug auf ihren Erfolg überprüfen kann. Allzu häufig findet sich statt eines Blickes auf die Individualität doch eher einer auf (scheinbar) homogene Gruppen. In der

Schule ist noch immer die triviale wie langlebige Dreiteilung nach fachlichem Leistungsvermögen verbreitet, d.h. den »Leistungsschwachen« werden die »besonders Begabten« (und nicht die »Leistungsstarken«) gegenübergestellt; das sogenannte »Leistungs-Mittelfeld« wird zwar genannt, scheint in Bezug auf Förderung aber unberücksichtigt zu bleiben. In der Kita werden beispielsweise die Lauten den Stillen, die Aktiven den Ruhigen gegenübergestellt. Auch hier bleiben Varianzen zwischen diesen beiden Polen unberücksichtigt. Dies hat Konsequenzen auch für die Beziehung zwischen PädagogIn und Kind.

Individuelle Förderung muss definiert werden

PädagogInnen können nicht auf eine eindeutige Definition von individueller Förderung zurückgreifen und deshalb wird häufig das aus den zahlreichen Veröffentlichungen »herausgepickt«, was gerade ins (Kita-)Konzept oder (Schul-)Profil passt, oder das, was nicht zu viele Reformen nach sich zieht. Dabei wird nicht selten eher einseitig auf Voraussetzungen für Leistungserbringung eingegangen. In der Schule steht im besten Fall beispielsweise die Gestaltung der Lernumgebung im Vordergrund. Die Persönlichkeitsmerkmale, wie etwa die Selbstkompetenzen, stehen seltener im Fokus der Förderung oder werden gar als »Bringschuld« der SchülerInnen angesehen, die diese Kompetenzen in der frühen Sozialisation bereits erworben haben müssten, um überhaupt »beschulbar« zu sein (vgl. Kunze/Solzbacher 2008).

Um die Möglichkeiten individueller Förderung möglichst in vollem Umfang pädagogisch umsetzen zu können, bedarf es deshalb zunächst der Beschreibung dessen, was die einzelne ErzieherIn und Lehrkraft unter individueller Förderung versteht. In der Forschungsstelle Begabungsförderung des nifbe wird individuelle Förderung aus den oben genannten Gründen wie folgt definiert:

> Unter individueller (Früh-)Förderung werden alle Aktivitäten von PädagogInnen verstanden, die mit der Intention erfolgen, die Persönlichkeitsentwicklung und die Entfaltung der Fähigkeiten und Begabungen eines jeden Kindes zu unterstützen. Ausgangspunkt sind die Lebenswelt des Kindes,

seine spezifischen Bedürfnisse und die Bewältigung seiner Entwicklungsaufgaben. Grundlegend sind die PädagogIn-Kind-Beziehung und deren Reflexion. Individuelle Förderung orientiert sich an den Ressourcen des Kindes. Grundorientierung ist der Respekt vor Vielfalt (Diversity). Ziel ist die Umsetzung eines ganzheitlichen Bildungsanspruchs. Die Professionalität der PädagogIn besteht darin, eine geeignete Lernumgebung zu arrangieren, die das Kind anregt, seine Entwicklung selbsttätig zu gestalten.

Dies soll im Folgenden im Hinblick auf unser Thema weiter verdeutlicht werden, denn die Umsetzung in die Praxis bedarf einer bestimmten »Grundhaltung« und passender Instrumente und Methoden.

Von ressourcenorientiertem pädagogischem Denken ausgehen und Verschiedenheit anerkennen

In der nifbe-Forschungsstelle Begabungsförderung wird derzeit die Praxis individueller Förderung in Kita und Grundschule erforscht. Die Ergebnisse der ersten Studie zeigen, dass individuelle Förderung in dem von uns definierten Sinne in Kindertagesstätten einen wichtigen Stellenwert einnimmt (Behrensen/Sauerhering/Solzbacher/Warnecke 2011). Das Handeln von ErzieherInnen orientiert sich entscheidend daran, die Entwicklung und das Lernen jedes einzelnen Kindes in seiner individuellen Art und seinem eigenen Tempo zu unterstützen. Den ErzieherInnen ist bewusst, dass es hierfür maßgeblich auf eine gelungene Beziehung zum Kind ankommt. Erkennbar ist auch, dass sie mit ihrer professionellen Sicht auf die einzelnen Kinder deren jeweiligen individuellen Entwicklungsverlauf differenziert betrachten können. Dies gilt insbesondere für die Frage, wie die Fähigkeiten der einzelnen Kinder eingeschätzt werden. Erkennbar ist der verbreitete Wunsch, die Kinder nicht entlang ihrer Defizite zu betrachten, sondern von ihren Ressourcen auszugehen.

Im Widerspruch zu dem von ErzieherInnen geäußerten Wunsch, ressourcenorientiert zu denken und zu handeln, steht der empirische Befund, dass eher defizitorientierte als ressourcenorientierte Beobachtungsinstrumente eingesetzt werden. Das kann daran liegen, dass ressourcenorientierte Beobachtungsverfahren (wie Bildungs- und Lerngeschichten oder die Leuvener Engagiertheitsskala) deutlich weniger vorhanden und zumeist aufwendiger in der Handhabung sind als defizitorientierte Verfahren (wie viele standardisierte Beobachtungsbögen). In Schulen sieht der Befund ähnlich aus, wenn diese überhaupt (systematische) Beobachtungsverfahren einsetzen. Zugleich hat der Blick auf die Defizite der Kinder in Kitas ebenso wie in Schulen eine lange Tradition. Für individuelle Begabungsförderung wäre es wichtig, noch einen Schritt weiterzugehen, und sich von der Diskussion um Defizitorientierung versus Ressourcenorientierung zu verabschieden und sich stattdessen der Anerkennung von Verschiedenheit zu widmen. Dieser Blickwechsel würde es ermöglichen, den individuellen Entwicklungsprozess des Kindes in den Blick zu nehmen. Die für Kind, Eltern und PädagogIn häufig belastende Orientierung an einem idealtypischen Entwicklungsverlauf könnte aufgegeben werden. Zugleich könnten Entwicklungsherausforderungen kontextualisiert betrachtet und berücksichtigt werden, wie das oben dargestellte Münchner Begabungsmodell es nahelegt. Damit wird es dann auch möglicherweise leichter, individuelle Entwicklungsverläufe in den Blick zu nehmen und Förderpläne unter Berücksichtigung der Stärkung der Persönlichkeitsmerkmale zu konzipieren, damit Kinder ihre Begabungspotenziale voll zur Entfaltung bringen können. Geringe Selbstkompetenzen als Ursachen für eine eingeschränkte oder nicht begabungsgerechte Leistungsentfaltung mitzudenken, kann demnach als pädagogische Herausforderung betrachtet werden und sollte von ErzieherInnen und LehrerInnen als Teil des pädagogischen Auftrags betrachtet werden, sofern das noch nicht der Fall ist.

Selbstkompetenzen fördern durch herausfordernde Lernumgebungen und eine Kultur der Anerkennung

Der Begriff »Selbstkompetenzen« umfasst eine enorme Spannbreite, sowohl in der Psychologie als auch in der Pädagogik. Komponenten der Selbstkompetenz sind beispielsweise Selbstvertrauen, Selbstmotivation und Frustrationstoleranz (vgl. Aufsatz von Kuhl et al. in diesem Band). In der Tradition der (Schul-)Pädagogik ist die Selbstkompetenz ebenso wie die Sach-, die Sozial- und die Methodenkompetenz eine von vier Kompetenzen, die gemeinsam die Lernkompetenz bilden. Die Lernkompetenz wird als grundlegende Voraussetzung für das lebenslange Lernen verstanden (vgl. Czerwanski/Solzbacher/Vollstädt 2002). Wir gehen allerdings davon aus, dass der Lernerfolg mit der Selbstkompetenz viel enger verzahnt ist als mit den anderen drei Kompetenzen, weil Lernen die Beteiligung des Selbst voraussetzt (vgl. z.B. Kuhl/Hüther 2007). Selbstkompetenz liegt demzufolge nicht auf der gleichen Ebene wie die Sach-, die Methoden- und die Sozialkompetenz, sondern kann als Basiskompetenz betrachtet werden. Derzeit wird jedoch sowohl im elementar- als auch im schulpädagogischen Diskurs eher die Methodenkompetenz betont (Bayerisches Staatsministerium 2006; Gisbert 2004; Klippert/Müller 2010). Hier wird die Notwendigkeit des lebenslangen Lernens vor allem auf den Erwerb von Lerntechniken reduziert, während die Bedeutung des Aufbaus von Selbstkompetenz eher unterschätzt wird.

Die Grundlagen für die Selbstkompetenz werden zwar in den frühen Phasen des kindlichen Lebens erworben, sie kann aber auch später ausgebaut werden. Damit sind auch die Beziehungen zu PädagogInnen im institutionellen Rahmen, beispielsweise zu ErzieherInnen und LehrerInnen von prägender Bedeutung (vgl. dazu Giesecke 1999 und Schweer 2008).

Die Qualität professioneller pädagogischer lässt sich unter folgenden gemeinsamen (!) Aspekten betrachten:

- der *Bindungs- bzw. Beziehungsqualität* (im Sinne von Bindungssicherheit in Anlehnung an die Bindungstheorie bietet die Beziehung eine »sichere Basis« zur Exploration)
- der *Interaktionsqualität* (d.h. Sensitivität/Feinfühligkeit/Warmherzigkeit der Fachkraft in der Interaktion mit einzelnen Kindern und mit der gesamten Gruppe)
- der *Stabilität* der Beziehung (d.h. Dauer, Häufigkeit und Regelmäßigkeit der Kontakte)
- der *Involviertheit bzw. das Engagement* der Fachkraft in Kontaktsituationen mit dem Kind (Intensität als quantitative Dimension, zählbar z.B. als Dauer und Häufigkeit der Sprechakte)(vgl. Schwer 2011).

Immer wieder können PädagogInnen Situationen schaffen, in denen Kinder sich als selbstkompetent erleben. Dieses geschieht z.B., wenn Kinder bei der Bewältigung von Schwierigkeiten sensibel begleitet werden, seltener wenn ihnen Lösungen vorgegeben oder alle Probleme aus dem

Weg geräumt werden. Dies drückt sich auch in der folgenden Arbeitsdefinition[3] unserer Forschungsstelle aus:

> Die Entwicklung von Selbstkompetenz ist als lebenslanger Prozess zu verstehen. Selbstkompetenz bezeichnet die Fähigkeit, in sich verändernden Zusammenhängen motiviert und aktiv gestaltend handeln zu können. Für den Aufbau von Selbstkompetenz sind (professionelle) pädagogische Beziehungen ebenso von zentraler Bedeutung wie die Gestaltung der Lernumgebung. Die Handlungsfähigkeit des Einzelnen hängt entscheidend von der Fähigkeit ab, Wissen und Emotionen miteinander zu verbinden. Eine hohe Selbstreflexivität ist dabei unabdingbar.

Selbstkompetenzförderung wird somit von zwei Komponenten maßgeblich beeinflusst: zum einen von der Gestaltung der Beziehung zwischen PädagogIn und Kind, zum anderen durch die Gestaltung einer anregenden Lernumgebung. Diese beiden Bereiche sind im tatsächlichen Miteinander nicht zu trennen.

Konstruktivistische PädagogInnen gehen z.B. mit der Kommunikationswissenschaft (vor allem mit Watzlawick 1967) seit Langem von der Erkenntnis aus, dass Unterricht sich nicht nur auf der Sachebene, sondern immer auch – mit dieser verbunden – auf der Beziehungsebene abspielt, wobei die Beziehungsebene die Sachebene dominiert: Lehrer und Schüler begegnen sich zunächst als Persönlichkeiten; sie beurteilen sich gegenseitig aufgrund persönlicher Werte (vgl. Stevens 2001). Unterricht hat also zuallererst eine zwischenmenschliche und erst dann eine institutionelle bzw. professionelle »Bedeutung«: Erst im zweiten Schritt sehen sich LehrerInnen und SchülerInnen in ihren Funktionen und Rollen.

Daraus erwachsen der Gestaltung von Lernprozessen vielfältige neue Anforderungen – auch für Bildungsprozesse in Kitas. Die Praxis des Lehrens und Lernens ist dann der »kommunikative Versuch der Ermöglichung der beabsichtigten Lernprozesse, der Anbahnung und Anleitung von Kön-

3 Diese Definition ist durch den Arbeitskontext des nifbe-geförderten Projekts »selbst sicher lernen« maßgeblich beeinflusst.

nen und Verstehen« (Hermann 2003: 633), u.a. durch den gezielten Ausbau von Selbstkompetenz und nicht – wie die Standarddiskussion dies mitunter suggeriert – eine »Technik des Herstellens und Verteilens von Wissen«.

Die Entwicklung von Selbstkompetenz hängt davon ab, ob Lernen selbstwirksam ist. Lernen ist selbstwirksam, wenn Kinder eigenaktiv werden und für sich eine persönliche Bedeutung zu den Lerninhalt herstellen (vgl. dazu Kuhl et al. in diesem Band). Selbstwirksames Lernen ist nur dann möglich, wenn Erfolgserfahrungen bei der Bewältigung ansprechender und herausfordernder Aufgaben gemacht werden können. Die Gestaltung der Lernumgebung kann also einen positiven Einfluss auf die Selbstkompetenzentwicklung nehmen, wenn Konzepte zum Tragen kommen, die die Kinder zur Eigenaktivität anregen. In solchen Lernsettings wird das Kind aufgefordert, sich Ziele zu setzen und Verantwortung dafür zu übernehmen. Der Freiraum, der SchülerInnen dabei eingeräumt wird, wurde in Untersuchungen als besonders bedeutsam für die Entwicklung des Selbstkompetenz angesehen (vgl. dazu Renkl/Helmke/Schrader 1997: 382). Der sinnvolle Einsatz geeigneter Methoden in der Kita und im schulischen Unterricht kann den Kindern Räume eröffnen, Erfolgserlebnisse zu haben und mit Misserfolgen umzugehen (z.B. bei der Projektarbeit oder der Wochenplanarbeit). Gelingt es, bei den Interessen und Fähigkeiten der Kinder anzuknüpfen, also eine persönliche Bedeutung der Lerninhalte für die Kinder zu eröffnen, wirkt sich dies entscheidend auf die Motivation der Kinder aus.

Ich-Stärke wird maßgeblich im Dialog erlernt. Achtung, Wärme, Rücksichtnahme sowie emphatisches Verstehen, Echtheit und Aufrichtigkeit schaffen Vertrauen und Respekt als wichtige Grundlagen für gelungene Lehrer-Schüler-Beziehungen (vgl. Tausch/Tausch, die zahlreiche Studien zum Lehrerverhalten seit den 1950/60er Jahren durchgeführt haben) und auch ErzieherIn-Kind-Beziehungen. Es ist insbesondere die Erfahrung, wertgeschätzt zu werden, die das Selbstvertrauen in das eigene Begabungspotenzial und dessen Umsetzung in individuelle Leistung beeinflusst. Positiv unterstützt wird dies z.B. durch Konzepte wie die »Bildungs- und Lerngeschichten«, in denen das Kind u.a. positive Rückmeldungen auf seine Entwicklung erhält – Ressourcenorientierung ist hierbei das entscheidende Stichwort. Des Weiteren ist die Nutzung neuer Formen der Leistungsbewertung in der Schule zu nennen, etwa Lernentwicklungsberichte, Portfolios, Lerntagebücher oder Schülerselbst- und -mitbewertungen. Darüber kann und sollte mit den Kindern in einen Dialog über deren jeweilige Lernfortschritte getreten werden, ebenfalls mit dem Ziel, für die (Lern-)Entwicklung Notwendiges respektvoll zu kommunizieren. Dann kann dass Kind spüren: »Ich bin gemeint«. In Lernentwicklungsberichten z.B. kann deutlich gemacht werden, dass Frustrationstoleranz sich lohnt und geschätzt wird. Auch Feedbackverfahren, wie Zwischenberichte oder Gespräche, können als sehr wertschätzend und motivierend erlebt werden und zum »Durchhalten« ermutigen. Eine gute Feedback-Kultur ist ein wichtiger Teil einer Kultur der Anerkennung. Dazu gehören auch Rituale des gemeinsamen Feierns von Erfolgen. Es gilt, an den Schulen eine Lernkultur und eine Lernumgebung zu schaffen, die den SchülerInnen Möglichkeiten eröffnet, ihre Selbstkompetenzen zu erweitern.

Dies ist in Kitas aufgrund ihres Auftrags der Erziehung, Bildung und Betreuung zunächst anders. Hier sind Bindungen und Beziehungsarbeit als pädagogische Mittel explizit verankert. Durch die stärkere Betonung des Bildungsauftrags muss jedoch in der Kita die Bedeutung der Beziehungsarbeit noch deutlicher im Hinblick auf Lernen und Bildung reflektiert werden.

Die Beziehungsqualität zwischen LehrerIn/ErzieherIn und Kind kann als Indikator für das Leistungs- und Entwicklungsvermögen eines Kindes in der jeweiligen Bildungsinstitution gelesen werden. Je nachdem, wie Persönlichkeits- und Fähigkeitsmerkmale wahrgenommen und gefördert werden, können sich Kinder entwickeln. Durch entsprechende Beziehungserfahrungen werden sie mit ihren Fähigkeiten und Fertigkeiten sowohl auf kognitiver als auch emotionaler Ebene angesprochen.

Hier wird der Zusammenhang zwischen den eingangs genannten Bedingungen für die Entwicklung von Selbstkompetenzen, authentische Beziehungsgestaltung und anregend gestaltete Lernumgebung, nochmals deutlich. Professionelles pädagogisches Handeln zeichnet sich durch eine immer wieder auszutarierende Passung dieser beiden Komponenten aus.

Das Ziel ist die Entwicklung einer Kultur der Anerkennung, die bestimmt ist vom Grundsatz gegenseitiger Wertschätzung und der Ablehnung von Diskriminierung sowie Zielen der Integration und Partizipation. Auf diesbezügliche (evaluierte) Förderansätze kann derzeit nicht zurückgegriffen werden, sodass Kitas und Schulen strukturierte beziehungssensible Förderung selbst konzipieren und erproben müssen.

Fazit: Professionelle Beziehungen brauchen geeignete strukturelle Rahmenbedingungen

Damit Beziehungen in Institutionen gelingen, bedarf es einer pädagogischen Haltung,[4] die auf fundierten Kenntnissen kindlicher Entwicklungs- und Bildungsbedingungen basiert und der kontinuierlichen Reflexion unterliegt. Diese Reflexion umfasst sowohl die Dimension der Beziehungsgestaltung als auch das Wissen um das einzelne Kind mit seinen spezifischen Entwicklungs- und Lernbedingungen. Unterstützt wird dies durch entsprechende Formen der kollegialen Zusammenarbeit. Dafür benötigen LehrerInnen und ErzieherInnen einen entsprechenden institutionellen Rahmen, der ihnen Zeit für die Beziehungsgestaltung, die Auswahl und Anwendung der passenden Methoden und Instrumente, Zeit für notwendige Fortbildung und auch für die kollegiale Zusammenarbeit bietet. Auch die ErzieherInnen und LehrerInnen benötigen eine Kultur der Anerkennung.

Beeinflusst wird das pädagogische Handeln durch das Wissen darum, dass sich Kinder unterschiedlich verhalten und unterschiedliche Formen der Ansprache, Unterstützung und Nähe brauchen. In der Elementarpädagogik wird der Beziehungsaufbau unter Berücksichtigung der Verschiedenheit der Kinder thematisiert. So gibt es beispielsweise ausführliche Eingewöhnungsprogramme, die den Kindern den Übergang von der Familie in die erste Bildungsinstitution erleichtern sollen. Auch in der Schule spielt die LehrerIn-Kind-Beziehung für das pädagogische Handeln eine wichtige Rolle, aber strukturell besteht die Aufgabe der LehrerIn auch darin, Wissen zu vermitteln und Leistungen zu beurteilen. Die hieraus resultierenden Zwänge stehen einer aus pädagogischer Sicht als notwendig erachteten Beziehungsarbeit oft im

---

4 Unter »pädagogischer Haltung« verstehen wir die professionelle Einstellung von PädagogInnen, die darüber bestimmt, wie sie Personen, Situationen und Ideen im professionellen Kontext wahrnehmen, bewerten und welche Handlungen sie daraus ableiten.

Wege. Die einzelne GrundschullehrerIn muss die Erfüllung des Bildungsauftrags mit ihrem Selbstverständnis als PädagogIn vereinbaren.

Als hinderlich für eine Beziehungskultur als Grundlage für eine verbesserte individuelle Förderung werden in unseren Studien sowohl von den AkteurInnen in der Kita als auch von der Grundschule deshalb auch immer wieder die institutionellen Rahmenbedingungen genannt. Die ErzieherInnen klagen beispielsweise über die Gruppengröße oder die geringe Anzahl an Vor- und Nachbereitungsstunden, die zudem mit einer Vielzahl von organisatorischen Aktivitäten gefüllt sind. Von LehrerInnen wird ebenfalls die Klassengröße als Problem genannt. Erstaunlich häufig werden in den Schulen auch die räumlichen Bedingungen als unzureichend erlebt; dadurch sind die Möglichkeiten der Kleingruppenarbeit eingeschränkt und zuweilen ist es der LehrerIn im überfüllten Klassenraum kaum mehr möglich, zu einzelnen Kindern zu gelangen. Hinzu kommt der Auftrag im Rahmen der Schullaufbahnempfehlungen, die Kinder in das dreigliedrige Schulsystem einzuordnen und damit auch zu hierarchisieren. Rahmenbedingungen dieser Art können zum Hemmschuh für individuelle Förderung werden, da sie den Aufbau von echten (professionellen) Beziehungen beeinflussen. Hinzu kommen systemimmanente »institutionelle Verstörungen« (Bönsch 2001: 898), die »hierarchische Beziehungen, die der Echtheit entbehren« (ebd.), schaffen. Beziehungen werden teilweise nur noch sehr formalisiert durchgeführt und erlebt – mit Konsequenzen für PädagogIn und Kind.

Man muss also davon ausgehen, dass die Beziehungskulturen in Kita und Schule extrem von den strukturellen Möglichkeiten der Institutionen geprägt werden. Es muss auch aus diesem Grund dafür gesorgt werden, dass PädagogInnen bei den zahlreichen neuen und zum Teil sehr widersprüchlichen Ansprüchen, die an sie herangetragen werden, von Seiten der Bildungspolitik und der Wissenschaft die größtmögliche Unterstützung und Anerkennung erhalten. Als derartige Widersprüche werden z.B. immer wieder im Bereich der Schule der bildungspolitische Anspruch der Standardisierung auf der einen Seite und der Anspruch der individuellen Förderung auf der anderen Seite genannt. Für Kindertageseinrichtungen erscheint der Ruf nach mehr oder anderer Professionalisierung zum Teil als zeitlich uneinlösbar und mitunter überfordernd, was ebenfalls das Beziehungsverhalten schwächen könnte. Fest steht: Aus den aktuell sehr zahlreichen Reformen in beiden Institutionen ergeben sich eine Reihe neuer Anforderungen an eine institutionalisierte (Früh-)Förderung und an die Schule.

Dass es aufgrund der Rahmenbedingungen (wie Zeit und Personal) nicht immer gelingt, die spezifischen Potenziale aller Kinder gleichermaßen aufzudecken und zu berücksichtigen, wird dabei von vielen ErzieherInnen und Lehrkräften selbstkritisch reflektiert. Das Ziel allerdings wird anerkannt.

Bei der Umsetzung des Auftrags verstärkter Wahrnehmung und Förderung individueller Begabungen ist die Beziehungskompetenz ein Schlüsselelement. Sie ist Grundlage für das Erkennen von Begabungen und bei den Kindern Grundlage für die Entwicklung von Selbstvertrauen und den Glauben an die eigenen Fähigkeiten. Eines steht nämlich fest: Welche Bildungs- und Erziehungsziele auch immer gesellschaftlich diskutiert und favorisiert werden, welche Methoden und Instrumente man dafür als geeignet empfiehlt – alles muss über die pädagogische Beziehung, das persönliche Verhältnis vermittelt werden. Hierfür gibt es noch keine überzeugende Theorie (vgl. dazu Giesecke 1999): Wie geht man mit der Forderung nach Echtheit und Nähe um bei der gleichzeitigen zeitlichen Begrenztheit des pädagogischen Verhältnisses? Wie viel Emotionalität muss sein und wie viel kann ich aushalten, ohne immer wieder traurig zu sein, wenn ein Kind die Institution verlässt etc.? Ist in der Schule vielleicht aus solchen Gründen sehr selten die Rede von Emotionalität? In welchem Verhältnis muss Emotionalität zu einer ebenfalls notwendigen Distanz stehen? Kurz: Wie muss die pädagogische Beziehung gestaltet werden, damit das große Potenzial, das sie für die Entfaltung sichtbarer und verborgener Begabungen hat, genutzt werden kann? Was muss innerhalb einer gut funktionierenden Beziehung geschehen, wenn begabungsrelevante Kompetenzen gefördert werden sollen? Hier besteht noch erheblicher Forschungsbedarf.

Literatur

Arbeitsstab Forum Bildung (Hrsg.) (2002). Empfehlungen und Einzelergebnisse des Forum Bildung. Ergebnisse des Forum Bildung II. Bonn.

Bayerisches Staatsministerium für Arbeit und Sozialordnung, Familie und Frauen (2006). Der Bayerische Bildungs- und Erziehungsplan für Kinder in Tageseinrichtungen bis zur Einschulung. Berlin, Düsseldorf.

Behrensen, B./Sauerhering, M./Solzbacher, C./Warnecke, W. (2011). Das einzelne Kind im Blick: Individuelle Förderung in der Kita. Freiburg: Verlag Herder.

Bönsch, M. (2001). Das Lehrer/in-Schüler/in-Verhältnis. In: L. Roth (Hrsg.), Pädagogik-Handbuch für Studium und Praxis. 2., überarb. und erw. Aufl. München: Oldenbourg.

Bönsch, M. (2004). Intelligente Unterrichtsstrukturen. Eine Einführung in die Differenzierung. Baltmannsweiler: Schneider Verlag Hohengehren.

Czerwanski, A./Solzbacher, C./Vollstädt, W. (2002). Förderung von Lernkompetenz in der Schule. Recherche und Empfehlungen. Band 1. Gütersloh: Bertelsmann Stiftung.

Faust-Siehl, G. (1996). Die Zukunft beginnt in der Grundschule: Empfehlungen zur Neugestaltung der Primarstufe. Reinbek bei Hamburg: Rowohlt.

Giesecke, H. (1999). Die pädagogische Beziehung. Pädagogische Professionalität und die Emanzipation des Kindes, 2. Aufl. Weinheim und München: Juventa.

Gisbert, K. (2004). Lernen lernen: Lernmethodische Kompetenzen von Kindern in Tageseinrichtungen fördern. Weinheim u.a.: Beltz.

Heller, K./Perleth, C. (2007). Talentförderung und Hochbegabtenberatung in Deutschland. In: K. Heller/A. Ziegler (Hrsg.), Begabt sein in Deutschland. Berlin u.a.: Lit.

Herrmann, U. (2003). Bildungsstandards – Erwartungen und Bedingungen, Grenzen und Chancen. In: Zeitschrift für Pädagogik, H. 49, S. 625–639.

Klafki, W. (2002). Schultheorie, Schulforschung und Schulentwicklung im politisch-gesellschaftlichen Kontext. Weinheim u.a.: Beltz.

Kuhl, J./Hüther, G. (2007). Das Selbst, das Gehirn und der freie Wille. Kann man Selbststeuerung auch ohne Willensfreiheit trainieren? In: Pädagogik, H. 11, S. 36–41.

Kunze, I./Solzbacher, C. (2008). Individuelle Förderung in der Sekundarfstufe I und II. Baltmannsweiler: Schneider Verlag Hohengehren.

Renkl, A./Helmke, A./Schrader, F.-W. (1997). Schulleistung und Fähigkeitsselbstbild: Universelle Beziehungen oder kontextspezifische Zusammenhänge? In: F. Weinert/A. Helmke (Hrsg), Entwicklung im Grundschulalter. Weinheim: Psychologie Verlags Union, S. 373–384.

Stevens, L. (2001). Denkpause: ein Arbeitsbuch für Lehrer zum Umgang mit Schülern beim Lehren und Lernen. Baltmannsweiler: Schneider Verlag Hohengehren.

Schweer, M. (Hrsg.) (2008). Lehrer-Schüler-Interaktion. Inhaltsfelder, Forschungsperspektiven und methodische Zugänge, Wiesbaden, Verlag für Sozialwissenschaften (VS). 2. vollständig überarb. Aufl.

Schwer, C. (2011). Begabung und Beziehung im Kindergarten: Die Erzieher/innen-Kind-Beziehung als Basis für die Umweltexploration jüngerer Kinder. Vortrag im Fachforums 2011 der nifbe-Regionalstelle Nord-Ost in Buchholz i. d. Nordheide am 09.03.2011.

Tausch, R./Tausch, A.-M. (1971). Erziehungspsychologie: psychologische Prozesse in Erziehung und Unterricht. Göttingen: Hogrefe.

Watzlawick, P./Bavelas, J./Jackson, D. (1967). Pragmatics of human communication: a study of international patterns, pathologies, and paradoxes. New York: W. W. Norton.

4. Begabungsförderung als pädagogische Aufgabe: Grundlegungen zu einem inklusiven Begabungsbegriff

Christina Schwer | Inga Doll | Birgit Behrensen |
Michaela Kruse-Heine | Susanne Müller-Using |
Meike Sauerhering | Claudia Solzbacher | Wiebke Warnecke

BEFASST MAN SICH MIT dem wissenschaftlichen Diskurs um Begabungsförderung und mit der Bedeutung von Begabung, dann wird deutlich, dass es sich um einen unscharfen Begriff handelt, mit dem viele andere Begriffe assoziiert werden, wie z.B. Hochbegabung, Intelligenz, Talent, Leistung und Begabungspotenzial. Es fällt schwer, die verschiedenen Bedeutungen und die Beziehungen zwischen den Begriffen eindeutig zu definieren und voneinander abzugrenzen. Ein Blick in die Wissenschaft zeigt, wie vielfältig und bisweilen auch konträr die Debatte um die Bedeutung dieser Begriffe in der Vergangenheit geführt wurde. Es ist auch heute – nach beinahe 100 Jahren wissenschaftlicher Forschung zu diesem Thema – noch immer keine leichte Aufgabe, Begabung definitorisch überzeugend und mit möglichst breitem Konsens zu explizieren.

Diskurse zu Begabung

Nach wie vor zeigt die Diskussion um (Hoch-)Begabung, wie unterschiedlich der Begriff aufgefasst wird. So gibt es z.B. die Möglichkeit, Begabung sehr breit zu definieren, um möglichst viele Kinder als individuell begabt beschreiben zu können. Dem gegenüber steht z.B. ein Verständnis, das sich (mehr oder weniger stark) an überragender kognitiver Leistungsfähigkeit orientiert, die z.B. mit Intelligenztests gemessen werden kann.

Ein Blick in die historische Entwicklung der wissenschaftlichen Auseinandersetzung mit dem Thema der menschlichen Begabungen zeigt aber nicht nur, wie vielfältig die Diskussion um Begabung, Intelligenz, Leistung etc. geführt wurde, sondern auch, welcher Weg zurückgelegt werden musste, um verschiedene Modelle, wie die von Heller (2001: 23ff.), Mönks (1992), Renzulli (1986), Gagne (2002) u.a., entwickeln zu können.

Angesiedelt im in den 1920er-Jahren entstehenden Feld der Entwicklungspsychologie wurden zur Messung von Intelligenz Testverfahren entwickelt und angewendet (Stern 1912, 1916; Terman 1916), deren Ergebnisse in Form des Intelligenzquotienten (IQ) bereits damals als »objektive« Aussagen über die kognitiven Möglichkeiten einzelner Menschen verstanden wurden. Mit der Entwicklung und breiten Anwendung von Intelligenztests ergab sich auch die Verwendung des Begriffs »Hochbegabung« für die Gruppe derjenigen, deren ermittelte Intelligenz deutlich über der der Mehrheit der Bevölkerung gleicher Entwicklungsstufe liegt.

In Abgrenzung zur relativ engen Auseinandersetzung mit der – meist auf kognitive Leistungen beschränkten – Verwendung des Begriffs Intelligenz finden sich verschiedene, differenzierte und erweiterte Ansätze in der Begabungsforschung, die in neueren Modellen Begabung erheblich breiter und multidimensionaler beschreiben. So werden heute regelmäßig auch musische, emotionale und soziale Fähigkeitspotenziale einbezogen (vgl. z.B. Heller/Perleth 2007: 143). Gardner erweitert zudem bewusst den Begriff Intelligenz und subsumiert darunter vielfältige Fähigkeitsbereiche von Personen, wie sprachliche, logisch-mathematische, räumliche, musikalische, kinästhetische bzw. motorische, interpersonale und intrapersonale Intelligenz mit dem Ziel, die Gleichwertigkeit aller Begabungen hervorzuheben (vgl. Gardner 2005, 2008).

Neben der Maxime, die Vielfalt und zugleich die Einzigartigkeit der Fähigkeiten von Kindern zu berücksichtigen und dies als Ausgangslage für pädagogisches Handeln zu verstehen, kann der Begabungsbegriff unserer Forschungsstelle am besten als »individuelles Fähigkeitspotenzial« beschrieben werden (vgl. Heller, Perleth 2007: 141ff.).

Theoretische Grundlage unserer wissenschaftlichen Forschung ist ein relativ weit gefasster Begabungsbegriff, bei dem Begabung als das »Insgesamt personaler (kognitiver, motivationaler) und soziokultureller Lern- und Leistungsvoraussetzungen definiert wird. Die Begabungsentwicklung wird dabei als fortschreitender Interaktionsprozess zwischen (personen-)internen Anlagefaktoren und externen Sozialisationsfaktoren verstanden.« (Heller 2008: 8) Das Zusammenspiel von individuellem Potenzial und Interaktion mit der (pädagogischen und sozialen) Umwelt ist diesem Modell zufolge besonders bedeutsam für die Begabungsentwicklung und -förderung (vgl. Heller 2001: 23; Heller/Perleth 2007: 141). Vor diesem Hintergrund ergibt sich die Möglichkeit, Begabungsförderung auch als pädagogische Aufgabe zu verstehen: Jedes Kind ist einzigartig und jedem Kind sind Begabungen gegeben. Begabungen sind vielfältig und unterschiedlich.

Begabung aus pädagogischer Perspektive

Neben der Annahme, dass jedes Kind einmalig ist und vielfältige sowie jeweils unterschiedlich ausgeprägte Begabungen hat, gehen wir von einem dynamischen Begabungsverständnis aus (ebd.: 141ff.). Das heißt, dass sich Begabungen im Laufe des Lebens ausbilden, entwickeln und verschieben können und in Leistung zur Entfaltung kommen, sofern das Individuum dazu die Möglichkeit bekommt. Vor diesem Hintergrund arbeiten und forschen wir mit einem inklusiven Begabungsbegriff, in den musische, emotionale, soziale und kognitive Fähigkeitspotenziale gleichwertig mit einbezogen werden.

Es braucht vieles, um in der frühen Kindheit Begabungen in individuelle Leistungen umsetzen zu können. Zuallererst muss gegeben sein, dass die Grundbedürfnisse des Kindes nach Schlaf, Ernährung, Sicherheit und Liebe kontinuierlich und zuverlässig befriedigt werden (Maslow 2008). Dazu gehören in Anlehnung an die Bindungstheorie (vgl. Bowlby 1969, 1973; Ainsworth et al. 1978) auch positiv verlaufende primäre und sekundäre Bindungsbeziehungen und das alltägliche Gelingen der sogenannten »Bindungs-Explorations-Balance« in der frühen Kindheit, die als besonders bedeutsam für das frühkindliche Explorieren (Ainsworth et al. 1978) und damit für die Begabungsentwicklung anzusehen sind: Ein Kind ist umso eher bereit, seine Umwelt zu explorieren (und damit eine wesentliche Möglichkeit zur Begabungsentfaltung zu nutzen), je sicherer es sich in seiner Bindung an relevante Bezugspersonen fühlt (vgl. Völker/Schwer 2011; Schwer/Völker 2011 in diesem Band).

Weitere wichtige Einflussfaktoren, die eine zentrale Rolle bei der Begabungsentfaltung spielen, sind außerdem die Selbstkompetenz und das Gelingen des »Selbstzugangs« (Kuhl 2001, 2010) des Individuums. Selbstkompetenz wird dabei als Grundlage für Lernkompetenz angesehen (vgl. Behrensen/Sauerhering/Solzbacher in diesem Band). Unserer Überzeugung nach kann kein Lernen ohne Beteiligung des Selbst (und dem damit verbundenen authentischen Zugang zu eigenen Interessen, Emotionen und Erfahrungen) stattfinden. Selbstkompetenz spielt auch eine zentrale Rolle dabei, ob und wie sich ein Kind mit Leistungszielen identifiziert, wie es in der Lage ist, sich selbst zu motivieren oder (Lebens-)Krisen zu bewältigen (Resilienz). Der Begriff Selbstzugang bezeichnet in diesem Zusammenhang eine authentische Form der Selbstwahrnehmung eines Individuums, die es ihm ermöglicht, die eigenen Gefühle und Interessen adäquat zu erkennen und für die eigene Begabungs- und Persönlichkeitsentwicklung zu nutzen, z.B. zur Orientierung, Selbstmotivation, Emotions- und Stressregulation, d.h. auch zur Entwicklung von Selbstkompetenz.

Ein breit angelegtes Verständnis von Begabung, Begabungsentwicklung und ihren Einflussfaktoren erscheint uns für die Arbeit in der Elementar- und Primarpädagogik sinnvoll, u.a. auch aus dem Grund, weil es den Kindern genügend (Entwicklungs-)Spielräume ermöglicht: Sie sind in der Regel noch nicht festgelegt auf bestimmte Begabungen und den möglichen Nutzen ihrer Begabungen für die Gesellschaft. Aus pädagogischer Sicht scheint es uns notwendig, dass die Aufdeckung von Begabungen in der frühen Kindheit (im Alter von null bis zehn Jahren) nicht in erster Linie dem Zweck dient, gesellschaftlich verwertbare Leistungen zu erbringen, sondern dass dies ein Aspekt der Anerkennung des Kindes als Person in seiner Besonderheit ist. Diese Anerkennung ist ein wichtiger Baustein, um das Kind in der Entwicklung beispielsweise von Selbstmotivation und Selbstkompetenz zu unterstützen. Daher wird im Zusammenhang mit Begabungsentwicklung und -förderung zunehmend auch der Aspekt der Persönlichkeitsentwicklung thematisiert (Fischer et al. 2008; Weigand 2008; Henseler 2008; Gebker/Kuhl 2008). Aus den Erfahrungen im Umgang mit Kindern ist deutlich geworden, dass in dem Maß, in dem sich die Persönlichkeit entwickelt, sich auch die individuellen Begabungen entfalten, da diese nicht losgelöst von der Persönlichkeit eines Kindes zu definieren sind.

Die Persönlichkeitsentwicklung des Menschen vollzieht sich zu großen Teilen als Wechselspiel zwischen dem Einzelnen und der Gemeinschaft, in der er lebt. Auch Begabungen entstehen, entwickeln und zeigen sich nicht unabhängig von der sozialen und materialen Umwelt. Welche Begabungen eines Kindes zur Entfaltung kommen, ist auch davon abhängig, wie es gesehen und gefördert wird, welche Möglichkeiten ihm zur Verfügung stehen, und in welchen Bedingungen es aufwächst. Eine Hauptaufgabe der pädagogisch Handelnden besteht darin, das Kind mit offenem Blick zu beobachten, um seine Besonderheiten, Interessen und Fähigkeiten wahrnehmen zu können, und die von ihm ausgehenden Impulse aufzugreifen und in das pädagogische Handeln einzubeziehen. Die Umwelt kann so als gestaltete Lernumgebung fungieren, die dem Kind vielfältige Anregungen und Möglichkeiten gewährt, sich auszuprobieren, seiner Neugier und seinen Interessen nachzugehen, sich selbst zu bilden und dabei seine eigenen Fähigkeiten und Interessen weiterzuentwickeln. Gleichzeitig ermöglicht eine anregende Lernumgebung, dass Kinder wichtige soziale Erfahrungen mit anderen Personen machen und Sachverhalten nachspüren können, um zu erkunden, wie Dinge oder Situationen auf sie selbst und andere Personen wirken (vgl. Schäfer 1995). Eine anregende Lernumgebung bedeutet jedoch nicht nur das Vorhandensein vielfältiger, qualitativ guter und anregender Spielmaterialien, sondern bietet auch den ästhetischen Zugang zu alltäglichen, kulturellen und natürlichen Ressourcen, wie beispielsweise zu Musikstücken und -instrumenten, Kunstgegenständen, Naturphänomenen und Werkzeugen, die für Kinder sinnliche Erfahrungen und Möglichkeiten der Auseinandersetzung bieten (vgl. Laewen et al. 2007).

So betrachtet kann Begabungsförderung als Unterstützung zur Begabungsentfaltung verstanden werden. Den PädagogInnen kommt dabei die Aufgabe zu, den Prozess der Begabungsentfaltung als einen entscheidenden Teil der Persönlichkeitsentwicklung des Kindes zu begleiten und zu unterstützen. Begabungsförderung beinhaltet die Wertschätzung des Einzelnen und gleichzeitig die Begleitung des Kindes auf dem Weg, ein verantwortliches Mitglied der Gesellschaft zu werden. Das bedeutet, dass es ein wesentlicher Bestandteil von Begabungspädagogik bzw. -förderung ist, Kindern solche Herausforderungen und Umgebungen zu bieten, die ihrer Persönlichkeit sowohl Freiheit als auch Orientierung zur Selbstentfaltung ermöglichen. Grundlage dafür ist ein pädagogisches Handeln (Berufsethos), das durch Wertschätzung, Ressourcenorientierung und gegenseitiges Vertrauen geprägt ist und bei dem sich die Kinder sicher und ernstgenommen fühlen.

Forschung zur Begabungsförderung

Im Kontext von Begabungsforschung und -förderung ist es von besonderer Bedeutung, dass im pädagogischen Handeln der Mensch in seiner gesamten Persönlichkeit, mit seinen Stärken, seinen Schwächen und auch mit seinen biographischen Bezügen wahrgenommen und ins Zentrum von pädagogischen Prozessen gestellt wird. Der Begabungsförderung käme so die Aufgabe zu, den Prozess der Begabungsentfaltung als einen entscheidenden Teil der Persönlichkeitsentwicklung des Kindes zu begleiten und zu unterstützen.

Ziel von Begabungsförderung ist aber vor diesem Hintergrund – neben der Umsetzung von Begabungen in (Lebens-)Leistungen – auch die persönliche Lebenszufriedenheit des Individuums. Notwendige Voraussetzung und ethisches Postulat dafür ist eine pädagogische Orientierungsqualität, die gekennzeichnet ist durch authentisches Interesse, Wertschätzung, Offenheit, Unvoreingenommenheit sowie durch die Freude am Reichtum der Persönlichkeit eines Kindes in seiner Einzigartigkeit. Dass dieses ethische Postulat heute psychologisch und hirnbiologisch begründbar ist (vgl. z.B. Kuhl et al. in diesem Band), reduziert die Freiheitsgrade im pädagogischen und gesellschaftspolitischen Diskurs: Wir fordern Authentizität, Wertschätzung, Freude am Reichtum der Persönlichkeit u.Ä. nicht nur aus einer ethischen Haltung ein, sondern auch weil wir heute die Mechanismen verstehen, wie solche Haltungsmerkmale dazu beitragen, Selbstkompetenzen zu fördern, die Begabungen zur Entfaltung bringen.

Als pädagogische Abteilung der Forschungsstelle Begabungsförderung des Niedersächsischen Instituts für frühkindliche Bildung und Entwicklung (Nifbe) geht es uns darum, die für die Entwicklung von Begabungen relevanten Prozesse in den verschiedenen Altersgruppen – von null bis drei und von vier bis sechs Jahren und während des Grundschulalters – sowie die in diesen Phasen zu meisternden Übergänge (z.B. Eintritt in die Kita und die Grundschule) zu analysieren und zu beschreiben, um in der Folge handlungsleitende Hinweise für das Lernen, die Sozialisation und die individuelle Entwicklung von Kindern mit Blick auf Begabungsförderung – außerhalb und innerhalb pädagogischer Institutionen – geben zu können. Aufgaben und zentrale Ziele von Begabungsforschung bestehen demzufolge darin, sowohl jene Bedingungen zu identifizieren und zu erforschen, die einzelne Kinder mit besonderen Bedürfnissen zur Entfaltung ihrer Begabungen benötigen, als auch die Bedingungen, die für eine (breit angelegte) Begabungsförderung in Kindergarten- und Schulsettings erforderlich sind und von denen möglichst viele Kinder profitieren können.

Um diesem Auftrag und unserem inklusiven Begabungsbegriff gerecht zu werden, arbeiten und forschen wir zurzeit in den folgenden für die Begabungsförderung relevanten Bereichen: Individuelle Förderung, Selbstkompetenzentwicklung, pädagogische Beziehungen, Diversity und Inklusion. Durch ein praxisnahes Forschen berücksichtigen wir dabei, dass wichtige Ergebnisse und Erkenntnisse sowohl in Richtung Wissenschaft als auch in Richtung Praxis transferiert werden können.

Literatur

Ainsworth, M. D. S./Blehar, M. C./Waters, E./Wall, S. (1978). Patterns of attachment. A psychological study of strange situation. Hillsdale, New Jersey: Lawrence Erlbaum Associates, Publishers.

Bowlby, J. (1969). Attachment and loss. Vol. 1: Attachment. London: Hogarth.

Bowlby, J. (1973). Attachement and loss. Vol. 2: Separation, anxiety and anger. London: Hogarth.

Fischer, C./Mönks, F. J./Westphal, U. (Hrsg.) (2008). Individuelle Förderung: Begabungen entfalten – Persönlichkeit entwickeln. Allgemeine Forder- und Förderkonzepte. Berlin: Lit-Verlag.

Gagne, F. (2002). Understanding the complex choreography of talent development through DMGT-based analysis. In: K. A. Heller/F. J. Mönks/R. J. Sternberg/R. F. Subotnik (Hrsg.), International handbook of giftedness and talent. 2. Aufl. Oxford, Amsterdam: Elsevier, S. 67–79.

Gardner, H. (2005). Abschied vom IQ. Die Rahmen-Theorie der vielfachen Intelligenzen. 4. Aufl. Stuttgart: Klett-Cotta.

Gardner, H. (2008). Intelligenzen. Die Vielfalt des menschlichen Geistes. 3. Aufl. Stuttgart: Klett-Cotta.

Gebker, S./Kuhl, J. (2008). Gute Noten: Eine Frage sowohl der Begabung als auch der Persönlichkeit? In: C. Fischer/ F. J. Mönks/ U. Westphal (Hrsg.), Individuelle Förderung: Begabungen entfalten – Persönlichkeit entwickeln. Allgemeine Forder- und Förderkonzepte. Berlin: Lit-Verlag, S. 431–446.

Heller, K. A. (Hrsg.) (2001). Hochbegabung im Kindes- und Jugendalter. Göttingen: Hogrefe.

Heller, K. A. (2008). Von der Aktivierung der Begabungsreserven zur Hochbegabtenförderung. Forschungsergebnisse aus vier Dekaden. Berlin, Lit-Verlag.

Heller, K. A./Perleth, C. (2007). Talentförderung und Hochbegabtenberatung in Deutschland. In: K. A. Heller/A. Ziegler (Hrsg.), Begabt sein in Deutschland. Berlin, Lit-Verlag, S. 139–170.

Henseler, W. (2008). Persönliche Kompetenzen erkennen und fördern. In: C. Fischer/F. J. Mönks/U. Westphal (Hrsg.), Individuelle Förderung: Begabungen entfalten – Persönlichkeit entwickeln. Allgemeine Forder- und Förderkonzepte. Berlin, Lit-Verlag, S. 423–430.
Kuhl, J. (2001). Motivation und Persönlichkeit. Interaktionen psychischer Systeme. Göttingen: Hogrefe.
Kuhl, J. (2010). Lehrbuch der Persönlichkeitspsychologie. Motivation, Emotion und Selbststeuerung. Göttingen: Hogrefe.
Laewen, H.-J./Andres, B. (Hrsg.) (2007). Forscher, Künstler, Konstrukteure. Werkstattbuch zum Bildungsauftrag von Kindertageseinrichtungen. 1. Aufl. [Nachdr.]. Berlin: Cornelsen Scriptor.
Maslow, A. H. (2008). Motivation und Persönlichkeit. 11. Aufl. Reinbek bei Hamburg: Rowohlt.
Mönks, F. J. (1992). Ein interaktionales Modell der Hochbegabung. In: E. A. Hany/H. Nickel (Hrsg.), Begabung und Hochbegabung. Theoretische Konzepte, empirische Befunde, praktische Konsequenzen. 1. Aufl. Bern: Huber, S. 17–22.
Renzulli, J. S. (1986). The three-ring conception of giftedness: A developmental model for creative productivity. In: R. J. Sternberg/J. Davidson (Hrsg.), Conceptions of giftedness. New York: Cambridge University Press.
Schäfer, G. E. (1995). Bildungsprozesse im Kindesalter. Selbstbildung, Erfahrung und Lernen in der frühen Kindheit. Weinheim: Juventa Verlag.
Stern, W. (1912). Die psychologischen Methoden der Intelligenzprüfung und deren Anwendung an Schulkindern. Leipzig: Verlag von Johann Ambrosius Barth.
Stern, W. (1916). Psychologische Begabungsforschung und Begabungsdiagnose. In: P. Petersen (Hrsg.), Der Aufstieg der Begabten. Leipzig: Teubner Verlag, S. 105–120.
Terman, L. M. (1916). The measurement of intelligence. An explanation of and a complete guide for the use of the Stanford Revision and Extension of »The Binet-Simon Intelligence Scale«. Boston: Houghton Mifflin Company.
Weigand, G. (2008). Begabtenförderung und Persönlichkeitsbildung. In: C. Fischer/F. J. Mönks/U. Westphal (Hrsg.), Individuelle Förderung: Begabungen entfalten – Persönlichkeit entwickeln. Allgemeine Forder- und Förderkonzepte. Berlin: Lit-Verlag, S. 394–408.

Teil II
Beziehungsgestaltung in Bildungsprozessen

5. Bindung und Begabungsentfaltung bei Kita-Kindern: Was sagt die Forschung?

Christina Schwer | Susanne Völker

ERZIEHERINNEN, ELTERN UND WISSENSCHAFTLERINNEN stimmen darüber ein, dass die frühen ErzieherInnen-Kind(er)-Interaktionen im Kindergartenalltag für die Entwicklung der Kinder von großer Bedeutung sind. Das Bedürfnis zur Exploration – zur Erkundung und »geistigen Eroberung« der Umwelt – ist besonders bei Kindern unter drei Jahren eng damit verbunden, dass eine vertraute Bezugsperson unmittelbar verfügbar ist, die ihnen Sicherheit vermittelt. In der Kita übernehmen ErzieherInnen diese wichtige Aufgabe. Im folgenden Text fassen wir den Forschungsstand zu ErzieherInnen-Kind-Bindungen im Zusammenhang mit dem kindlichen Explorationsverhalten zusammen und stellen dazu beispielhaft empirische Untersuchungen vor. Im Anschluss an diesen Beitrag analysieren wir ein Videobeispiel aus einer praxisnahen Perspektive.

Bindungs-Explorations-Balance

In der zweiten Hälfte des ersten Lebensjahres beginnen Säuglinge, eine deutliche Bevorzugung ihrer primären Bezugspersonen zum Ausdruck zu bringen (Schaffer/Callender 1959). Auf Fremde reagieren sie hingegen zunehmend reserviert, bis hin zum Äußern der sogenannten Fremdenfurcht (Spitz 1950). Im Zuge dieser Entwicklung, die das Unbekannte mit Furcht verbindet, gewinnen primäre Bezugspersonen eine emotional unersetzliche Bedeutung für das Kind – man spricht von Bindungsbeziehungen (Bowlby 1969, 1973). Die Verhaltensorganisation des Kindes, das jetzt motorisch in der Lage ist, eigenständig seine Umwelt zu erkunden, ist auf die Nähe-Distanz-Regulation zu einer Bindungsperson als »Sicherheitsbasis« ausgerichtet (Ainsworth et al. 1978). Das naturgemäß Angst auslösende Unbekannte wird für das Kind erst dann zum Motor seiner Neugierde, wenn es sich durch die Verfügbarkeit einer Bindungsperson hinreichend sicher fühlt. Hierfür ist es notwendig, dass das Kind die Bindungsperson »unter Kontrolle« hat: Es muss in seiner Macht liegen, jederzeit körperliche Nähe zu ihr herstellen und aufrechterhalten zu können. Außerdem muss es sich des Schutzes durch ihre Aufmerksamkeit gewiss sein, d.h. seine Bindungsperson als psychisch präsent erleben. Je sicherer sich ein Kind auf dieser Basis fühlt, umso freier kann es seine Umgebung explorieren und sich dabei auch weiter von der Bindungsperson entfernen. Wird das Kind dabei durch unbekannte Umgebungsaspekte, eigene Missgeschicke oder andere Unannehmlichkeiten verunsichert, zeigt es »Bindungsverhalten«, indem es wieder eine größere körperliche Nähe zur Bindungsperson herstellt.

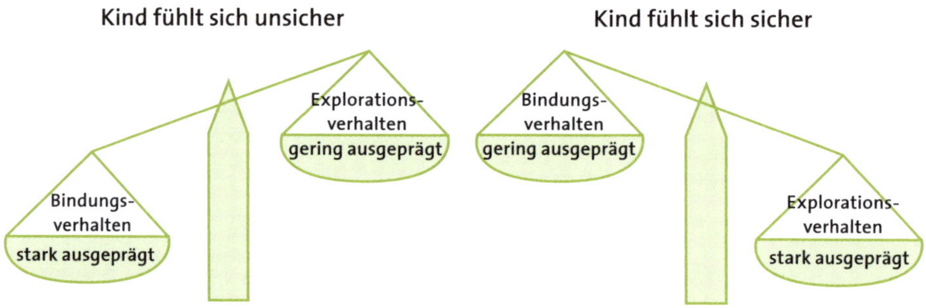

Abb. 4: Antagonismus zwischen Bindungs- und Explorationsverhalten eines Kindes (Bolten 2009: 61)

In der Bindungstheorie wird somit ein Zusammenhang zwischen dem Bindungs- und dem Explorationsverhalten angenommen: Ist das Bindungsverhaltenssystem aktiviert und zeigt das Kind Bindungsverhaltensweisen, dann ist das Explorationssystem nur vermindert oder nicht aktiv, d.h. das Kind exploriert nicht und umgekehrt. Die Bindungsforschung sieht die Funktion des Bindungsverhaltenssystems aus einer evolutionsbiologischen Perspektive in der Gewährung von Sicherheit und Schutz im Angesicht existenzieller Bedrohungen, denen das Kind – auf sich allein gestellt – ausgeliefert wäre, wenn es seine Umwelt exploriert. Die antagonistische Beziehung zwischen Bindungs- und Explorationsverhalten, die für die frühpädagogische Begabungsforschung sehr wichtig ist, wird in Abbildung 4 (Bolten 2009) veranschaulicht.

Bindungssicherheit

Das empirische Paradigma der Bindungsforschung, das im Bereich der frühen Beziehungsentwicklung zentral ist, konzentriert sich auf Unterschiede in der Beziehungsqualität, die zwischen kleinen Kindern und ihren Bindungspersonen beobachtbar sind. Auf das Ausmaß der Bindungssicherheit eines Kindes wird aus seinem Verhalten nach kurzen Trennungen von einer primären Bezugsperson[5] geschlossen (Ainsworth et al. 1978). In der sogenannten »fremden Situation« (Ainsworth/Wittig 1969) wird das Sicherheitsbedürfnis des Kindes in acht kurzen Episoden, die in einem ihm unvertrauten Spielzimmer stattfinden, durch den Kontakt mit einer ihm fremden Frau und durch zwei Trennungen von der Mutter zunehmend aktiviert. Entscheidend für die Diagnostik der Bindungssicherheit sind die Reaktionen des Kindes auf die Mutter, wenn sie nach den beiden Trennungen das Spielzimmer wieder betritt. Es wird angenommen, dass sich hier Erwartungshaltungen des Kindes offenbaren, die das Resultat früherer Interaktionserfahrungen sind. Ein »sicher« gebundenes Kind hat bislang erlebt, dass seine Mutter ihm zuverlässig Schutz und Nähe gewährt, wenn es Angst und Unsicherheit signalisiert. In der fremden Situation sucht das Kind nach der Trennung ohne zu zögern die Nähe der Mutter und wird durch den Kontakt mit ihr nachhaltig beruhigt, sodass es bald wieder explorieren kann. »Unsicher vermeidende« Kinder haben erfahren, dass ihre Mütter sie häufig nicht ernstnehmen, wenn sie sich ängstlich zeigen, oder sogar mit Zurückweisung auf sie reagieren. Sie wagen es daher nicht, ihr Bedürfnis nach Sicherheit und Schutz offen und direkt auszudrücken. »Unsicher ambivalente« Kinder hingegen drücken ihre negativen Gefühle sehr intensiv aus, da sie ihre Bindungsperson als

5 Im Folgenden wird die Bezugsperson der Einfachheit halber als Mutter bezeichnet.

halbherzig und unbeständig erlebt haben. Sie werden durch die Trennung meist aus der Fassung gebracht und sind durch den anschließenden Kontakt nicht nachhaltig zu beruhigen. In der fremden Situation sind neben diesen drei »klassischen« Bindungsmustern Anzeichen für traumatisierende Entwicklungsbedingungen bei den sogenannten »hoch unsicheren Bindungen« (Crittenden et al. 2007) oder beim »desorganisierten« Bindungsmuster (Main/Solomom 1986; Zulauf-Logoz 2008) identifizierbar.

Obwohl bei der Entstehung von Bindungsmustern auch Charakteristika des Kindes und der Passung zwischen Mutter und Kind eine wichtige Rolle spielen, wird der mütterlichen Feinfühligkeit eine entscheidende Bedeutung zugeschrieben. Als Feinfühligkeit wird das einfühlsame Reagieren auf kindliche Signale bezeichnet, das sowohl die Regulation der spezifischen Bedürfnisse des Kindes als auch die Anpassung an seine Besonderheiten beinhaltet (Grossmann et al. 1997). Der angenommene Zusammenhang zwischen der Interaktionsqualität mit der Mutter und der Bindungssicherheit zwischen Mutter und Kind kann auf der Basis von Metaanalysen der zahlreich vorhandenen Studien als empirisch gesichert gelten (de Wolff/van Ijzendoorn 1997). Auch bestätigen viele Untersuchungen die positive Bedeutung einer sicheren primären Bindung für die weitere sozio-emotionale Entwicklung von Kindern (Grossmann et al. 1997).

Damit Kleinkinder bei einer Fremdbetreuung angstfrei explorieren und somit ihre Begabungen entfalten können, ist es aus einer bindungstheoretischen Perspektive unerlässlich, dass ErzieherInnen die Rolle von Bindungspersonen übernehmen mit allen Anforderungen, die es an ihre physische und psychische Präsenz stellt, als »Sicherheitsbasis« zu fungieren. Damit das möglich ist, muss die psychologische Funktion der »Sicherheitsbasis« zuvor durch die primären Bindungspersonen auf eine ErzieherIn als »sekundäre« Bindungsperson(en) übertragen werden. Wie das beim Übergang in eine Kita praktisch geschehen kann, wird z.B. im Berliner Eingewöhnungsmodell beschrieben, das vielen pädagogischen Fachkräften bekannt ist (Laewen et al. 2003; vgl. auch Völker/Schwer in diesem Band).

Die Frage, ob ErzieherInnen Kindern unter drei Jahren prinzipiell im selben Ausmaß Sicherheit vermitteln können, wie das primären Bezugspersonen möglich ist, kann anhand der derzeitig verfügbaren empirischen Studien kaum beantwortet werden. So gibt es Untersuchungen, die dies hinsichtlich der Alltagsrealität von KiTa-Kindern eher in Frage stellen: Zum einen wurden in Abhängigkeit von der Dauer außerfamiliärer Betreuung vermehrt vor allem aggressive Verhaltensauffälligkeiten festgestellt (NICHD Early Child Care Research Network 2003), zum anderen wurden auf der physiologischen Ebene (Tagesverlauf des Cortisolspiegels) Hinweise auf eine ungünstigere Stressverarbeitung gefunden (Watamura et al. 2003). Interessant ist in diesem Zusammenhang auch die von Ahnert, Rickert und Lamb durchgeführte Beobachtungsstudie, in welcher der gesamte Tagesablauf von Kita-Kindern mit dem von hausbetreuten Kindern verglichen wurde (Ahnert et al. 2000; Ahnert 2003). Die Studie zeigt, dass Kita-Kinder im Vergleich zu hausbetreuten Kindern während ihres Aufenthaltes in der Kita weniger individuelle Zuwendung erfuhren. Dieser Mangel wurde jedoch von den Eltern der Kinder durch eine vermehrte Zuwendung im häuslichen Kontext, vor allem vor dem Schlafengehen, kompensiert. Auffällig war, dass Kita-Kinder während der Fremdbetreuung weniger quengelten als hausbetreute Kinder im selben Zeitraum, dafür aber umso mehr, wenn sie von ihren Eltern abgeholt wurden.

Trotz dieser eher kritischen Gesichtspunkte steht außer Frage, dass ErzieherInnen Funktionen einer Bindungsperson erfüllen können und müssen. In ihrem Sammelband »Die Erzieherin-Kind-Beziehung. Zentrum von Bildung und Erziehung« ermöglichen Becker-Stoll und Textor (2007) einen umfassenden Einblick in diese Thematik. Empirische Belege gehen u.a. aus Untersuchungen von Fox (1977), Cummings (1980) und Barnas/Cummings (1994) hervor. Von besonderem Interesse sind in diesem Zusammenhang vor allem Studien, in denen Vergleiche zwischen Mutter-Kind- und ErzieherInnen-Kind-Bindungen vorgenommen wurden, wie z.B. von Fox (1977) und Cummings (1980). Wir werden auf diese Studien und auf die Ergebnisse einer Metaanalyse zur ErzieherInnen-Kind-Bindung, die Ahnert, Pinquart und Lamb 2006 vorgelegt haben, weiter unten näher eingehen.

Die Annahme, dass die Begabungsentfaltung von Kindern u.a. auch mit einer sicheren Erzieher/innen-Kind-Bindung zusammenhängt, wird vor allem durch Ergebnisse aus Untersuchungen gestützt, in denen das Interaktionsverhalten von Erzieherinnen im Umgang mit Kindern erfasst wurde. Alle groß angelegten und die meisten kleineren Studien zeigen, dass die Feinfühligkeit und die sensible Stimulation, die Kinder durch Erzieher/innen erfahren – genau wie entsprechende Erfahrungen im häuslichen Kontext – langfristig positive Auswirkungen haben, und zwar nicht nur auf die sozio-emotionale sondern auch auf die kognitive Entwicklung (siehe z.B. Hirsh-Pasek, Burchinal 2006).

Als ein Instrument zur Erfassung der Interaktionsqualität bzw. der Sensitivität von Betreuungspersonen im Umgang mit Kindern sei beispielhaft die Caregiver Interaction Scale (CIS) mit einem Item pro Subskala kurz beschrieben (Arnett 1989):

- Sensitivität der Fachkraft, z.B. sie spricht warmherzig mit den Kindern
- Strenge/Härte (harshness) der Fachkraft, z.B. sie ist kritisch zu den Kindern
- Distanziertheit, z.B. sie scheint sich nicht für die Aktivitäten der Kinder zu interessieren
- Gewähren von Freiheit (Permissivness), z.B. sie weist die Kinder nicht zurecht, wenn sie sich schlecht verhalten.

Die Einschätzung der Fachkräfte mit den Items der CIS wird nach einer Vier-Punkte-Skala hinsichtlich des Zutreffens des jeweiligen Items vorgenommen.

Beispiele empirischer Untersuchungen zur ErzieherIn-Kind-Beziehung

Studien zur ErzieherIn als Bindungsperson

Wie bereits erwähnt, wurde in verschiedenen Studien gezeigt, dass ErzieherInnen Funktionen einer Bindungsperson erfüllen können (z. B. Fox 1977, Cummings 1980 und Barna/Cummings 1994). In den Studien von Cummings (1980) und Barna/Cummings (1994) wurden die Auswirkungen von personeller Stabilität auf bindungsrelevante Verhaltensweisen von elf bis 28 Monate alten Kindern untersucht. Im Kita-Alltag zeigten die Kinder gegenüber den ErzieherInnen Bindungsverhalten – z.B. in Form von Nähe- und Kontaktsuchen, Rufen und Nachfolgen – sowohl in Belastungssituationen als auch in nicht-stressigen Episoden. Dabei wurden stabile gegenüber nicht-stabilen Betreuungspersonen von den Kindern bevorzugt. Stabile Betreuungspersonen waren auch effektiver darin, die Kinder zu beruhigen. Es schien, als ob die Kinder in der Umgebung der Tagesbetreuungseinrichtung die stabilen nichtelterlichen Betreuungspersonen als Ersatz für die Mutter akzeptierten (Cummings 1980: 36). In einer den Kindern unvertrauten Laborsituation zeigten sie jedoch bei Anwesenheit einer fremden Person sehr viel deutlicheres Bindungsverhalten gegenüber der Mutter als gegenüber stabilen und nicht-stabilen nichtelterlichen Betreuungspersonen. Das zeigt, dass für die meisten Kinder im Vergleich zu nichtelterlichen Betreuungspersonen die Mutter die bedeutsamere Bindungsperson darstellt (ebd.). In Situationen mit einer nichtelterlichen Betreuungsperson und einer fremden Person suchten die Kinder mit höherer Wahrscheinlichkeit die Nähe der nichtelterlichen Betreuungsperson auf (ebd.). Daraus geht hervor, dass auch die nichtelterlichen Betreuungspersonen als »sichere Basis« fungieren können (ebd.). Ähnliches zeigte sich in einer Studie von Fox mit israelischen Kibbutz-Kindern (Fox 1977: 1234), wobei hier jedoch die Hauptbetreuung schon im ersten Lebensjahr außerfamiliär erfolgte. Die Betreuerinnen (Metapelet) stellten somit primäre Bindungspersonen für die Kinder dar. In der Studie von Fox konnten vermutlich deshalb im Protestverhalten der Kinder bei der Trennung von Mutter und Metapelet keine Unterschiede festgestellt werden. Allerdings zeigten sich Unterschiede im Verhalten der Kinder in Wiedervereinigungssituationen, die deutlich machten, dass die Kinder mehr an ihre Mütter gebunden waren als an ihre ErzieherInnen (ebd.). In der Wiedervereinigungssituation mit ihren Müttern weinten sie weniger als bei der derjenigen mit ihren ErzieherInnen (ebd. Tabelle S. 1233).

Ahnert et al. führten zum Vergleich der Sicherheit von Mutter-Kind- und ErzieherIn-Kind- Bindungen eine Metaanalyse von 40 internationalen Studien durch (Ahnert et al. 2006), in der die Daten von 2867 Kindern im Durchschnittsalter von 30 Monaten, die sich in außerfamiliärer Kinderbetreuung befanden, einflossen. Die Kinder hatten je nach der eingesetzten Erfassungsmethode – dem oben beschriebenen Fremde-Situationen-Test oder dem Attachment Q-Set (AQS) [6] nach Waters und Deane (Waters, Deane 1985; Waters 1995) – entweder (1) häufiger sichere Bindungen zu ihren Eltern als zu ErzieherInnen (fremde Situation) oder (2) sichere Bin-

6 Der AQS ist ein weiteres Verfahren aus der Bindungsforschung zur Bestimmung der Bindungsqualität. Es ist ein Beobachtungsinstrumentarium, das aus 90 individuellen Aussagen besteht, die das Bindungsverhalten von Kleinkindern und Kindern im Kindergartenalter in Interaktionen mit ihren ErzieherInnen beschreiben.

dungen waren gleich häufig (AQS). Sichere Bindungen waren häufiger bei der Betreuung durch Tagesmütter als im Kita-Kontext. Außerdem hatten Kinder, die schon längere Zeit in einem Betreuungskontext waren, eher sichere Bindungen zu ihren ErzieherInnen. Auch Geschlechtsunterschiede wurden deutlich: Mädchen hatten häufiger sichere ErzieherInnen-Bindungen als Jungen. Anders als in kleinen Kindergruppen, die im häuslichen Kontext fremdbetreut wurden, konnte die Bindungssicherheit zur ErzieherIn in größeren Kindergruppen besser durch die »gruppenbezogene Feinfühligkeit« der ErzieherIn vorhergesagt werden, als durch Verhaltensmaße, die auf den Umgang der ErzieherIn mit einzelnen Kindern bezogen waren. Nach dieser Metaanalyse kann man sagen, dass sichere ErzieherInnen-Kind-Bindungen eher in jenen Kindergruppen entstehen, in denen die Gruppenatmosphäre durch ein empathisches ErzieherInnenverhalten bestimmt wird, das gruppenbezogen ausgerichtet ist, d.h., das die Dynamik in der Gruppe reguliert (Ahnert 2007: 35) und das gleichzeitig die wichtigsten sozialen Bedürfnisse eines jeden einzelnen Kindes zum richtigen Zeitpunkt erfüllt (Ahnert 2006; Ahnert 2008: 268).

Studie zur Bindungs-Explorations-Balance im Kindergarten
In einer Studie von Anderson et al. wurde das Bindungs- und das Explorationsverhalten von 35 Kindern im Alter zwischen 19 und 42 Monaten mit mehreren ErzieherInnen aus mehreren Kinderbetreuungsinstitutionen im Rahmen des klassischen Tests »fremde Situation« untersucht (Anderson et al. 1981). Die Studie zeigte deutliche Unterschiede im Bindungsverhalten (z.B. im Kontaktsuchen und in der Distanzinteraktion) und im Explorationsverhalten der Kinder in Abhängigkeit von ihren Beziehungserfahrungen mit ihren ErzieherInnen (ebd.: 53) im KiTa-Alltag. Kinder, deren ErzieherInnen sich stärker für die Beziehung engagierten, zeigten diesen gegenüber in der fremden Situation häufiger Bindungsverhalten und explorierten in der Anwesenheit ihrer ErzieherInnen deutlich mehr als Kinder, deren ErzieherInnen sich im Alltag weniger um sie bemühten (Anderson et al. 1981: 53). Kinder mit weniger beziehungsengagierten ErzieherInnen suchten während der Präsenz der ErzieherInnen häufiger Kontakt zu der fremden Person und interagierten häufiger mit ihr als mit der anwesenden ErzieherIn (ebd.: 53). Nur Kinder mit engagierten Erzie-

herInnen interagierten mit diesen häufiger als mit der fremden Person (ebd.: 59). Die Autoren schlussfolgerten, dass die Kinder mit stark in die Beziehung involvierten ErzieherInnen besser in der Lage waren, diese als sichere Basis für ihre Umwelt-Exploration zu nutzen als Kinder mit weniger involvierten ErzieherInnen (Anderson et al. 1981: 59).

Studien zum Einfluss der ErzieherIn-Kind-Beziehung auf die Entwicklung der Kinder

Aus einer Studie von Howes et al. (1994) geht hervor, dass Kinder im Alter von vier Jahren, die sich in einer sicheren ErzieherIn-Kind-Beziehung befanden, als feinfühliger bzw. sensibler, empathischer und geselliger im Kontakt mit vertrauten Peers eingeschätzt wurden, dass sie in komplexeren Spielen mit vertrauten und weniger vertrauten Kindern eingebunden waren, dass sie in Soziogrammen von nicht vertrauten Peers positiver eingeschätzt wurden und dass sie sich als lernfähiger in Bezug auf die Selbstkontrolle zeigten als Kinder, die sich in einer unsicheren, vermeidenden oder ambivalenten Beziehung zur ErzieherIn befanden (ebd.: 272). Da die ErzieherInnen die Rahmenbedingungen und die Abläufe für Peerkontakte in der Kinderbetreuungseinrichtung zu großen Teilen bestimmen, ist zu vermuten, dass die Kinder ihre Beziehung zu ihrer ErzieherIn als Basis dafür nutzen, um die Peer-Interaktionen für sich zu entdecken (zu explorieren!) und um sich an den Peer-Interaktionen in der Einrichtung zu orientieren (ebd.: 272).

Eine dreijährige Längsschnittstudie von Howes et al., die mit Kindern im Alter zwischen 13 und 24 Monaten begann, erbrachte außerdem das Ergebnis, dass eine sichere ErzieherIn-Kind-Beziehung positiv mit den folgenden drei Dimensionen kompetenten Peer-Verhaltens im Alter von vier Jahren korrelierte: positives Sozialverhalten, Geselligkeit bzw. Kontaktfreudigkeit sowie mit komplexeren Spielen mit Gleichaltrigen (Howes et al. 1994a: 257). Umgekehrt muss festgestellt werden, dass Kinder in unsicheren ErzieherIn-Kind-Beziehungen häufiger (als sicher an die ErzieherIn gebundene Kinder) unvorteilhafteres Peer-Verhalten zeigten, wie z.B. Aggressivität und Verschlossenheit (ebd.).

In einer anderen Längsschnittstudie von Peisner-Feinberg und KollegInnen zur Qualität der vorschulischen Kinderbetreuung und ihren

Auswirkungen auf die kognitive und soziale Entwicklung wurden 733 Kinder im Alter von vier bis acht Jahren über einen Zeitraum von fünf Jahren hinweg untersucht (Peisner-Feinberg et al. 2001: 1537). Die Resultate dieser Studie zeigen, dass eine höhere Qualität der Kinderbetreuung und eine von den ErzieherInnen als positiver eingeschätzte Beziehung in der Vorschulzeit sowohl kognitive als auch soziale Fähigkeiten der Kinder in der zweiten Grundschulklasse vorhersagen können (ebd.: 1551). Langfristige Auswirkungen auf die kognitive Entwicklung zeigten sich z.B. in besseren mathematischen Fähigkeiten, wenn die Kinder eine qualitativ bessere Kinderbetreuung erlebt hatten. Wenn die ErzieherInnen die Beziehung zum Kind als enger bewertet hatten, so berichteten die Lehrer später in der zweiten Klasse von weniger Verhaltensauffälligkeiten. Aus der Studie geht außerdem hervor, dass Kinder, deren ErzieherInnen die ErzieherIn-Kind-Beziehung als eng bewertet hatten, dazu tendierten, (1) höhere Werte bei Sprachtests zu erreichen (ebd.: 1544), (2) bessere kognitive Fähigkeiten zeigten und dass (3) ihre Aufmerksamkeit als besser eingeschätzt wurde, wobei diese Korrelation im Verlauf der fünfjährigen Untersuchungszeit geringer wurde, aber trotzdem immer noch im zweiten Schuljahr statistisch signifikant war (ebd.: 1546), und dass sie (4) weniger Problemverhalten zeigten, wobei auch diese Korrelation mit der Zeit immer weiter abnahm (ebd.: 1546). Die Autoren zogen aus diesen Ergebnissen die Schlussfolgerung, dass Kinder in ihren frühen positiven Beziehungen mit nichtelterlichen Betreuungspersonen Interaktionsmuster erlernen, die sie zu Beziehungen mit zukünftigen Betreuungspersonen oder mit Lehrkräften befähigen (ebd.). Sie lernen in diesen frühen Beziehungen auch zu lernen und die in diesen Betreuungskontexten erworbenen Lernerfahrungen für ihre zukünftige Entwicklung zu nutzen (ebd.).

Resümee

Mit einem Fokus auf den Ergebnissen empirischer Studien sollte in diesem Beitrag gezeigt werden, welche Bedeutung die ErzieherIn-Kind-Beziehung im Elementarbereich in der Form einer sekundären Bindung für die Entwicklung von Kindern hat. Während diese Bedeutung kaum bestritten werden kann, stellt sich nicht nur für PraktikerInnen, sondern auch nach wie vor für die wissenschaftliche Forschung die Frage, unter welchen konkreten Rahmenbedingungen ErzieherInnen jüngeren Kindern hinreichend Sicherheit vermitteln können und welche konkreten Interaktionsprozesse es sind, die sichere ErzieherInnen-Kind-Bindungen und kindliches Explorieren fördern.

Literatur

Ahnert, L. (2003). Frühe Kindheit: Bindungs- und Bildungsgrundlagen. In: Frühe Kindheit, Jg. 5, S. 8–12.

Ahnert, L. (2007). Von der Mutter-Kind- zur Erzieherinnen-Kind-Bindung? In: F. Becker-Stoll/M. R. Textor (Hrsg.), Die Erzieherin-Kind-Beziehung. Zentrum von Bildung und Erziehung. 1. Aufl. Berlin: Cornelsen Scriptor, S. 31–41.

Ahnert, L. (2008). Bindungsbeziehungen außerhalb der Familie: Tagesbetreuung und Erzieherinnen-Kind-Bindung. In: L. Ahnert (Hrsg.), Frühe Bindung. Entstehung und Entwicklung. 2. Auflage. München: Ernst Reinhardt Verlag, S. 256–277.

Ahnert, L./Pinquart, M./Lamb, M. E. (2006). Security of children´s relationships with nonparental care providers: A meta-analysis. In: Child Development, Jg. 74, H. 3, S. 664–679.

Ahnert, L./Rickert, H./Lamb, M. E. (2000). Shared caregiving: comparisons between home and child-care settings. In: Developmental Psychology, Jg. 36, S. 339–351.

Ainsworth, M. D. S./Blehar, M. C./Waters, E./Wall, S. (1978). Patterns of attachment. A psychological study of strange situation. Hillsdale, New Jersey: Lawrence Erlbaum Associates, Publishers.

Ainsworth, M. D. S./Wittig, B. (1969). Attachment and the exploratory behavior of one-year-olds in a strange situation. In: B. M. Foss (Hrsg.), Determinants of infant behavior. Band 4. London: Methuen, S. 113–136.

Anderson, C. W./Nagle, R. J./Roberts, W. A./Smith, J. W. (1981). Attachment to substitute caregivers as a function of quality and caregiver involvement. In: Child Development, Jg. 52, S. 53–61.

Arnett, J. (1989). Caregivers in Day-Care Centers: Does Training Matter? In: Journal of Applied Developmental Psychology, Jg. 10, S. 541–552.

Barnas, M. V./Cummings, E. M. (1994). Caregiver stability and toddlers attachment-related behavior towards caregivers in day care. In: Infant Behavior and Development, Jg. 17, S. 141–147.

Becker-Stoll, F. /Textor, M. R. (2007)(Hrsg.). Die Erzieherin-Kind-Beziehung. Zentrum von Bildung und Erziehung. Berlin u. a.: Cornelsen Scriptor.

Bolten, M. (2009). Klinische Bindungsforschung. In: S. Schneider/J. Margraf (Hrsg.), Lehrbuch der Verhaltenstherapie. Band 3: Störungen im Kindes- und Jugendalter. Heidelberg: Springer Medizin Verlag Heidelberg, S. 55–76.

Bowlby, J. (1969). Attachment and loss. Vol.1: Attachment. London: Hogarth.

Bowlby, J. (1973). Attachement and loss. Vol. 2: Separation, anxiety and anger. London: Hogarth.

Crittenden, P. M./Claussen, A. H./Kozlowska (2007). Choosing a valid assessment of attachment for clinical use: a comparative study. In: Australien and New Zealand Journal of Familiy Therapy, Jg. 28, H. 2, S. 78–87.

Cummings, E. M. (1980): Caregiver stability and day care. In: Developmental Psychology, Jg. 16, H. 1, S. 31–37.
Fox, N. (1977). Attachment of kibbutz infants to mother and metapelet. In: Child Development, Jg. 48, S. 1228–1239.
Grossmann, K. E./Becker-Stoll, F./Grossmann, K./Kindler, H./Schieche, M./Spangler, G. et al. (1997). Die Bindungstheorie: Modell, entwicklungspsychologische Forschung und Ergebnisse. In: H. Keller (Hrsg.), Handbuch der Kleinkindforschung. 2., überarb. Aufl. Bern: Huber, S. 51–98.
Hirsh-Pasek, K./Burchinal, M. R. (2006). Mother and caregiver sensitivity over time: predicting language and academic outcomes with variable- and person-centered approaches. In: Merrill-Palmer Quarterly, Jg. 52, H. 3, S. 449–485.
Howes, C./Hamilton, C. E./Matheson, C. C. (1994). Children`s relationships with peers: differential associations with aspects of the teacher-child relationship. In: Child Development, Jg. 65, S. 253–263.
Howes, C./Hamilton, C. E./Philipsen, L. C. (1998). Stability and continuity of child-caregiver and child-peer relationships. In: Child Development, Jg. 69, H. 2, S. 418–426.
Laewen, H.-J./Andres B./Hedervari, E. (2003). Die ersten Tage – ein Modell zur Eingewöhnung in Krippe und Tagespflege. Weinheim: Beltz.
Main, M./Solomom, J. (1986). Discovery of a new, insecure disorganized/disorientated attachment pattern. In: T. B. Brazelton/M. Yogman (Hrsg.), Affective development in infancy. Norwood, NJ: Ablex.
NICHD Early Child Care Research Network (2003). Does amount of time spend in child care predict socioemotional adjustment during the transition to kindergarten? In: Child Development, Jg. 74, S. 976–1005.
Oppenheim, D./Sagi, A./Lamb, M. E. (1988). Infant-adult attachments on the kibbutz and their relation to socioemotional development 4 years later. In: Developmental Psychology, Jg. 24, S. 427–433.
Schaffer, H./Callender, M. (1959). Psychological effects of hospitalization in infancy. In: Paediatrics, Jg. 21, S. 528–539.
Spitz, R. (1950). Anxiety in infancy. In: International Journal of Psychoanalysis, Jg. 31, S. 138–143.
Watamura, S. E./Donzella, B./Alwin, J./Gunnar, M. R. (2003). Morning-to-afternoon increases in cortisol concentrations for infants and toddlers at child care: age differences and behavioral correlates. In: Child Development, Jg. 74, S. 1006–1020.
Waters, E. (1995). Appendix A: The Attachment Q-Set (Version 3.0). In: Monographs of the Society for Research in Child Development, Jg. 60, H. 2/3, S. 234–246.
Waters, E./Deane, K. E. (1985). Defining and assessing individual differences in attachment relationships: Q-methodology and the organization of behavior in infancy and early childhood. In: Monographs of the Society for Research in Child Development, Jg. 50, H. 1/2, S. 41–65.
Wolff, M. de/van Ijzendoorn, M. H. (1997). Sensitivity and attachment: a meta-analysis on parental antecedents of infant attachment. In: Child Development, Jg. 68, H. 4, S. 571–591.
Zulauf-Logoz, M. (2008). Die Desorganisation der frühen Bindung und ihre Konsequenzen. In: L. Ahnert (Hrsg.), Frühe Bindung. Entstehung und Entwicklung. 2. Aufl. München: Ernst Reinhardt Verlag, S. 297–312.

6. Bindung und Begabungsentfaltung: Analyse einer Szene aus dem Kita-Alltag

Susanne Völker | Christina Schwer

NACH DEM VERSTÄNDNIS der Forschungsstelle Begabungsförderung des nifbe ist für die Begabungsentfaltung von Kindern eine besondere Form von Kontakt zu erwachsenen Bezugspersonen von ausschlaggebender Bedeutung: Wir nennen sie »Kontakt auf der Selbstebene«. Diese Form von Kontakt setzt bei der Bezugsperson »Selbstzugang« voraus (vgl. Kuhl 2001, 2005), d.h. eine authentische Selbstwahrnehmung, die es ermöglicht auf die individuellen Gefühle und Interessen eines Kindes adäquat zu reagieren. Eine gelungene Bindungs-Explorations-Balance bei kleinen Kindern ist ohne Kontakt auf der Selbstebene mit einer Bezugsperson nicht denkbar. Das Gelingen der Bindungs-Explorations-Balance im Kindergartenalltag spiegelt daher den engen Zusammenhang zwischen persönlichem Kontakt und Begabungsentfaltung auf eine alterstypische Weise.

Theoretische Vorüberlegungen

Die Psychologie eines kleinen Kindes ist um das Bindungsmotiv organisiert. Sein existenzielles Sicherheitsgefühl hängt davon ab, dass eine vertraute Bezugsperson nicht nur physisch präsent ist, sondern auch mit einem Teil ihrer Aufmerksamkeit ständig bei ihm ist, der bei Bedarf sofort fokussiert werden kann. Kleine Kinder (unter drei Jahren), die keine Kontrolle über die physische Präsenz und die Aufmerksamkeit einer Bindungsperson empfinden, können sich ihrer dinglichen und personalen Umwelt nicht angstfrei zuwenden und werden daher in ihren kognitiven und sozialen Entwicklungsmöglichkeiten behindert. Frühpädagogische Konzepte richten sich zunehmend an diesen Ergebnissen der Bindungsforschung aus. Die Bindungstheorie kommt dabei dem Bedürfnis nach einer empirisch begründeten Konzeptionalisierung von Handlungsrichtlinien entgegen, die der Intuition im Umgang mit kleinen Kindern entspricht. Den meisten PraktikerInnen im frühpädagogischen Bereich ist z.B. inzwischen das auf der Bindungstheorie beruhende Berliner Eingewöhnungsmodell (Laewen/Andrés/Hédervári 2003) bekannt, das durch gezielte empirische Forschung weiter fundiert wurde. Das Modell liefert praktische Leitlinien für den Aufbau einer Bindungsbeziehung zu einer BezugsbetreuerIn während der kritischen Eingewöhnungsphase in die Kita. Es wird deutlich, dass die Anwesenheit und Mitarbeit einer primären Bindungsperson über einen individuell unterschiedlich langen Zeitraum unabdingbar ist, damit das Kind die psychologische Funktion der Sicherheitsbasis, die diese erfüllt, auf eine andere Person übertragen kann. Aus bindungstheoretischer Sicht vermag nur eine Bindungsperson einen unvertrauten Menschen dem Kind gegenüber als »sicher« und darüber hinaus als eine sekundäre Bindungsperson zu »authentifizieren«. Das geschieht durch das verbale und nonverbale Beziehungsverhalten zwischen primärer und sekundärer Bezugsperson in Gegenwart des Kindes und in der dabei stattfindenden Kommunikation mit dem Kind. Studien zum Berliner Eingewöhnungsmodell haben gezeigt, dass Kinder unabhängig von ihrer Bindungssicherheit zu einer primären Bezugsperson davon profitieren, dass eine mindestens dreitägige Eingewöhnungsphase stattfindet, in der diese (i.d.R. Mutter oder Vater) ohne einen Trennungsversuch vom Kind zusammen mit einer zukünftigen Bezugsperson anwesend ist. Kinder fehlten unter dieser Bedingung in der Folgezeit viermal seltener wegen Krankheit als Kinder, bei denen Trennungsversuche unternommen wurden (ebd.). Aus diesem Grund gilt es inzwischen als Qualitätsmerkmal von Kitas, wenn sie Kinder (und Eltern) in Anlehnung an das Berliner Modell eingewöhnen.

Situationsbeschreibung und Analysekategorien

Dieser Beitrag basiert auf einer Videodokumentation[7], die verdeutlicht, welche Aufmerksamkeitsleistung eine Erzieherin vollbringt, die in einer Gruppe von Kindern unterschiedlichen Alters feinfühlig auf Bindungsbedürfnisse eingeht und gleichzeitig Explorationsverhalten unterstützt. Er analysiert die Bindungs-Explorations-Balance im Alltag mit unter Dreijährigen, die bereits eine Bindungsbeziehung zu ihrer ErzieherIn entwickelt haben.

---

7 Wir bedanken uns sehr herzlich bei den ErzieherInnen, Kindern und Eltern der Uni-Kita »Kleine Strolche« in Osnabrück, die uns die hier beschriebenen Videoaufnahmen aus dem Kita-Alltag ermöglicht haben.

8 Die Namen der Kinder wurden geändert.

Bei unserem Beispiel handelt es sich um eine ca. zweiminütige Filmsequenz, in der zwei Kinder gleichzeitig Bindungsbedürfnisse an eine Erzieherin richten: Ein Kind hat sich im Rahmen seines Explorationsverhaltens den Kopf gestoßen (Tom[8]), ein anderes (Timo) befindet sich in einer Konfliktsituation mit einem dritten Kind (Sven). Ein weiteres Kind (Lisa) möchte mit Hilfe der Erzieherin lernen, Stifte anzuspitzen – hier sind also Assistenz und Unterstützung bei explorativem Verhalten gefragt. Zwei der vier direkt mit der Erzieherin im Kontakt stehenden Kinder sind unter drei Jahre alt (Tom und Lisa), die anderen beiden sind drei (Sven) und vier (Timo). Die Szene findet in einem kleinen Kita-Zimmer mit geöffneter Tür zum Flur statt, wo in unmittelbarer Nähe weitere Kinder miteinander spielen. Bei näherer Betrachtung wird die Komplexität und damit die Schwierigkeit der Anforderung bewusst, die in solch einer alltäglichen Situation liegt.

Die Analyse des Videoausschnitts erfolgte anhand der folgenden Kategorien:

Exploration	Alle Verhaltensweisen eines Kindes werden als Exploration verstanden, die auf die Erkundung der dinglichen und personalen Umwelt und auf den Erwerb von Kompetenz im Umgang mit dieser ausgerichtet sind. (Wir haben für diese kleine beschreibende Studie aus pragmatischen Gründen eine sehr weite Definition gewählt.)
Unterstützung von Exploration	Alle Verhaltensweisen der Erzieherin, die Exploration im oben definierten Sinne unterstützen, ordnen wir dieser Kategorie zu. In einem weiten Verständnis zählen wir hier auch handlungsbegleitende Äußerungen dazu, die z. B. die Sprachentwicklung fördern.
Bindung	Alle Verhaltensweisen eines Kindes, die im Zusammenhang mit dem Bindungsmotiv stehen, gehören zu dieser Kategorie. Darunter fallen Verhaltensweisen, die körperliche und/oder emotionale Nähe herstellen und aufrechterhalten, und die kindliche Bedürfnisse nach Regulation von negativen Gefühlen (wie Schmerz, Angst, Unsicherheit, Überforderung) ausdrücken.
Unterstützung von Bindung	Zu dieser Kategorie zählen wir alle Verhaltensweisen der Erzieherin, die Bindungsbedürfnisse im oben definierten Sinne erfüllen.
Integration E	Dazu gehören alle Verhaltensweisen der Erzieherin (E), die darauf abzielen, den verschiedenen Bedürfnissen der anwesenden Kinder integrativ gerecht zu werden.
Integration K	Alle Verhaltensweisen, mit denen ein Kind (K) seinen Bedürfnisausdruck auf den anderer Kinder abstimmt, werden als Integrationsleistung seitens des Kindes verstanden.

Die Analyse dieses Videoausschnittes wird aus einer bindungstheoretischen Perspektive dargestellt, indem den Beschreibungen konkreter Verhaltensbeobachtungen Hinweise auf passende konzeptionelle Einordnungen (Kategorien) hinzugefügt werden.

Analyse des Videoausschnittes

Die Erzieherin befindet sich zunächst mit der zweijährigen Lisa allein im Raum. Lisa steht vor einem niedrigen Tisch, vor ihr liegt ein Blatt Papier. Sie möchte Buntstifte anspitzen, bevor sie zu malen beginnt, kann das aber noch nicht allein (Exploration). Die Erzieherin kniet neben ihr und beobachtet ihre selbstständigen Versuche, bereit, Lisa zu helfen, sobald sie den Wunsch danach signalisiert (Unterstützung von Exploration). Aus Lisas zugewandter Körperhaltung wird deutlich, dass sie sich der Aufmerksamkeit der Erzieherin sehr bewusst ist und die Nähe zu ihr genießt (Bindung, Unterstützung von Bindung). Der zweijährige Tom kommt in den kleinen Raum. Im Türbereich sieht er einen am Boden liegenden Buchstaben-Magneten und hebt ihn auf (Exploration). Die Erzieherin und Lisa wenden gleichzeitig ihren Blick zu Tom (Integration EK). Sie ändern aber beide nicht ihre nahe, aufeinander bezogene Körperhaltung (Bindung, Unterstützung von Bindung).
Die Erzieherin fragt Tom: »Tom, hast du Magnete gefunden?« (Unterstützung von Exploration, Integration E). Tom antwortet ihr: »Ja!«.
Tom geht zielstrebig auf eine Tafel in der Nähe der Tür zu, an der weitere Magnete haften. Er bringt seinen Magneten an der Tafel an und versucht dann, einen neben ihm stehenden Kinderstuhl zu sich zu drehen, offenbar in der Absicht, darauf zu steigen, um an höher haftende Magnete zu gelangen (Exploration). Die Erzieherin und Lisa haben ihre gemeinsame Aufmerksamkeit wieder auf Lisas Anspitz-Versuche gerichtet (Unterstützung von Exploration). Obwohl die Erzieherin Tom dadurch nicht mehr in ihrem Blickfeld hat, achtet sie offenbar weiter auf die Geräusche, die aus seiner Richtung kommen:
Die Erzieherin fragt Tom: »Brauchst du noch mehr Magnete?« (Unterstützung der Exploration; Integration E).
In diesem Augenblick fällt Toms Stuhl mit einem lauten Rums um, er verliert dabei selber die Balance, fällt ebenfalls und stößt mit dem Hinterkopf an die Wand (Bindung). Die Erzieherin macht sich sofort auf den Weg zu Tom, kniet sich zu ihm auf den Boden und streckt ihm die Arme entgegen. (Unterstützung

von Bindung). Sie sagt zu Tom: »Oh, oh, oh, hast du dir den Kopf gestoßen? Komm mal her!« (Unterstützung von Bindung).

Tom versucht sofort, sich wieder aufzurichten und bewegt sich, mit einer Hand seinen Kopf reibend, der Erzieherin entgegen, um sich hochnehmen zu lassen (Bindung). Er weint nicht. Die Erzieherin nimmt ihn hoch (Unterstützung von Bindung) und er schmiegt sich eng an sie an (Bindung). Sie reibt nun seinen Hinterkopf (Unterstützung von Bindung) und Tom scheint den nahen Köperkontakt still zu genießen (Bindung). Die Erzieherin beendet diese nahe Situation nicht, bevor Tom signalisiert, dass er dazu bereit ist, indem er sich leicht zurücklehnt (Unterstützung von Bindung).

Noch während die Erzieherin Tom hochnimmt, kommen der vierjährige Timo und der dreijährige Sven in den Raum. Timo nähert sich mit sorgenvollem Blick der Erzieherin (Bindung), die inzwischen Tom eng im Arm hält. Während sie Toms gestoßenen Hinterkopf reibt, wendet sie ihre visuelle Aufmerksamkeit Timo zu (Integration E), indem sie ihn mit mitfühlendem Gesichtsausdruck fragend ansieht (Unterstützung von Bindung):

Timo sagt zur Erzieherin: »Sven hat meine Wäscheklammer!«.

Er nimmt vorsichtig eine Haarsträhne der Erzieherin in die Hand und berührt die Erzieherin sanft am Arm (Bindung). Intensität und Stimmklang seiner Äußerung erscheinen auf die Trostsituation mit Tom abgestimmt (Integration K). Sven hat sich offenbar zeitgleich mit der Wäscheklammer in die Richtung eines Sofas bewegt. Lisa ist mit den Stiften und dem Anspitzer in der Hand vor ihrem Blatt Papier stehen geblieben und beobachtet aufmerksam die Szene (Exploration, Integration K).

Die Erzieherin fragt Timo: »Wozu brauchst du die Wäscheklammer denn?« (Unterstützung von Bindung).

Noch während die Erzieherin Timo fragt, wendet er sich wieder Sven zu, geht zu ihm hin und versucht ihm – wie zur Demonstration des Problems – die Wäscheklammer wegzunehmen.

Die Erzieherin sagt zu Timo: »Reiß sie ihm nicht aus der Hand! … Wozu brauchst du sie denn?« (Integration E).

Timo kommt zu ihr zurück und spielt wieder mit ihren Haaren (Bindung). Die Erzieherin hat immer noch den eng an sie geschmiegten Tom im Arm.

Die Erzieherin sagt zu Timo: »Für die Pyramide? Ach, ihr wollt die Pyramide heile machen?« (Unterstützung von Bindung, Integration E)

Timo signalisiert Bestätigung und wendet sich wieder Sven zu. In diesem Moment löst sich Tom aus dem engen Körperkontakt mit der Erzieherin, die dem sofort nachgibt (Unterstützung von Exploration). Tom geht wieder auf die Tafel zu (Exploration).
Die Erzieherin sagt zu Tom: »Du willst mehr Magnete haben! Du hast den Stuhl genommen, weil du weißt, wo mehr Magnete sind!« (Unterstützung von Exploration). Zu Timo sagt sie: »Warte einen Moment, Timo, ich gebe eben Tom mehr Magnete!« (Integration E).
Offenbar befinden sich an der Tafel nicht genug weitere Magnete, sodass die Erzieherin durch den Raum geht, um aus einem Schrank weitere zu holen. Tom läuft ihr sofort hinterher (Bindung, Exploration). Die Erzieherin erinnert unterwegs Timo mehrfach daran, einen Moment zu warten (Integration E).
Nachdem sie die weiteren Magnete aus dem Schrank geholt hat, begibt sich die Erzieherin, immer noch gefolgt von dem sehr interessiert wirkenden Tom (Exploration), in die Nähe von Lisa, die nach wie vor die Szene (nur) beobachtet (Exploration). Die Erzieherin beugt sich herunter und breitet die verschiedenen Buchstaben-Magnete auf ihrer Hand aus, sodass Tom sie untersuchen kann.
Die Erzieherin sagt zu Tom: »Guck mal, Tom, hier sind ganz viele Magnete!« (Unterstützung von Exploration).
Lisa signalisiert nun auch Interesse an den Magneten, indem sie hinzukommt und zusammen mit Tom die Magnete in der Hand der Erzieherin untersucht (Exploration, Integration K). Tom nimmt einige Magnete und läuft damit zur Tafel. Die Erzieherin bleibt in ihrer Haltung, da Lisa weiterhin dabei ist, sich Magnete auszusuchen (Unterstützung von Exploration, Integration E). Nach einer kleinen Weile bittet die Erzieherin Lisa, nicht nur für sich, sondern auch für Tom Magnete zu nehmen und ihm diese zu bringen – offenbar mit dem Ziel, sich nun erneut um Timo, der auf ihre Zuwendung wartet (Integration K) und seinen Konflikt mit Sven zu kümmern (Integration E). Lisa nimmt sofort Magnete für sich und für Tom und läuft in seine Richtung. Zeitgleich kommt Tom auf die Erzieherin zu gerannt, um sich weitere Magnete von ihr zu holen.
Die Erzieherin sagt zu Tom: »Lisa gibt dir welche ab!« (Integration E, Unterstützung von Exploration).
Die beiden Zweijährigen wenden sich sofort einander zu, Lisa gibt Tom Mag-

nete und beide gehen gemeinsam zur Tafel (Integration K, Exploration). Die Erzieherin begibt sich zu Timo und Sven aufs Sofa und unterstützt die Lösung ihres Konfliktes, indem sie vorschlägt, nach einer weiteren Klammer zu suchen (Unterstützung von Bindung, Unterstützung von Exploration).

Aufgrund des kleinen Unfalls von Tom kann anhand dieser kurzen Videosequenz die Bindungs-Explorations-Balance eines Kindes demonstriert werden, das äußerst feinfühlig von seiner Erzieherin unterstützt wird. Tom wünscht und erhält nach seinem Sturz sofort in einer Form Zuwendung, die ihn so nachhaltig tröstet, dass er anschließend mit ungebrochenem Elan seine explorative Tätigkeit wiederaufnehmen kann.

Die Szene liefert zudem Hinweise darauf, dass alle beteiligten Kinder über eine sichere Bindungsbeziehung zu ihrer Erzieherin verfügen, die vermutlich darauf zurückzuführen ist, dass es ihr gelingt, (1) die Bindungs- und Explorationsbedürfnisse aller Kinder gleichzeitig im Auge zu haben, (2) ihre Erfüllung entweder gleichzeitig oder nacheinander koordiniert zu realisieren und (3) dieses auf eine Weise, die für die Kinder nachvollziehbar ist. Durch die Verbalisierung von Handlungsabläufen kommuniziert sie zudem die Verfügbarkeit ihrer Aufmerksamkeit und unterstützt dadurch neben der Sprachentwicklung auch die Integration der Verhaltenssteuerung bei den Kindern. Das spiegelt sich in einem sehr kooperativen Verhalten der Kinder auch untereinander, das es der Erzieherin wiederum erleichtert, die Bedürfnisse der Kinder gleichzeitig zu regulieren.

Interessant ist auch, dass die Kinder den Umgang der Erzieherin mit anderen Kindern sehr genau beobachten. Ist dieser Umgang feinfühlig und gerecht, so wird wahrscheinlich über Prozesse der Identifikation die eigene Bindungssicherheit weiter gestärkt. Es wird verständlich, warum gruppenbezogene Feinfühligkeit eine so entscheidende Rolle für die Qualität der Erzieherinnen-Kind-Bindung spielt (vgl. Ahnert/Pinquart/Lamb 2006).

Durch die Analyse von Videobeispielen – wie dem hier beschriebenen – wird es möglich, Konzepte eines entwicklungsförderlichen Umgangs mit Kindern sehr verhaltensnah zu vermitteln. Diese Konzepte können das intuitive Verständnis, über das die meisten Menschen im

Umgang mit kleinen Kindern verfügen, nicht ersetzen. Sie können aber helfen, es zu stärken und gegen den Einfluss störender Faktoren zu verteidigen. Für Bezugspersonen von kleinen Kindern kann das sehr wichtig sein, damit sie ein so sensibles und für die kindliche Entwicklung entscheidendes Phänomen wie die Bindungs-Explorations-Balance gut unterstützen können.

Literatur

Ahnert, L./Pinquart, M./Lamb, M. (2006). Security of children's relationships with non-parental care providers: A meta-analysis. Child Development, 74, S. 664–679.

Kuhl, J. (2001). Motivation und Persönlichkeit: Interaktion psychischer Systeme. Göttingen: Hogrefe.

Kuhl, J. (2005). Eine neue Persönlichkeitstheorie. Adaptierter Text aus: J. Kuhl (2005). Der kalte Krieg im Kopf: Wie die Psychologie Naturwissenschaft und Religion verbindet, Kap. 4. Freiburg: Herder Verlag.

Laewen, H.-J./Andrés, B./Hédervári, E. (2003). Die ersten Tage – Ein Modell zur Eingewöhnung in Krippe und Tagespflege. Weinheim: Beltz.

7. Bewegung, Geste, Tanz: Bildung und Beziehung in einem musikpädagogischen Projekt

Roswitha Staege

»Schweben heißt Boden in sich haben« (Georg Stenger: Autopoietik des Tanzes)

DIE MUSIK UND IHRE BEDEUTUNG für die kindliche Entwicklung hat in den letzten Jahren eine gesellschaftliche Aufwertung erfahren. Allerdings gilt ein Großteil des gewachsenen Interesses weniger dem Musikmachen als solchem als vielmehr den davon erwarteten Transfereffekten: Musik mache Kinder intelligenter, fördere die Konzentrationsfähigkeit, verbessere das Sozialverhalten etc. Diese primär auf wünschenswerte Effekte abhebende Thematisierung dominiert jedenfalls im Fahrwasser der PISA-Studien den öffentlichen Diskurs um schulische und außerschulische Musikerziehung.

In meinem Beitrag werde ich nicht auf die methodologischen Probleme eingehen, die mit solchen »Nachweisen« von Transfereffekten verbunden sind (vgl. Stroh 2008), sondern einige filmisch dokumentierte Unterrichtssequenzen aus dem Jenaer Projekt »Musik und Bewegung an Grundschulen im sozialen Brennpunkt« unter einer ganz anderen wissenschaftlichen Perspektive betrachten: Mein Interesse gilt dem Zusammenhang von Beziehungsgestaltung und bildender Erfahrung. Dabei gehe ich davon aus, dass Bildung als Prozess wie auch als Resultat ein Weltverhältnis von Subjekten einschließt, d.h., indem sie etwas über die Welt erfahren, erfahren sie zugleich immer auch sich selbst.[9] Bildungsprozesse werden subjektiv durch »sinnstrukturierte« Tätigkeiten (Gruschka 2007: 18) konstituiert, in denen Welt angeeignet, d.h. in ihren Bedeutungszusammenhängen erschlossen wird. Solche Vorgänge der Sinngebung und Sinnerfahrung sind sozial situiert und vermittelt.[10]

---

9 Damit greife ich eine Bestimmung auf, die als Kernbestand traditioneller wie aktueller Bildungstheorien gelten darf (vgl. zusammenfassend z.B. Garz/Blömer 2009: 573; Dörpinghaus/Poenitsch/Wigger 2008).

10 Die alltagsweltlich-soziale Lokalisierung von Bildungsprozessen wird von den neueren sozialwissenschaftlich orientierten bildungstheoretischen Ansätzen innerhalb der Erziehungswissenschaft betont (vgl. z.B. Marotzki 1991).

In den folgenden Ausführungen soll exemplarisch (ohne Anspruch auf Vollständigkeit) herausgearbeitet werden, wie Bewegungen zur Musik vollzogen und welche Bedeutungen dabei interaktiv hervorgebracht werden. Anschließend wird in einer bildungstheoretischen Wendung das sich in den Bewegungen realisierende Selbstverhältnis und dessen soziale Situierung näher betrachtet.

Gemeinsames Hervorbringen von ästhetischem und sozialem Sinn

Im Rhythmus der gemeinsam gesprochenen Silbenfolge »Ka-ra-te-do« führen die im Kreis stehenden Kinder einer dritten Grundschulklasse reihum jeweils eine individuelle, spontan »gefundene« Bewegung kraftvoll aus. Jede dieser Bewegungen wird zu einer Geste, die ihre Bedeutung zum einen aus dem mimetischen Bezug zu den Kampf- bzw. Kampfsportbewegungen des Karate und zum anderen aus dem Kontext der Unterrichtssituation bezieht: Indem die Schüler jeweils »ihre« Bewegung ausführen, präsentieren sie diese den anderen im Kreis. Ihre Bewegung ist eine Geste des Vorführens, die auf die Bewegung selbst als auf das Vorgeführte verweist. Die Bewegung ist also Vorführen und Vorgeführtes zugleich. Zu ihrem sozialen Sinn gehört aber noch mehr: Jede der individuellen Bewegungen reiht sich an die vorausgehende und fordert zu einer nachfolgenden auf; durch die räumliche Positionierung ihres Akteurs (im Kreis der anderen Akteure) und durch ihre zeitliche Einordnung in eine rhythmische Abfolge verweist sie auf die Gesamtheit der Bewegungsvollzüge der Mitakteure. Diese (formale) Bezogenheit der Bewegungen aufeinander wird von den Kindern situativ erfasst und in die Gestaltung der einzelnen Bewegungen einbezogen, indem sie Bewegungsmotive voneinander übernehmen, variieren oder ihre Bewegung kontrastierend zu der vorausgehenden in Beziehung setzen. Sozialer und ästhetischer Sinn der Bewegungen werden so durch die Choreographie hervorgebracht, die die Bewegungen der Einzelnen zeitlich und räumlich ordnet und zueinander in Beziehung setzt. Und: Diese Choreographie ist zugleich pädagogische Gestaltung der Unterrichtssituation.

Gesten der Aufmerksamkeit

Später – die Unterrichtsstunde ist bereits vorüber – stellen sich die Kinder noch einmal im Kreis auf. Die Raummitte, die durch die Kreisformation entsteht, wird nun zum Zentrum ihrer Aufmerksamkeit und zum Raum für den Tanz, den einer der Schüler aufführt. Zur Musik von Bushido führt Ali Hip-Hop-Bewegungen vor, wobei sich die im Kreis gruppierten Zuschauer an der Aufführung nicht bloß zuschauend beteiligen: Die Musikpädagogin begleitet Alis Tanz, indem sie auf der Cajon dazu trommelt, während seine Mitschüler den Grundschlag als Body-Percussion ausführen. Wichtig ist dabei, dass die Zuschauer dem Tänzer den Rhythmus nicht etwa vorgeben – dann wären sie keine Zuschauer mehr; die Body-Percussion und das Spiel auf der Cajon sind vielmehr Gesten teilnehmender Aufmerksamkeit. Sie sind ästhetische Präzisierungen einer Beziehung zum Tänzer, die bereits durch die Ausrichtung der Körper, ihre Hinwendung und Zentrierung, hergestellt und zum Ausdruck gebracht wird.

Zum Bedeutungsgehalt dieser szenischen und musikalischen Beziehungsgestaltung trägt wesentlich bei, dass Ali die Musik, zu der er tanzt, selbst ausgewählt und die Aufnahme von zu Hause mitgebracht hat. Es handelt sich um Musik, die er in seiner Freizeit bevorzugt hört. Auch sein tänzerisches Können hat er sich außerhalb der Schule angeeignet. Mit seiner Tanzaufführung gewährt der Junge seinen MitschülerInnen, der Musikpädagogin und der gleichfalls anwesenden Klassenlehrerin Einblick in seine außerschulische musikbezogene Erfahrungswelt.[11] Der – szenisch verdichtete – Ausschnitt, den Ali in seinem Tanz sehen und im mitgebrachten Musikstück hören lässt, zeigt ihn selbst als jemanden, der eine technisch anspruchsvolle Bewegungsfolge souverän beherrscht, der also aus eigener Initiative einen vermutlich nicht immer einfachen und mit wiederholtem Üben verbundenen Lernweg zurückgelegt hat. In der gelungenen Präsentation bewährt sich das Gelernte und gewinnt an Relevanz, indem das zuvor nur subjektiv Erlebte in eine intersubjektiv geteilte Realität überführt wird (vgl. Nohl 2006: 164).[12]

---

11 Den Ergebnissen der von Beckers durchgeführten Studie zur musikalischen Lebenswelt vier- bis zehnjähriger Kinder zufolge teilen Grundschulkinder sich innerhalb der Schule nur ungern über außerschulische musikalische Präferenzen mit (Beckers 2004: 162). Dadurch werde »eine klare Trennlinie zwischen den außerschulischen und schulischen musikökologischen Zonen durch die Beteiligten selbst gezogen«. Beckers vermutet, dass die Zurückhaltung der Schüler damit zusammenhängen könnte, dass Eltern und Kinder nachteilige Konsequenzen bezüglich der Notengebung fürchten (ebd.).

Mimetisches Lernen

In einer anderen Unterrichtssituation (und einer anderen Klasse) spielt ein Mädchen, Marie, eine Melodie auf ihrer Gitarre. Auch hier arrangiert die Musikpädagogin die Situation so, dass die Aufmerksamkeit der Zuhörer mit Formen musikalischer Teilnahme ausgestaltet wird. Sie selbst begleitet das Spiel des Mädchens zunächst auf der Melodika, dann macht sie vor, wie sich der Fluss der von Marie gespielten Melodie auf schwebende und gleitende Bewegungen der Arme und Hände übertragen lässt und fordert die Schüler auf, jeweils eigene gleitende (»Surf«-)Bewegungen zu finden, einander dabei zuzuschauen, die individuellen Bewegungsmuster voneinander zu übernehmen und gemeinsam in der Gruppe auszuführen. In ihren Bewegungen verhalten sich die Schüler in zweifacher Hinsicht mimetisch (vgl. Wulf 2007a: 45f.): zum einen in Bezug auf die von Marie gespielte Melodie, zum anderen in Bezug auf die jeweilige Bewegung einer oder eines anderen. Der Rhythmus der Musik synchronisiert ihre Bewegungen. Marie macht dabei die Erfahrung, mit ihrem individuellen Können und Engagement etwas zu schaffen und zur Verfügung zu stellen, das integriert und anderen Teilnahme ermöglicht.

Wenn die Schüler, wie in der beschriebenen Unterrichtssequenz, die Bewegung eines anderen – hier die jeweils spontan hervorgebrachte Gleit- bzw. Surfbewegung – nachahmen, so kopieren sie diese nicht einfach, sondern erzeugen jeweils individuell eine eigene Bewegung, mit der sie sich auf die des anderen beziehen. Das mimetische Lernen der Bewegungen ist unmittelbar verbunden mit Akten gesteigerter Aufmerksamkeit, die zugleich auf die zu lernende Bewegung und auf denjenigen, der sie mit seinem Körper vollzieht, gerichtet sind. Weil der Lerngegenstand das, was er ist, nur ist, sofern er körperlich aufgeführt wird, ist die Auf-

12 In seiner Untersuchung spontaner Bildungsprozesse von Jugendlichen, Erwachsenen in der Lebensmitte und Senioren arbeitet Nohl (2006) eine Abfolge von sieben Phasen heraus. Auf Phasen spontanen Handelns, unspezifischer Reflexion und explorativen Lernens, mit denen der Bildungsprozess beginnt, folgt eine »Phase der ersten gesellschaftlichen Bewährung«, der sich nach einer zweiten Phase spontanen Handelns eine »zweite gesellschaftliche Bewährung« anschließt (ebd.: 163ff.). Obwohl Nohls Untersuchung sich nicht auf kindliche Bildungsprozesse erstreckt und die genaue Abfolge der einzelnen Phasen daher auch nicht ohne Weiteres auf diese Altersgruppe übertragen werden kann, kann die Bildungsbedeutung des Präsentierens neu erlernter Fähigkeiten für alle Altersgruppen generalisiert werden, da sich ihre Explikation auf die phänomenalen Züge stützt, die ein Präsentieren neu erlernter Fähigkeiten als solches aufweist.

merksamkeit für den anderen, der in der Präsentation der Bewegung zugleich sich selbst in seiner Körperlichkeit und Beweglichkeit präsentiert, wesentliches Moment des Lernprozesses. Die zu lernende Bewegung ist nicht »irgendeine«; sie ist Geste, d.h. Bewegung, die kultur-, zeit- und situationsspezifisch als Zeichen fungiert und intentional gehandhabt und gestaltet werden kann (vgl. Wulf 2001b: 80f.), und sie ist tänzerische Geste, d.h. Geste, deren präsentative Funktion sich darin erfüllt, »die Beweglichkeit als solche in Szene [zu setzen]« (Waldenfels 2007: 29). Diese Geste wird nicht schon durch die spontane Bewegung des Einzelnen, sondern im mimetischen Prozess gemeinsam hervorgebracht. Denn erst in der mimetischen Bezugnahme wird die vorgängige Bewegung inszeniert und aufgeführt (vgl. Wulf 2007b: 97).

Leibliches Wissen und die Bildungsbewegung des Tanzes

Die mit dem mimetischen Lernen verbundene Ausweitung der Wahrnehmungs- und Ausdruckswelt durch die »Anähnlichung« an die Gesten eines anderen (vgl. Wulf 2001: 86) wird noch in einer anderen Szene besonders deutlich. Zur Musik der Red Hot Chili Peppers führen die Kinder Bewegungen mit unterschiedlichen Antriebsenergien aus: Kraftvoll plötzliche Stoßbewegungen wechseln sich mit sanft getragenen Schwebe- und Gleitbewegungen ab. Als Bewegungsmodelle dienen Sportarten (Karate, Surfen), deren charakteristische Bewegungen den Kindern bekannt sind und durch bildliche Darstellungen ergänzend vergegenwärtigt werden, sowie Bewegungen, die die Musikpädagogin vorführt und die die Bedeutung der Bilder präzisieren. Erst die Vorführung der Bewegungen durch die Lehrerin lässt für die Kinder erkennbar werden, um welchen Aspekt des Surfens oder des Karate es geht. Und erst in der mimetischen Übernahme werden die spezifischen Bewegungsqualitäten, werden die »kraftvolle Plötzlichkeit« des Stoßens (vgl. Laban 2001: 80) und die »sanfte Getragenheit« des Schwebens (ebd.: 81) von den Kindern erfasst. Indem die Schüler die Bewegungsmuster frei im Raum erkunden, machen sie Bewegungserfahrungen, »wie sie in keiner anderen physischen Aktivität vorkomm[en]« (ebd.) und erschließen sich die den Bewegungen inhärenten Wahrnehmungs- und Ausdrucksmöglichkeiten.

Das Kind spürt sich im Vollzug der Bewegungen, es fühlt sich kraftvoll und schnell bei den stoßenden Bewegungen, sanft getragen, in-sich-schwebend[13] und leicht bei den schwebenden Bewegungen. Sich leicht und kraftvoll fühlen sind Formen des Sich-Fühlens, die in dem Sinne leiblich sind, als dass sie durch eine bestimmte Körperhaltung oder eine Bewegung evoziert werden können, die zugleich auch Ausdruck dieses Sich-Fühlens sind. Im Tanz wird diese Einheit von emotionaler und leiblicher Selbstbeziehung in performativen ästhetischen Gestaltungen zur Darstellung gebracht und in besonderer Weise erfahren.[14]

Dieses leibliches Selbstverhältnis, das die Schüler beim Vollzug der Bewegungen empfinden, verschließt sie nicht anderen gegenüber, sondern öffnet sie für die Bewegung des anderen. Im mimetischen Lernen der tänzerischen Gesten überschreitet jeder sich selbst, d.h. die bisherige Grenze seines leiblichen Wissens. In dieser selbst-überschreitenden Ausweitung der Wahrnehmungs- und Ausdruckswelt liegt die bildende Wirkung der tänzerischen Bewegung.

Ein Aspekt dieser bildenden Wirkung hängt mit der tanzspezifischen Raumerfahrung zusammen. Auf die Aufforderung hin, sich im Raum zu verteilen und zur Musik die Schwebe- und Stoßbewegungen individuell für sich zu variieren, führen die Kinder diese spontan so aus, dass sie sich dabei einem oder mehreren anderen zuwenden: Der Raumin dem getanzt wird, ist Interaktionsraum, d.h. »das dreidimensionale zeitliche Gebilde besteht am Ende aus nichts anderem als aus Interaktionen der Tänzer« (Kuhlenkampff 2008: 10). In der tänzerischen Beziehung auf den anderen konkretisiert sich das (räumliche) Außerhalb des leiblichen

13 Vgl. Stenger 2008: 91: »Der Gehalt des Schwebens [...] bedeutet nicht ein Darüberschweben, eher schon ein In-sich-Schweben, das den Boden, auf dem es gewöhnlich steht, jetzt in sich trägt. Schweben heißt Boden in sich haben, und nur dem diese Erfahrung des Schwebens nicht Machenden oder bisher nicht gemacht Habenden erscheint dies abstrus und »abgehoben«.«

14 Eine Tänzerin des Wuppertaler Tanztheaters beschreibt diese Erfahrung an Hand eines Beispiels: »Ich fand es total faszinierend, mit welcher Präzision sie [Pina Bausch] es geschafft hat, für Emotionen und Befindlichkeiten Bewegungsideen zu finden und diese in so passende Formen zu übersetzen, dass ich als Tänzerin genau diese Emotionen und Befindlichkeiten erlebe und durchlebe, wenn ich diese Formen tanze. [...] Wenn ich zum Beispiel eine Bewegung tanze, die zentral ist, nach innen geht und die einen Akzent hat, werde ich nach und nach eine selbstzerstörerische Kraft in mir spüren. Und nicht weil ich mir vornehme: »So, jetzt will ich zeigen, dass ich mich selbst zerstöre«, sondern weil ich die entsprechenden Bewegungen mache, komme ich in den Zustand, den sie ausdrücken sollen.« (Brandstetter/Klein 2007: 77).

Selbst in der räumlichen Position des anderen, der sich seinerseits mit Blicken und Gesten auf den Sich-Bewegenden bezieht. Die Wahrnehmung der eigenen Bewegung, die immer schon (auch) aus einer Position heraus erfolgt, die diejenige eines (möglichen) Anderen sein könnte, wird in der tänzerischen Interaktion ästhetisch gesteigert und gestisch artikuliert. Im Tanz wird so mit der Beweglichkeit des Menschen die selbstbewusste Wahrnehmung der eigenen Bewegung aus der Position eines anderen, die die leibliche Subjektivität kennzeichnet (vgl. Gerhardt 1999: 205) und für die Plessner den eingängigen Begriff der »exzentrische Positionalität« (Plessner 1981: 360ff.) geprägt hat, ästhetisch erfahren.

Gesten des Lernens

Die leibliche Aneignung der Bewegungsmuster – dies scheint mir für das Verständnis aller beschriebenen Szenen wesentlich – geschieht im Kontext von Schule und Unterricht. Die Bewegungen der Kinder gewinnen ihre performative Bedeutung daher immer auch daraus, dass die Kinder Schüler und ihre tänzerischen Gesten als Gesten der leiblichen Aneignung von Bewegungsmustern Gesten des Lernens sind.[15] Die inszenatorischen und choreographischen Handlungen der Musikpädagogin sind zugleich Handlungen, durch die Unterrichtssituationen gestaltet werden, und ihre auffordernden, die Schüler zum Nach- und Mitmachen animierenden Gesten fungieren als Aufforderungen zur (bildenden) Selbsttätigkeit[16]. Die Auseinandersetzung mit dem Lerngegenstand, zu der die Schüler aufgefordert werden, vollzieht sich interessanterweise in Aufmerksamkeitsszenarien, die die teilnehmende, teils mimetisch Bezug nehmende lernende Hinwendung zu der Tätigkeit eines anderen Schülers performativ zur Darstellung bringen. Gehören Gesten, durch die der Schüler Aufmerksamkeit signa-

15 Liebau und Klepacki (2008) unterscheiden in Vorbereitung einer bildungstheoretischen Thematisierung des Tanzes zwei (potenziell) biographisch bedeutsame Prozesse: »Ganz grundsätzlich und ganz allgemein ist Tanz auf einer subjektbezogenen Ebene zunächst einmal offenbar ein doppelt gerichtetes biographisches Phänomen. Unterteilen lässt es sich in den Prozess der leiblichen Aneignung tänzerischer Bewegungsformen und in den Prozess der performativen Handlung und damit zugleich Präsentation.« (Liebau/Klepacki 2008: 70) Legt man diese Unterscheidung zugrunde, so lässt sich für die beschriebenen Unterrichtssituationen sagen, dass in ihnen leibliche Aneignung und performative Handlung als zwei Dimensionen eines Bewegungsvollzugs auftreten.

16 Vgl. Benners (2001: 80ff.) Bestimmung der »Aufforderung zur Selbsttätigkeit« als konstitutives Prinzip pädagogischen Denkens und Handelns.

lisiert, zu den institutionsspezifischen Ausdrucksformen des Körpers im schulischen Kontext (vgl. Wulf 2001: 84), so sind die SchülerInnen hier ebenso sehr Adressaten von Aufmerksamkeit, und zwar einer Aufmerksamkeit, die sich auf sie als auf solche, von denen sich etwas lernen lässt, richtet. Bewegungsmuster werden als zu Lernende inszeniert, indem Beziehungen der Aufmerksamkeit zwischen den SchülerInnen gestiftet und gestaltet werden. Die ausdrückliche, präsentativ vollzogene Hinwendung zum anderen wird so zum Ausgangspunkt der mimetischen Erweiterung der eigenen Bewegungs- und der damit verbundenen Wahrnehmungs- und Ausdrucksmöglichkeiten. Aus der situativ hergestellten und performativ dargestellten Beziehung erhält die Bildungsbewegung ihren Impuls.

Vor der Folie der Ausgangsbestimmung, nach der Bildungsprozesse sozial situiert und vermittelt sind, konturiert der beschreibende und interpretierende Durchgang durch die Unterrichtssequenz eine spezifische Sozialitätsform: Die Beziehungen, die von den Akteuren in und durch Bewegungen hergestellt werden, sind intersubjektive Beziehungen, d.h. in ihnen realisiert sich die Differenz von Selbst und Anderem. Intersubjektivität ist hier jedoch nicht propositional und diskursiv, sondern leiblich-gestisch verfasst. Soziale Beziehungen als intersubjektive und Intersubjektivität (auch) als vor-propositionale zu denken – damit ist die Herausforderung bezeichnet, die die Szenenfolge aus einem musikpädagogischen Projekt für eine Theorie des Zusammenhangs von Bildung und (sozialer) Beziehung bereithält.

Literatur

Beckers, R. (2004). Die musikalische Lebenswelt 4–10-jähriger Kinder. Eine musikökologische Erkundung. Münster: Lit-Verlag.

Benner, D. (2001). Allgemeine Pädagogik. Eine systematisch-problemgeschichtliche Einführung in die Grundstruktur pädagogischen Denkens und Handelns. Weinheim, München: Juventa Verlag.

Brandstetter, G./Klein, G. (2007). Die Performanz des Rituals. In: Dies. (Hrsg.), Methoden der Tanzwissenschaft. Bielefeld: Transcript-Verlag, S. 75–81.

Dörpinghaus, A./Poenitsch, A./Wigger, L. (2008). Einführung in die Theorie der Bildung. Darmstadt: Wissenschaftliche Buchgesellschaft.

Garz, D./Blömer, U. (2009). Qualitative Bildungsforschung. In: R. Tippelt/B. Schmidt: Handbuch der Bildungsforschung. 2., überarb. und erw. Aufl. Wiesbaden: Verlag für Sozialwissenschaften, S. 571–588.

Gerhardt, V. (1999). Selbstbestimmung. Das Prinzip der Individualität. Stuttgart: Reclam.

Gruschka, A. (2007). Bildungsstandards oder das Versprechen, Bildungstheorie in empirischer Bildungsforschung aufzuheben. In: L. A. Pongratz/R. Reichenbach/M. Wimmer (Hrsg.), Bildung – Wissen – Kompetenz. Bielefeld: Janus-Software-Projekte, S. 9–29.

Laban, R., v. (2001). Der moderne Ausdruckstanz. 5. Aufl. Wilhelmshaven: Noetzel.

Liebau, E./Klepacki, L. (2008). Die getanzte Zeit. In: Dies. (Hrsg.), Tanzwelten. Zur Anthropologie des Tanzens. Münster u.a.: Waxmann, S. 65–79.

Marotzki, W. (1991). Aspekte einer bildungstheoretisch orientierten Biographieforschung. In: D. Hoffmann/H. Heid (Hrsg.), Bilanzierungen erziehungswissenschaftlicher Theorieentwicklung. Erfolgskontrolle durch Wissenschaftsforschung. Weinheim: Deutscher Studien Verlag, S. 119–134.

Nohl, A.-M. (2006). Qualitative Bildungsforschung als theoretisches und empirisches Projekt. Anlage und Ergebnisse einer Untersuchung zu spontanen Bildungsprozessen. In: L. Pongratz/M. Wimmer/W. Nieke (Hrsg.), Bildungsphilosophie und Bildungsforschung. Bielefeld: Janus-Presse, S. 156–179.

Plessner, H. (1981). Die Stufen des Organischen und der Mensch. Einleitung in die philosophische Anthropologie. In: G. Dux/O. Marquard/E. Ströker u.a. (Hrsg.), Gesammelte Schriften. Band 4. Frankfurt am Main: Suhrkamp.

Stenger, G. (2008). Autpoietik des Tanzes – Ein phänomenologisch-anthropologischer Blick. In: L. Klepacki/E. Liebau (Hrsg.), Tanzwelten. Zur Anthropologie des Tanzens. Münster u.a.: Waxmann, S. 81–105.

Stojanov, K. (2006). Bildung und Anerkennung. Soziale Voraussetzungen von Selbst-Entwicklung und Welt-Erschließung. Wiesbaden: Verlag für Sozialwissenschaften.

Stroh, W. M. (2008). »Musik macht dumm«. In: Zeitschrift für Kritische Musikpädagogik, URL: http://zfkm.org/08-stroh.pdf [letzter Zugriff: 01/2011].

Waldenfels, B. (2007). Sichbewegen. In: G. Brandstetter/C. Wulf (Hrsg.), Tanz als Anthropologie. Paderborn: Fink, S. 14–30.

Wulf, C. (2001). Einführung in die Anthropologie der Erziehung. Weinheim u.a.: Beltz.

Wulf, C. (2007a). Ästhetische Erziehung: Aisthesis – Mimesis – Performativität. Eine Fallstudie. In: C. Wulf/J. Zirfas (Hrsg.). Pädagogik des Performativen. Theorien, Methoden, Perspektiven. Weinheim u.a.: Beltz, S. 42–48.

Wulf, C. (2007b). Mimetisches Lernen. In: E. Liebau/M. Göhlich/C. Wulf (Hrsg.). Pädagogische Theorien des Lernens. Weinheim u.a.: Beltz, S. 91–101.

8. Beziehungskulturen und Schulqualität. Welche Werte leiten professionelles Alltagshandeln von Grundschullehrer/innen?

Susanne Müller-Using

DIE DEBATTE UM SCHUL- BZW. BILDUNGSQUALITÄT, die vor einigen Jahren u.a. durch die PISA-Studien (Programme for International Student Assessment) angestoßen wurde, hat bis heute vielerlei Veränderungen im Schulleben bewirkt (Standards, Kerncurricula, Vergleichsarbeiten, Evaluation), aber auch in der Arbeit in Kindertagesstätten (Bildungspläne, Entwicklungsdiagnostik etc.). Damit verbunden ist ein neues Anforderungsprofil an ErzieherInnen und Lehrkräfte: Sie sollen Kindern und SchülerInnen den für sie erforderlichen Kompetenzerwerb ermöglichen und ihnen dabei mehr individuelle Förderung zukommen lassen. Was bei dieser Diskussion bisher weniger berücksichtigt und hinterfragt wurde, ist, auf welcher Grundlage dies geschieht und ob die vorherrschende Bildungskultur, in der sich dieser Wandel vollzieht, diesen auch unterstützt. Es geht hier darum, am Beispiel Schule zu prüfen, ob die bereits geleisteten Reformen tatsächlich Veränderungen der Schulqualität zur Folge haben, die neben der Bildungsqualität auch die Gestaltung der Schulkultur und damit die Beziehungsebene zwischen SchülerInnen und LehrerInnen mit umfassen. Fragen an Schulqualität, die aus Sicht von Beziehungskultur gestellt werden können sind u.a.: Wie stellen wir uns einen optimalen Umgang mit Kindern in Kindertagesstätten und Grundschulen vor? Wie und was können LehrerInnen dazu beitragen, Kinder unterschiedlichster Herkunft in ihrem Selbstvertrauen zu stärken und individuell zu fördern? Welche Kompetenzen benötigen Lehrkräfte dazu? Was ist im Rahmen institutioneller Bildung und des Bildungsauftrages möglich und was nicht?

In diesem Beitrag wird einigen dieser Fragen nachgegangen. Es handelt sich um eine ethnographische Vergleichsstudie[17] zu Qualität im professionellen Alltagshandeln von KlassenlehrerInnen in Deutschland, Dänemark und Finnland, die sich mit den unterschiedlichen Schulkulturen dieser drei Länder beschäftigt und dabei insbesondere das professionelle Selbstverständnis (vgl. Bauer 1996, 2005) der GrundschullehrerInnen vor Ort untersucht und analysiert. Die Studie wurde im Zeitraum von 2006 bis 2009 in den genannten Ländern an Grundschulen vor Ort durchgeführt. Der Fokus lag dabei weniger auf der Qualität der Vermittlung von fachlichen Inhalten, sondern vor allem auf dem pädagogischen Handeln der LehrerInnen im Umgang mit ihren SchülerInnen und damit auf pädagogischen Prozessen, die eher die Erziehung und Entwicklung der Kinder betreffen (Melzer/Al-Diban 2001; Müller-Using 2010). Konkret wurde auf den Umgang mit universellen und für die einzelne Lehrkraft herausfordernden Situationen geschaut, die später miteinander verglichen, analysiert und in Bezug zu den nationalen Rahmenbedingungen (Standards, Schulprogramme) vor Ort gesetzt wurden. So ging es um Situationen wie z.B. den Umgang mit:

- Fehlenden Hausaufgaben
- Fehlendem Arbeitsmaterial
- Zu-spät-kommen
- Unruhe, Unterhaltungen
- Häusliche Probleme und Schwierigkeiten
- Lernschwierigkeiten
- Gewalt.

Bei diesen Situationen handelt sich um schulische Alltagssituationen und Umgangsformen, die pädagogisch betrachtet die Erziehung und damit Prozesse der Sozialisation sowie die Selbstbildung und dazugehörige Prozesse der individuellen Entwicklung der SchülerInnen umfassen und damit auch pädagogisch-ethische Aspekte. Ein Beispiel: Ein Schüler der dritten Klasse kommt morgens zu spät in den Unterricht, nicht zum ersten Mal. Die Klasse hat bereits die Hausaufgaben besprochen und bearbeitet eine Aufgabe im Schulbuch. Die Lehrerin hat verschiedene Möglichkeiten, auf das Zu-spät-Kommen »pädagogisch« zu reagieren: Sie kann mit Blick auf das Versäumte tadeln und ermahnen und den Schüler

17 Ethnographische Feldforschung ist eine Forschungsmethode aus der Völkerkunde, in der die Daten vor Ort in Form von Dokumentensammlung, teilnehmender Beobachtung, Forschungstagebuchaufzeichnungen und Interviews gesammelt werden. Der Forscher bzw. die Forscherin versucht vor Ort, in die Kultur »einzutauchen« und die Erfahrungen anhand des Datenmaterials zu analysieren und zu reflektieren.

bitten, nun zügig im Schulbuch mitzuarbeiten. Sie kann ihn aber auch erst einmal freundlich hereinbitten, sich setzen lassen und sich dann leise bei ihm für den Grund seines Zu-spät-Kommens erkundigen und ihm dann bei dem weiteren Unterrichtseinstieg behilflich sein. Bei der ersten Variante wäre stärker der versäumte Unterrichtsstoff im Blick der Lehrerin, bei der zweiten Variante wäre es das Wohlbefinden des Schülers.

Betrachtet man das Wohlbefinden der SchülerInnen als wichtige Grundlage für alle weiteren Bildungsprozesse, kommt es in allen drei in Abbildung 5 dargestellten Bereichen der alltäglichen pädagogischen Arbeit ganz besonders auf den Umgang miteinander und insbesondere auf die Beziehungskultur zwischen LehrerInnen und SchülerInnen an. Für einen Vergleich von Beziehungskulturen und ihren jeweiligen Qualitäten ist ein Vergleich vor unterschiedlichen kulturellen Hintergründen besonders reizvoll, insbesondere wenn dabei auch Länder betrachtet werden, die Reformen teilweise schon erfolgreich umgesetzt haben. Dänemark und Finnland, die beiden neben Deutschland in diese Untersuchung einbezogenen Länder, haben Schulsysteme, die in dem Ruf stehen, dass in ihren Schulen Kinder und Jugendliche besonders gerecht, wertschätzend und fürsorglich behandelt werden – Werte, die in unserem Schulsystem in diesem flächendeckenden Maß noch keine Geltung beanspruchen können (vgl. PISA 2004; Kahl 2004, 2008; Linderoos 2003). Mit Blick auf die Kinder sollte es in jedem Bildungssystem ein pädagogisches Anliegen sein, diese Werte und die Wertschätzung von Kindern und Jugendlichen in einen deutlichen Zusammenhang mit der Schulqualitätsentwicklung zu stellen. Damit kann der zur Zeit recht einseitigen Fokussierung auf Fachlichkeit und fachliche Standards etwas entgegengesetzt werden. Es soll letztendlich darum gehen, Wege aufzuzeigen, wie Schulqualität wieder stärker pädagogisch gefasst werden kann und nicht nur Wissensvermittlung, sondern gleichermaßen auch Erziehung und individuelle Entwicklung berücksichtigt und mit in die Steuerung und Ausgestaltung von Schule und Unterricht einbezogen werden. Hierfür wird ein Qualitätsbegriff zugrundegelegt, der in Anlehnung an den lateinischen Begriff »qualitas« Qualität mit Beschaffenheit, Verhältnis und Eigenschaft beschreibt (vgl. Brockhaus Enzyklopädie online 2007). Ähnlich definiert es Galiläer, wenn er von Qualität als dem Verhältnis von »Entsprechung/

Nicht-Entsprechung des Interesses«(Anspruch, Forderung etc.) und den Eigenschaften der zu beurteilenden Sache spricht (vgl. Galiläer 2005: 27), oder Heid, wenn er Qualität als »das Resultat einer Bewertung beobachtbarer Beschaffenheiten oder Eigenschaften einer Sache« definiert (Heid 2000: 42).

Theoretischer Hintergrund der Studie

Den theoretischen Hintergrund für diese Studie bildet der weiterentwickelte pädagogisch-systematische Ansatz von Paschen (vgl. Paschen 1997, 2001; Müller-Using 2010), in dem drei pädagogische Grundformen skizziert werden, auf die sich Pädagogiken durch die in ihnen enthaltenen Wissensbestände und die daraus resultierenden Handlungsorientierungen zurückführen lassen. Die drei Grundformen entsprechen im Hinblick auf Selbstbildung den Entwicklungspädagogiken, im Hinblick auf Erziehung den Sozialisationspädagogiken und im Hinblick auf gezielte Wissensvermittlung den Wissenspädagogiken und stellen meiner Ansicht nach drei Säulen einer ausgewogenen Pädagogik dar, die als solche gleichwertig nebeneinander stehen und ineinander spielen, u.a. weil sie für die Kinder und Jugendlichen immer parallel und gleichermaßen von Bedeutung sind (vgl. Abbildung 5). Exemplarisch stehen für Entwicklungspädagogiken z.B. die Waldorf- oder Montessoripädagogik, die ihr pädagogisches Konzept an individuellen Entwicklungsphasen von Kindern ausrichten. Als Beispiel für Sozialisationspädagogiken lässt sich der Just-Community-Ansatz anführen, hier wird bereits in der Schule demokratisches Verhalten eingeübt, verbunden mit dem Ziel, zu einer gerechten Gemeinschaft zu erziehen. Für Lernpädagogiken lassen sich z.B. lerntheoretische Ansätze und auch das Lernen lernen anführen.

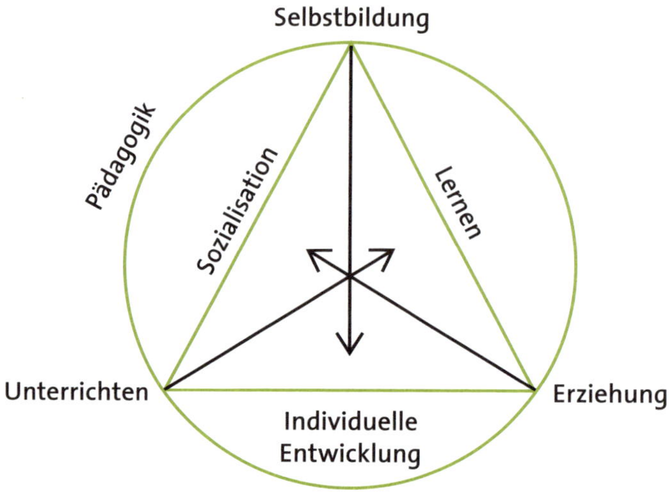

Abb. 5 Perspektiven der Pädagogik (Müller-Using 2010)

Pädagogische Defizite, wie etwa Mängel im Lehrer-Schüler-Verhältnis in deutschen Schulen (vgl. PISA 2004; Schweer 2008 etc.), können z.B. als eine Unausgewogenheit dieser drei Aspekte im pädagogischen Prozess interpretiert werden. Durch eine Analyse sowie Untersuchungen an Schulen und durch Beobachtungen und Befragungen zum Alltagshandeln der Lehrkräfte lassen sich mögliche Ursachen für diese Unausgewogenheiten aufdecken und beschreiben. Auf dieser Grundlage kann den Ursachen in pädagogisch sinnvoller Weise begegnet und können sie ausgeglichen werden. Für die pädagogische Qualität im professionellen Umgang mit SchülerInnen stellt sich daher zunächst die Frage, wo die eigentlichen Defizite einer Alltagspädagogik im Klassenzimmer liegen und wie zu einer gesunden Ausgewogenheit und stärkeren Berücksichtigung pädagogisch-ethischer Aspekte zurückgefunden werden kann.

Im europäischen Vergleich mit Dänemark und Finnland, wo eine bessere Integration der drei pädagogischen Grundaspekte individuelle Entwicklung, Sozialisation und Wissensvermittlung in den (schul-)pädagogischen Prozess gelingt, wurde am Beispiel innovationsfreudiger Bildungssysteme die Pädagogik beispielhaft an jeweils einer Schule vor Ort untersucht und mit der deutschen Beispielschule verglichen.

Die Leitfragen der Untersuchung waren die Folgenden:

- Wie gehen Klassenlehrer/innen in Grundschulen vor Ort, in vergleichbaren Situationen, mit den Schüler/innen um?
- Welche Wertebasis leitet dabei das Handeln?
- Welche Bedeutung haben dabei die jeweiligen Rahmenbedingungen?

Im nachfolgend dargestellten Untersuchungsdesign werden nochmals die Zusammenhänge zwischen steuernden, schulischen Rahmenrichtlinien (Gesetzen/Standards) und den in ihnen verankerten (kulturspezifischen) Wertvorstellungen, den pädagogisch-ethischen Orientierungen in Schulprogrammen (verankert durch die Schulleitung/das Kollegium) und ihre Wirkung auf das pädagogische Handeln von LehrerInnen im Umgang mit SchülerInnen hervorgehoben. Es ist sehr wichtig, diesen Gesamtkontext bei der Beobachtung des Alltagshandelns von LehrerInnen mit im Blick zu haben:

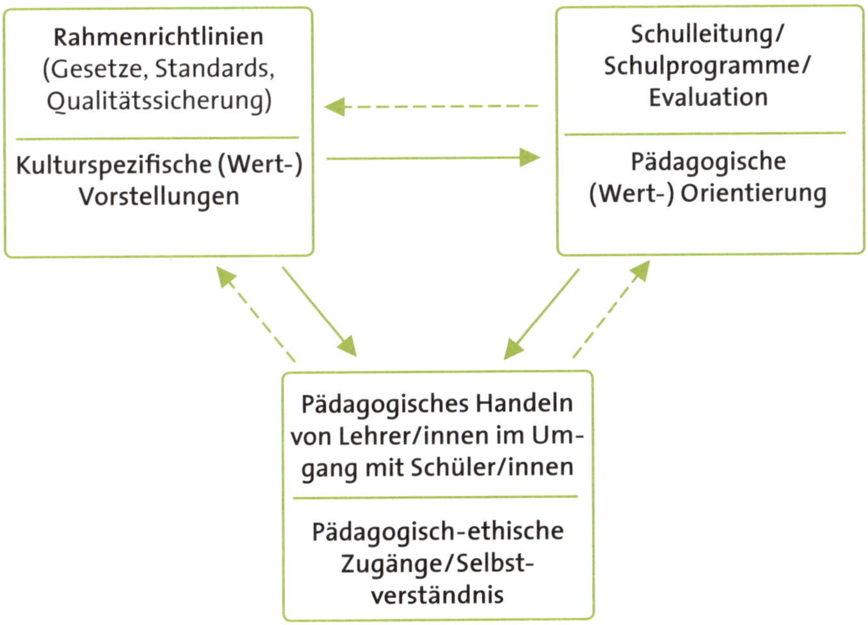

Abb. 6: Überblick über das Untersuchungsdesign (Müller-Using 2010)

Im folgenden Beispiel werden Ergebnisse aus der Auswertung der schulischen Rahmenbedingungen in Niedersachsen/Deutschland und Dänemark einander gegenübergestellt. Dabei zeigen sich die deutlichsten Unterschiede darin, dass in Dänemark die Schulbildung ganzheitlicher und mehr am Kind orientiert ist. Für den Vergleich wurden die gesetzlich festgelegten Schulziele/Bildungsauftrag, die Ziele im Schulprogramm und konkrete Aussagen der Schulleitung zur pädagogischen Orientierung herangezogen. Die grundlegende Fragestellung der Datenanalyse lautete, ob sich im Material auf der Ebene der Rahmenbedingungen für pädagogisches Handeln im Klassenzimmer Aussagen in Bezug auf die pädagogische Orientierung und das Handeln im Klassenzimmer identifizieren lassen, die sich dann einer oder mehreren pädagogischen Grundorientierungen nach Paschen (Lernen, Sozialisation, Entwicklung) zuordnen lassen. Außerdem geht es darum zu überprüfen, ob die hier analysierten Aussagen tatsächlich auch im Klassenzimmer vorzufinden sind.

Zum Bildungsauftrag

Deutschland/Niedersachsen: »Schule soll (...) die Persönlichkeit der Schüler/innen auf der Grundlage des Christentums, des europäischen Humanismus und der Ideen der liberalen, demokratischen und sozialen Freiheitsbewegungen weiterentwickeln. Sie soll Wertvorstellungen vermitteln, die der Verfassung zugrunde liegen. Dabei sind die Bereitschaft und Fähigkeit zu fördern, für sich alleine wie auch gemeinsam mit anderen zu lernen und Leistung zu erzielen. In der Grundschule werden Grundlagen für die Lernentwicklung und das Lernverhalten aller Schüler/innen geschaffen.«

Dänemark: »Provide students with knowledge and skills; familiarise them with Danish culture (...); promote the well-rounded development of the individual child. The Folkeskole is to endeavour to develop the working methods and create a framework that provides opportunities for experience, in-depth study and allows for initiative so that students develop awareness and imagination and a confidence in their own possibilities and backgrounds such that they are able to commit themselves and are willing to take action.«

Der Bildungsauftrag in Niedersachsen/Deutschland nimmt Bezug auf einen breit angelegten bildungsphilosophischen Geist, der die SchülerInnen in der Schule (beg)leiten soll und den LehrerInnen Handlungsspielräume lässt. Die Wertvorstellungen werden abstrakt und sehr formal mit Bezug auf die Verfassung definiert. Im Hinblick auf die Arbeit in der Grundschule wird insbesondere auf die Lernentwicklung und das Lernverhalten hingewiesen und dass die SchülerInnen die Bereitschaft entwickeln, selbstständig zu lernen und Leistung zu erzielen.

Der dänische Bildungsauftrag scheint demgegenüber pragmatischer und stärker an allen drei pädagogischen Grundorientierungen orientiert zu sein. Aufgabe der Schule ist es, einen Rahmen zu schaffen, der den SchülerInnen Erfahrungen, vertiefendes Lernen und Eigeninitiative ermöglicht, sodass sie Vertrauen in sich selbst und ihre Fähigkeiten entwickeln können. Der Handlungsspielraum der LehrerInnen orientiert sich hier also ganz konkret an bestimmten, die Schülerpersönlichkeit unterstützenden Erfahrungen, die SchülerInnen in der Schule erleben sollen, die Beziehungsebene wird daher – fast automatisch – mit gedacht.

Aussagen Schulleitungen

Niedersachsen/Deutschland: »Um Ziele definieren oder formulieren zu können, braucht man ein Regelwerk. Das regionale Umfeld und die Qualifikationen der Lehrerschaft können unterstützen. [...] Man kann ja Verwaltung als Selbstzweck sehen, oder man kann es so sehen, dass es eben den Schülern oder dem Lernen dient, und so sehe ich meine Aufgabe. Ich habe immer das Ziel, den Schülern das Lernen zu erleichtern. Wir versuchen, durch die musische Bildung die Persönlichkeitsentwicklung der Schüler voranzutreiben, Persönlichkeitsentwicklung, das ist ja das, was wir erreichen wollen in Schule.«

Dänemark: »What decides about what is important to have to focus on is actually the overall sight on the child. What is strong is what you have to use to work with what is not so strong even. In order to learn you need to feel safe and good in the class, to feel accepted. If someone is having some difficulties more than normally, than of course it is a demand for us to take extra care of this child.«

Auch hier ist bei der deutschen Schulleitung eine starke formale Ausrichtung »am Regelwerk« zu erkennen. Die Schülerinnen und Schüler sollen im Lernprozess unterstützt werden. Persönlichkeitsentwicklung soll z.B. über musische Bildung erreicht werden und wird sogar als hauptsächliches Bildungsziel genannt. Fraglich ist, ob dieser Anspruch in Anbetracht der dominanten Ausrichtung auf das Formale zu erreichen ist.

Wiederum in sich stimmiger erscheint der Fokus der dänischen Schulleitung. Er liegt auf den Bedürfnissen des Kindes, auf seiner gesunden Entwicklung. Dabei stehen das Wohlbefinden des Kindes, die Akzeptanz seiner Stärken und Schwächen und die Unterstützung für eine erfolgreiche Entwicklung im Fokus.

Welche Werte sollen das professionelle Handeln leiten?

Zunächst fällt auf, dass bereits der Bildungsauftrag eine Vielzahl von Wertvorstellungen beinhaltet: christliche Werte, humanistische Werte, demokratische Werte, Grundrechte – also die Grundlage, auf der unser gesellschaftliches Zusammenleben beruht. Auf der Ebene der Schulleiteraussagen aus Deutschland sehen wir die Regelorientierung, aber auch die Bedeutung von Schülerzufriedenheit und Unterstützung. Werte, die laut Schulprogramm in der Schulbildung gefestigt werden sollen, sind Verantwortungsbewusstsein, Selbstständigkeit, Friedfertigkeit, Konfliktfähigkeit. Auch diese Werte können als pädagogisch sinnvoll und erstrebenswert bezeichnet werden.

Dennoch merkt man am dänischen Beispiel – und man kann hier fast von einer »skandinavischen Tradition« sprechen –, dass schülerorientierte Werte wie Sicherheit, Wohlbefinden, Stärkung des Selbstwertgefühls, Akzeptanz und Fürsorge (Care) viel mehr im Vordergrund stehen und damit für das pädagogische Handeln im Klassenzimmer wegweisend sind.

Interessant ist es nun, in einem zweiten Schritt zu überprüfen, wie das Handeln im Klassenzimmer tatsächlich aussieht, weil die Erfahrung zeigt, dass Absichtserklärungen in Bildungsauftrag und Schulprogrammen noch lange nicht die Alltagsrealität sind. Was kann man also im Unterricht der Lehrer/innen in den drei Ländern beobachten und was sagen die Lehrer/innen selbst zu ihrem Beruf?

Professionelles Selbstverständnis und tasächliches Handeln im Klassenzimmer
Für die folgenden Auswertungsbeispiele wurde Material aus der teilnehmenden Unterrichtsbeobachtung sowie Aussagen der LehrerInnen zu ihrem professionellen Selbstverständnis aus den drei an der Untersuchung beteiligten Ländern zusammengetragen und analysiert. Auch hierbei ging es darum, die pädagogische Grundorientierung (Helsper/Busse 2001, Paschen 1997; 2001) und Werteinstellung transparent werden zu lassen und mit dem tatsächlichen Handeln im Klassenzimmer abzugleichen. Als theoretische Folie dienten auch hier zum einen der Ansatz der »Pädagogiken« und pädagogischen Grundorientierungen (Paschen 1997) und zum anderen pädagogisch-ethische Ansätze, die grundlegende kindliche Bedürfnisse und menschliche Fähigkeiten thematisieren und damit Anforderungen an das Handeln von Pädagogen/innen stellen (Maslow 1978; Noddings 2005; Nussbaum 2004; Schweer 2000, 2008; Schweer/Padberg 2002; Speck 1991, 1996; Standop 2005; Weil 1987).

Die anfangs genannten Standardsituationen wurden in teilnehmender Beobachtung beobachtet und in qualitativen Interviews inhaltlich vertieft, etwa die Begrüßung, die Reaktion der Lehrkraft bei fehlenden Hausaufgaben/Materialien, Zu-spät-Kommen, Lernschwierigkeiten, Unterrichtsstörungen sowie sonstige Situationen des zwischenmenschlichen Umgangs, etwa die Art der gebotenen Unterstützung. Außerdem wurde die Atmosphäre insgesamt beobachtet und die Art der allgemeinen Unterrichtssteuerung (eher zentral oder eher dezentral, persönliche Ansprache, Fairness etc.) in Bezug zum professionellen Selbstbild gesetzt.

Die Ergebnisse sind exemplarisch in den folgenden Übersichten zu sehen:

Klassenlehrer/ in der 2. Klasse (b)	Beispiele aus qualitativem Interview und teilnehmender Unterrichtsbeobachtung (Deutschland)
Aussagen	»Also, als Lehrerin habe ich natürlich erst einmal das Hauptziel, Wissen zu vermitteln, möglichst viele Kompetenzen an meine Schüler zu geben. Mir persönlich ist es aber auch sehr wichtig, dass ich insbesondere die soziale Komponente bei meinen Schülern schule, dass sie ein ordentliches Miteinander haben und auch gut miteinander umgehen, dass sie sich in andere Personen hineinversetzen können. Aber das muss natürlich alles so neben dem Eigentlichen herlaufen, dass sie halt diese Grundbefähigung bekommen von Lesen, Schreiben, Rechnen, Sachunterricht, das ist auch wichtig. Also primäres Ziel ist ja eigentlich Wissensvermittlung, aber ich setze halt auch einen großen Wert auf soziale Kompetenzen.«
Generalisierung	Hauptziel ist es, Wissen zu vermitteln. Persönliches Ziel ist die Schulung sozialer Kompetenzen bei den Sch.
Handeln	**Begrüßung**: Ich warte, bis es wirklich ganz ruhig ist, und sag auch vorher kein Wort, und wenn es dann ganz ruhig ist, dann sag ich halt: »Guten Morgen«, oder wir singen ein Guten-Morgen-Lied. Manchmal machen wir das auch auf Englisch oder auf Russisch. Ich hab ein paar russische Kinder bei mir in der Klasse. **Unterrichtssteuerung**: über Wochenplanarbeit und Klassenregeln, gegenseitiges Helfen wird von L. unterstützt. Das eigene Lerntempo wird respektiert. Zuspätkommen: Generell wird das Kind darauf aufmerksam gemacht: »Du bist zu spät.« Und dann muss das Kind sich halt entschuldigen, warum es zu spät ist. **Umgang mit Störungen/Hindernissen:** Nichteinhalten der Klassenregeln werden mit Namen des Kindes notiert, und wenn es zu häufig an einem Tag gegen Klassenregeln verstoßen hat, dann muss es die entsprechende Regel noch mal zu Hause abschreiben, damit es sich das dann halt besser merkt. **Unterstützung**: L. ist aufmerksam. Ein Kind bekommt gezielte Unterstützung durch eine Sozialpädagogin. Insgesamt legt L. Wert auf Rücksichtnahme. **Elternarbeit**: Enge Zusammenarbeit z.B. bei Lernschwierigkeiten.
Generalisierung	Klare Regeln für den sozialen Umgang, Ritualisierung. Eigenes Lerntempo wird akzeptiert.

<table>
<tr><th>Werte</th><th>Typus</th></tr>
<tr><td>In Aussagen:
Wissensvermittlung
Vermittlung
sozialer Kompetenzen
guter Umgang
Einfühlungsvermögen</td><td rowspan="3">Ausgangspunkt ist der **Unterricht und das Lernen** (Wissensvermittlung!) und der Kompetenzerwerb. Auf der persönlichen Ebene wurde der soziale Umgang als wichtig erkannt, daher eine bewusste Ausweitung auf den Bereich **Erziehung und Sozialisation** (legt Wert auf soziale Kompetenzen). Allerdings scheint hierfür offiziell kein (Zeit-) Raum vorgesehen zu sein, sodass die Schulung sozialer Kompetenzen »neben dem Eigentlichen« herlaufen muss. Aspekte, die dem Bereich **Bildung und Entwicklung** zuzuordnen wären, werden nicht genannt.

Die Lehrerin scheint die Unterrichtssteuerung sowie die Steuerung der sozialen Prozesse gut durchdacht und im Griff zu haben. Sie schafft es, soziales Lernen in Unterrichtselemente zu integrieren (Begrüßungslied wird z.B. mehrsprachig gesungen). Auffällig ist jedoch eine starke Orientierung an Regelwerken (Klassenregeln etc.), deren konsequente Umsetzung Engführung bedeuten kann und dadurch nicht immer genügend Spielraum für individuelle Bedürfnisse und die Herausbildung eines eigenen Gespürs für soziale Ordnung und Umgangsformen lässt.</td></tr>
<tr><td></td></tr>
<tr><td>Im Handeln:
Achtung
Gerechtigkeit
Solidarität</td></tr>
</table>

Klassenlehrer/ in der 3. Klasse	Beispiele aus qualitativem Interview und teilnehmender Unterrichtsbeobachtung (Dänemark)
Aussagen	»I try to prepare differentiated material for my lessons. I do that at home or here in the school. They are still on different stages in their development and we have to respect that in order to offer them an appropriate teaching. The evaluation is a good feedback instrument for my self, because I know than how well they could follow my lessons and where go in deeper if necessary. I have also very special children in my class, they are not always easy to integrate but I can see other strength in them.«
Generalisierung	Differentiated material for appropriate teaching Evaluation as teacher feedback instrument. To see pupils strength.
Handeln	**Atmosphäre**: Freundliche, erwartungsvolle Schüler/innen, Wechsel von Einzel- und Gruppensitzordnung. **Begrüßung**: Jeden Morgen gemeinsamer Schulbeginn der gesamten Schulgemeinschaft mit Gesang (dänische Volkslieder) im Forum. **Unterrichtssteuerung**: Sitzordnung wird methodischem Vorgehen angepasst (Wechsel von Einzel- zu Gruppentischen und umgekehrt). Gut organisierter Besuch der Schulbibliothek und Computerarbeit. Lehrzielkontrollen nach jeder abgeschlossenen Unterrichtseinheit als Rückmeldung für die L., keine direkte Bewertung der Sch. Gruppeneinteilung durch L. differenziert nach Leistungsniveau der Schüler/innen. Gelungene Arbeiten werden im Portfolio gesammelt. Ziel ist es, an die Fähigkeiten der Kinder anzuknüpfen und die persönliche Lernentwicklung zu dokumentieren. **Umgang mit Störungen:** Kurze Ermahnung und Hilfestellung. Ein Junge, der öfters einmal stört, wird positiv daran erinnert, dass er sich doch eigentlich zu benehmen weiß. L. appelliert an sein Können. **Sonstiges (Anregen, Unterstützen, Ermuntern etc.):** L. hilft ruhig, ermuntert, unterstützt, hat ein offenes Ohr für die persönlichen Anliegen der Sch., wie z.B. das Gipsbein einer Schülerin, das sie bewundert. L. gibt keine Hausaufgaben auf, weil sie weiß, dass am Nachmittag eine Geburtstagsfeier stattfindet.
Generalisierung	Freundlich, persönlicher Umgang. Unterricht ist differenziert und knüpft an Fähigkeiten der Sch. an. Regeln für Gruppenarbeit werden eingeübt. Kritik wird konstruktiv mit Blick auf die Stärken der Sch. geäußert.

Werte	Typus
In Aussagen: Achtung/Respekt Fürsorge	Aufgrund der Aussage und der Beobachtungen liegt der Ausgangspunkt ihres pädagogischen Handelns in der Beachtung der **individuellen** Stärken und Schwächen der Schüler/innen und ihrer persönlichen **Lernentwicklung**. Viel Gruppenarbeit und das Erlernen der entsprechenden Regeln fördert den **sozialen Umgang und erzieht zum gemeinsamen Lernen**. Dabei achtet die L. in regelmäßigen **Lehrzielkontrollen** darauf, dass sie ihre allgemeinen **Unterrichtsziele** auch erreicht. Insgesamt ein sehr ausgewogenes Vorgehen, in dem sie ausgehend von der individuellen Schülerpersönlichkeit versucht, soziale Integration zu gewährleisten und Unterrichtsinhalte konsequent zu vermitteln.
Im Handeln: Achtung/Respekt Ehrlichkeit Fürsorge Toleranz Solidarität	

Die Ergebnisse dieser Untersuchung zum pädagogischen Alltagshandeln von Klassenlehrer/innen auf der Schulsteuerungs- und Handlungsebene zeigen, dass es signifikante Unterschiede auf der pädagogischen Handlungsebene und im professionellen Selbstverständnis der LehrerInnen gibt, die mit sich unterscheidenden Wertorientierungen einhergehen. Die Ausrichtung der Rahmenbedingungen ist insofern von Bedeutung, als dass sie eine sehr formale und am Regelwerk orientierte Einstellung oder aber eine stärker an den Bedürfnissen von Kindern orientierte Grundhaltung der Schule/Lehrkraft fördern bzw. mindern kann. Dass dies wiederum Auswirkungen auf den Umgang der LehrerInnen mit ihren SchülerInnen hat, konnte die Studie für die folgenden sechs Bereiche zeigen: Umsetzung gemeinsamer Schulziele (commitment); Übereinstimmung in ethischen Prämissen; Trennung (oder eben nicht) von Unterricht, (Selbst-)bildung und Erziehung; Unterstützungssystem und Schülerfürsorge (Care); Differenzierung, Lehrerpersönlichkeit und professionelles pädagogisches Alltagshandeln.

Ergebnisse aus der Vergleichsstudie

Umsetzung gemeinsamer Schulziele (commitment)

Im dänischen und auch im finnischen Beispiel gelingt die aktive Umsetzung gemeinsam formulierter Schulziele. Diese Ziele gehen einher mit einem gesellschaftlich getragenen Schulethos, der auf das Wohlbefinden der Kinder in der Schule abzielt und einem gesellschaftlichen Auftrag an die Schule (z.B. Grundlagenwissen zu vermitteln) Rechnung trägt. Demgegenüber spielen gemeinsame Schulziele und gesellschaftlicher Auftrag für die LehrerInnen an der deutschen Grundschule eher eine untergeordnete Bedeutung. Tendenziell werden sie hier mehr als Behinderung der Arbeit denn als deren Unterstützung und Steuerung empfunden.

Übereinstimmung in den ethischen Prämissen

Im dänischen wie auch im finnischen Beispiel herrscht Übereinstimmung darüber, dass die Schule neben den gesellschaftlichen Pflichten den SchülerInnen u.a. das Recht auf Sicherheit, intellektuelle Freiheit und die Entwicklung eines gesunden Selbstbewusstseins garantieren muss. Diese Forderungen sind sogar gesetzlich verankert. In der deutschen Beispielschule sind dagegen die ethischen Prämissen in Bezug auf den Umgang nur oberflächlich formuliert (»Im täglichen Miteinander gehen alle, SchülerInnen, Eltern, LehrerInnen und MitarbeiterInnen, freundlich, respektvoll, achtsam und ehrlich miteinander um«); den LehrerInnen waren das Schulprogramm und seine Inhalte zum großen Teil gar nicht bekannt. Instrument zur Regulierung des Umgangs ist stattdessen eine Schul- und Hausordnung, verbunden mit einem Regelkatalog und dem entsprechenden Maßnahmenkatalog bei Verstoß gegen die Regeln, der sich dann wieder allein auf die Schüler/innen bezieht.

Trennung von Unterricht, Selbstbildung und Erziehung (oder eben nicht)
An beiden Vergleichsschulen, Finnland wie Dänemark, findet keine offensichtliche Trennung von Unterricht, Selbstbildung und Erziehung statt, wenn auch die Prioritäten jeweils unterschiedlich gesetzt werden und auch die Herangehensweisen andere sind. Im Ganzen gesehen wird im finnischen Beispiel dem Einzelnen mehr Raum gegeben und Interesse entgegengebracht, was die Bereitschaft, sich am Unterricht zu beteiligen, zu erhöhen scheint. Im dänischen Beispiel wird der Zugehörigkeit zur Gemeinschaft besondere Aufmerksamkeit geschenkt, was wiederum die Motivation stärkt, als Teil einer Gruppe am Unterricht mitzuwirken. In beiden Beispielen wird von Seiten der LehrerInnen Wert auf Erziehung und angemessene Umgangsformen gelegt.

Am Beispiel der KlassenlehrerInnen der deutschen Grundschule wird deutlich, dass hier die Wissensvermittlung Priorität besitzt und als eigentlicher Arbeitsauftrag betrachtet wird. Soziale und individuelle Aspekte werden von den KlassenlehrerInnen je nach persönlicher Einstellung zwar als Aufgabe wahrgenommen, aber nicht als Bestandteil der eigentlichen Arbeit begriffen.

Fazit
Als Fazit aus dieser Studie lässt sich sagen, dass das alltägliche pädagogische Handeln der von mir begleiteten Lehrer/innen in der deutschen Grundschule, im Vergleich und unter Berücksichtigung der entsprechenden Rahmenvorgaben, sich zu dem ihrer skandinavischen Kolleginnen unterschieden hat. Die Unterschiede lassen sich am besten in den sechs

bereits oben genannten Bereichen beschreiben (Umsetzung gemeinsamer Schulziele (commitment); Übereinstimmung in ethischen Prämissen; Trennung (oder eben nicht) von Unterricht, (Selbst-)bildung und Erziehung; Unterstützungssystem und Schülerfürsorge (Care); Differenzierung, Lehrerpersönlichkeit und professionelles pädagogisches Alltagshandeln.), in denen die stärksten Auffälligkeiten und Defizite im Vergleich zu den skandinavischen Schulen lagen. Die sechs Ergebnisbereiche können unter den folgenden drei Oberthemen zusammengefasst werden:

- Commitment der LehrerInnen
- Umgangsweise mit SchülerInnen
- Lehrerpersönlichkeit und professionelles pädagogisches Alltagshandeln

Das Commitment der LehrerInnen gegenüber dem Arbeitsplatz Schule fiel eher gering aus, die Umgangsweisen mit den SchülerInnen verwiesen auf Unsicherheiten und Defizite in den Bereichen Sozialisation sowie individuelle Entwicklung und die Integration der eigenen Persönlichkeit in das professionelle pädagogische Alltagshandeln (professionelles Selbst) war oftmals mit Unsicherheiten besetzt. Im Vergleich wird zudem ersichtlich, dass das Commitment gegenüber der Schule, die pädagogischen Umgangsformen sowie die Entwicklung der individuellen Lehrerpersönlichkeit in der Schulsteuerung und Qualitätssicherung eine wesentlich geringere Rolle spielen, als es in den Vergleichsländern der Fall ist.

Literatur

Bauer, K.-O. (2005). Pädagogische Basiskompetenzen. Theorie und Training. Weinheim u.a.: Juventa-Verlag.

Bauer, K.-O./Kopka, A./Brindt, S. (1996). Pädagogische Professionalität und Lehrerarbeit. Eine qualitativ empirische Studie über professionelles Handeln und Bewusstsein. Weinheim u.a.: Juventa-Verlag.

Brockhaus Enzyklopädie Online: Suchbegriff Pädagogik. URL: http://www.ub.uos.de [letzter Zugriff: 31.03.2009].

Galiläer, L. (2005). Pädagogische Qualität. Perspektiven der Qualitätsdiskurse über Schule, soziale Arbeit und Erwachsenenbildung. Weinheim u.a.: Juventa-Verlag.

Heid, H. (2000). Qualität: Überlegungen zur Begründung einer pädagogischen Beurteilungskategorie. In: A. Helmke/W. Hornstein/E. Terhart. Qualität und Qualitätssicherung im Bildungsbereich: Schule, Sozialpädagogik, Hochschule. Weinheim u.a.: Beltz.

Helsper, W./Busse, S. (2001). Rekonstruktionen zur Schulkultur. Schulkultur und Schulmythos: Gymnasien zwischen elitärer Bildung und höherer Volksschule im Transformationsprozeß. Opladen: Leske + Budrich.
Kahl, R. (2004). Treibhäuser der Zukunft. Wie Schulen gelingen. Weinheim u.a: Beltz.
Kahl, R. (2008). Spitze – Schulen am Wendekreis der Pädagogik. Weinheim u.a.: Beltz.
Linderoos, P. (2003). Finnland: Standards als Teil der Kultur. In: Lernende Schule, 24, S. 30–34.
Maslow, A. H. (1978). Motivation und Persönlichkeit. 2., erw. Aufl. Olten u.a.: Walter-Verlag.
Melzer, W./Al-Diban, S. (2001). Vermittlung von Fachleistungs-, Sozial- und Selbstkompetenzen als zentrale Bildungsaufgabe von Schule In: W. Melzer/U. Sandfuchs (Hrsg.), Was Schule leistet: Funktionen und Aufgaben von Schule. Weinheim: Juventa-Verlag, S. 37–64.
Müller-Using, S. (2010). Ethos und Schulqualität. Pädagogisch-ethische Aspekte im professionellen Umgang mit Schüler/innen in Dänemark, Finnland und Deutschland. Leverkusen: Verlag Budrich UniPress.
Noddings, N. (2005). The challenge to care in schools. An alternative approach to education. Second edition. New York, London: Teacher College Press.
Nussbaum, M. C. (2004). Die Verteidigung universaler Werte in einer pluralistischen Welt. In: Frankfurter Hefte, H. 2. URL: http://www.frankfurter-hfte.de/ausschnitt/thema_02_04.html#nussbaum [letzter Zugriff: 20.08.2008].
Paschen, H. (1997). Pädagogiken. Zur Systematik pädagogischer Differenzen. Weinheim u.a.: Beltz.
Paschen, H. (2001). Schulische Funktionen und Systematik schulpädagogischer Alternativen. In: W. Melzer/U. Sandfuchs (Hrsg.), Was Schule leistet. Funktionen und Aufgaben von Schule. Weinheim u.a.: Juventa-Verlag, S. 241–253.
PISA-Konsortium (Hrsg.) (2004). PISA 2003. Der Bildungsstand der Jugendlichen in Deutschland – Ergebnisse des zweiten internationalen Vergleichs. Münster u.a.: Waxmann.
Schweer, M. K. W. (2000). Lehrer-Schüler-Interaktion: pädagogisch-psychologische Aspekte des Lehrens und Lernens in der Schule. Opladen: Leske + Budrich.
Schweer, M. K. W. (Hrsg.) (2008). Lehrer-Schüler-Interaktion: Inhaltsfelder, Forschungsperspektiven und methodische Zugänge. 2., vollständig überarb. Aufl. Wiesbaden: Verlag für Sozialwissenschaften.
Schweer, M. K. W./Padberg, J. (2002). Vertrauen im Schulalltag. Eine pädagogische Herausforderung. Neuwied u.a.: Luchterhand.
Speck, O. (1991). Chaos und Autonomie in der Erziehung. Erziehungsschwierigkeiten unter moralischem Aspekt. München: Reinhardt Verlag.
Speck, O. (1996). Erziehung und Achtung vor dem Anderen. Zur moralischen Dimension der Erziehung. München: Reinhardt Verlag.
Standop, J. (2005). Werte-Erziehung. Einführung in die wichtigsten Konzepte der Werte-Erziehung. Weinheim u.a.: Beltz.
Weil, S./Betz O. (Hrsg.) (1987). Aufmerksamkeit für das Alltägliche: ausgewählte Texte zu Fragen der Zeit. München: Kösel.

Teil III

Begabungsförderung: Individuelle Ressourcen stärken

9. Begabungsentfaltung, Verschiedenheit und Diversity – Beziehungen als Schutzraum und Ressource

Wiebke Warnecke

»Es war einmal ein Kind, dem wuchsen Flügel. Sie wuchsen ihr aus den Schulterblättern heraus und zuerst waren sie nur kümmerlich. Aber sie wuchsen schnell, und in Nullkommanichts hatte sie Flügel mit beträchtlicher Spannweite. Die Nachbarn waren entsetzt. ›Sie müssen sie abschneiden lassen‹, sagten sie zu den Eltern des Kindes. ›Warum?‹, fragten die Eltern. ›Na, das ist doch offensichtlich‹, sagten die Nachbarn. ›Nein‹, sagten die Eltern, und dies schien so endgültig, dass die Nachbarn gingen. Doch ein paar Wochen später kamen sie wieder. ›Wenn sie die Flügel nicht abschneiden wollen, dann stutzen Sie sie wenigstens.‹ ›Warum?‹, fragten die Eltern. ›Nun, das würde wenigstens zeigen, dass Sie etwas unternehmen.‹ ›Nein‹, sagten die Eltern, und die Nachbarn gingen. Dann erschienen die Nachbarn ein drittes Mal. ›Zweimal haben Sie uns nun schon weggeschickt‹, erklärten sie den Eltern, ›aber denken Sie doch auch mal an das arme Kind. Was tun Sie dem armen Ding an?‹ ›Wir bringen ihr das Fliegen bei‹, sagten die Eltern bestimmt.« (Namjoshi in Fleckenstein 1999: 69.)

IN DEN LETZTEN JAHREN wird immer wieder vom Höhenflug der Elementarpädagogik (von Balluseck 2008: 9) gesprochen, Kindertageseinrichtungen werden zu Bildungseinrichtungen und sollen durch ihr Angebot und ihre Unterstützung unseren Kindern Flügel verleihen – und der globale

Wettbewerb fliegt mit. Jedes Kind soll gleiche Bildungschancen und den Anspruch auf individuelle Förderung haben, seine Flügel entfalten, seine Begabungen entfalten können. Begabungsentfaltung, basierend auf der Überzeugung, dass jedes Kind besondere Fähigkeiten und Begabungen hat, die es zu wertschätzen und zu unterstützen gilt, kann als ein wichtiges Element des heutigen Bildungsanspruchs verstanden werden. Der Bildungsauftrag und dessen Umsetzung, z.B. durch individuelle Förderung und eine ressourcenorientierte, unterstützende pädagogische Haltung, richtet sich an alle Kinder und ist somit untrennbar auch mit der Chance auf Begabungsentfaltung für alle Kinder verbunden. Aber wie werden Kinder »gebildet«? Wie schaffen wir es, auch verborgene Fähigkeiten und Talente zu entdecken und die Kinder im Ausprobieren und Erleben ihrer Besonderheit zu unterstützen?

Zunächst: Kinder können nicht gebildet werden. Bildung kann nicht vermittelt werden – jede pädagogische Einwirkung endet an der Körperoberfläche des Kindes (vgl. Schäfer 2005). Bildung ist immer Selbstbildung (Rohrmann/Rohrmann 2010: 150). Bildung und Förderung muss deshalb für Kinder mit allen Sinnen erfahrbar sein und sie, um es mit den Worten vieler ErzieherInnen zu sagen, da abholen, wo sie stehen. Dies setzt eine ganzheitliche Wahrnehmung und Achtung des Kindes in seiner komplexen Individualität voraus. Das Ermöglichen von Bildungs- bzw. Lebenserfahrung braucht entsprechend vielfältig bereitgestellte Settings, gerade in Kitas und Schule, die Kinder ermutigen, neugierig zu sein und eigene Erfahrungen zu sammeln. Das Kind braucht für seine Entwicklung Freiraum, um sich auszuprobieren, nur dann wird Bildung erlebbar. Eine in diesem Kontext gedachte Begabungsförderung ist Teil der allseits geforderten Bildungs- und Entwicklungsförderung. Sie wird Bestandteil des »Bildungserlebnisses« und erhält dadurch eine wichtige Funktion für das »Selbst-Wert-Gefühl«. Die Botschaft an das Kind: »Du bist besonders – und du bist mir/uns wichtig.«

Aber wie kann es gelingen, einem Kind immer wieder die Erfahrung zu ermöglichen, dass es sich lohnt, sich an Neues, auch an schwierige Aufgaben, die mit Frustrationen einhergehen und Geduld erfordern können, heranzuwagen? Um weit und hoch fliegen zu können, braucht es einen sicheren Hafen, einen Ort des Schutzes, eine Basis, zu der sicher zurückgekehrt werden kann, das Gefühl von Sicherheit und Geborgenheit. Jedes Kind ist eine eigenständige Persönlichkeit, es schreibt seine eigene Geschichte. Sichere, stabile Beziehungen können ein wertvoller Ort des Schutzes sein. Lernen geht nur in Beziehung (Gebauer/Hüther 2004) und gelungene Beziehungen sind wichtig, um eine Geschichte gemeinsam weiterzuspinnen. Vor diesem Hintergrund ist die Auseinandersetzung mit der Individualität eines jeden Kindes, seinen Bedürfnissen, Fähigkeiten und Lebensumständen für die pädagogischen Fachkräfte wichtig – auch, um authentische Beziehungsangebote an das Kind richten zu können.

Diversity und Verschiedenheit – Kindheit ist nicht gleich Kindheit

Jedes Kind ist anders. Die Ergebnisse internationaler Vergleichsstudien stoßen uns immer wieder auf die Erkenntnis, wie sehr Bildungserfolg in unserem System mit der sozialen Herkunft verknüpft ist. Der Umgang mit dieser Heterogenität, die Gründe für soziale Benachteiligung und die Anerkennung von Diversity (Vielfältigkeit) in Bildungs- und Förderprozessen werden, gerade mit Blick auf Bildungsteilhabe, immer stärker diskutiert. Hier zeigt sich, wie stark Verschiedenheit in unserem Bildungssystem wirkt. Ohne individuelle Förderung orientiert an den Dispositionen und Fähigkeiten des Einzelnen kann es daher keine Chancengerechtigkeit in der Bildung geben.

Verschiedenheit in der Erziehungswissenschaft

Begriffe wie Verschiedenheit, Diversity, Chancengerechtigkeit und Heterogenität halten in Deutschland nur langsam und zögerlich Einzug in die Elementarpädagogik. Insbesondere in Ländern wie Kanada, Neuseeland und den USA ist die Verknüpfung von Vielfalt, Verschiedenheit und deren Wertigkeit für frühkindliche Bildung in Wissenschaft und Praxis selbstverständlicher implementiert (vgl. Robinson/Díaz 2010; Newman 2007. Erste Initiativen in Europa existieren, sind aber noch lange nicht selbstverständlicher Bestandteil wissenschaftlicher Forschung und pädagogischer Praxis (van Keulen et al. 2004).

Die Diskussion um Differenz allgemein ist seit Langem in vielen anderen pädagogischen Wissenschaftssparten vorhanden: Man denke etwa an

Herbarts »Verschiedenheit der Individuen« (vgl. Herbart nach Bartholomäi/Sallwürk 1896) oder auch an den soziologisch-philosophischen Diskurs Bourdieus zu gesellschaftlicher Marginalisierung immer breiterer Bevölkerungsgruppen (vgl. Bourdieu 2009). Besonders die Ausführungen von Lutz und Wenning (2001) über Differenzlinien haben in Deutschland viele Denkanstöße gegeben und waren Wegbereiter für eine breit geführte Diskussion innerhalb der Erziehungswissenschaft. Auch die Schulpädagogik beschäftigt sich seit Langem mit den Chancen und Herausforderungen von Heterogenität (Boller/Rosowski/Stroot 2007; Heinzel/Prengel 2002; Gomolla/Radtke 2007). Der Blick in die verschiedenen Disziplinen macht deutlich: Verschiedenheit ist keineswegs nur eine gesellschaftliche Ordnungs- oder Zuweisungskategorie, das Prinzip der Grunddualismen (z.B. männlich – weiblich, weiß – schwarz, reich – arm etc.) stellt in seiner Polarisierung vielmehr eine konstruierte Ungleichheit her. Diese Ungleichheit schlägt sich nachgewiesenermaßen auf Bildungserfolg, gesellschaftliche Teilhabe und die gesamte Bildungs- und Lebensentwicklung des Individuums nieder. Bildung und eben auch Benachteiligungen beginnen bereits im Kindergartenalter – also in einem für die gesamte weitere Biographie besonders wichtigen Lebensabschnitt.

Diversity in der frühkindlichen Bildung

Das Projekt »Kinderwelten« stellt bislang in Deutschland einen der wichtigsten Versuche im Elementarbereich dar, sich auf breiter Front mit Vielfalt, Verschiedenheit und Benachteiligung praxisnah auseinanderzusetzen und gleichzeitig wissenschaftlich fundiert Grundlagen einer vorurteilsbewussten Bildung und Erziehung zu entwickeln (Wagner 2008). Nach Wagner spielen in der institutionellen frühkindlichen Bildung besonders Verschiedenheit durch das Geschlecht, die soziale Herkunft, einen Migrationshintergrund, Ethnizität und/oder Hautfarbe, eventuelle körperliche Handicaps/Behinderung und die Religionszugehörigkeit eine wichtige Rolle (ebd.). Die Zuordnung eines Individuums zu einer dieser Kategorien mag eine Hilfe sein, sie lässt aber gleichzeitig die Vielfältigkeit der Persönlichkeit und deren (Lebens-)Bezüge außer Acht. D.h. am Beispiel der oft genannten Trias »Geschlecht, Ethnizität/Migrationshintergrund, soziale Herkunft«, dass diese drei Konstrukte gleichwertig berücksichtigt und miteinander in Verbindung gebracht werden müssen und z. B. nicht nur die Kategorie »Geschlecht« berücksichtigt werden darf. Man spricht auch von interdependenten Differenzlinien.

Besonders problematisch ist jedoch, dass konstruktgeprägtes Handeln, das unbewusst besagtem dualistischem Prinzip folgt, keineswegs »nur« vermeintlich gegensätzliche Polarisierungen manifestiert, es ist überdies ein Instrument der Hierarchisierung. Damit sind auch Kindertageseinrichtungen ein Ort institutionalisierter Diskriminierung. Dennoch gilt: »Jedes Kind hat einen Anspruch darauf, als Individuum in seiner Eigenart und Einzigartigkeit gesehen und anerkannt zu werden. Es hat ein Recht auf Differenz. Gleichzeitig hat es einen Anspruch darauf, als eines unter Gleichen behandelt zu werden, gleichberechtigt zu sein.« (Bräu in Bräu/Schwerdt 2005: 138)

Wie jede andere pädagogische Bildungseinrichtung auch ist die Kindertagesstätte nicht frei von Manifestationsprozessen von Verschiedenheit – bereits kleine Kinder haben im Zuge ihrer Sozialisation konstruktgeprägte Denkmuster und Vorurteile internalisiert (Preissing/Wagner 2003). Da in den Kindertageseinrichtungen Beobachtung und Wahrnehmung von Förder- und Entwicklungsprozessen eine so wichtige Rolle einnehmen, gilt es hier besonders, sich die Macht von Zuweisungskategorien bewusst zu machen. Förderung beruht auf guter Diagnostik. Wenn diese von einem konstruktgeprägten Blick beeinflusst wird (z. B. unhinterfragte Stereotype im Bereich Gender oder der kulturellen Zugehörigkeit von Kindern, besonderen Familienkonstellationen etc.), können wir der Einzigartigkeit und dem Potenzial eines jeden Kindes nicht gerecht werden, zumal inzwischen auch wissenschaftlich belegt ist, wie sehr Vorurteile und Erwartungshaltungen »Selektionsprozese« beeinflussen (Koop/Röseler in Koop et al. 2010: 202).

Wir wissen, dass die Wahrnehmung und Entfaltung von Fähigkeiten und Begabungen an den kulturellen Kontext gebunden ist (Rawlinson 1999). Kinder, die aus einem deutlich anderen sozialen Kontext in eine vermeintlich homogene Gruppe kommen, geraten schnell in eine komplexe Position des Andersseins. Es kann passieren, dass sie dabei ungewollt die Abweichung von der erlebten Majorität der anderen personifizieren, d. h. ihre Person wird zum Beispiel für die wahrgenommene Dominanz der anderen. Die anderen und ihre Dominanz scheinen die Normalität darzustellen und sie selber sind das Fremde, das von der Normalität abweicht. Nicht immer wird auf diese »Abweichung« mit Offenheit und Neugierde reagiert; Situationen von Ausgrenzung, Anderssein, Nicht-dazu-gehören, Nicht-dabei-sein-können werden von Kindern sehr schmerzhaft erlebt und wirken lange nach. Die Macht der vermeintlichen Normalität definiert dann das Maß der persönlichen Ohnmacht durch das eigene, so erlebte Fremdsein: Wenn Mischa das einzige Kind in der Gruppe ist, das kein Deutsch, sondern nur seine Muttersprache Russisch versteht; wenn Julia die Einzige in der Kita mit schwarzer Hautfarbe ist; wenn Mareike mit den anderen Kindern zusammen das Puzzle spielen möchte, sie aber nicht mitmachen darf, weil ihre Hand gelähmt ist und sie deshalb nicht so schnell ist; wenn Philip von Zuhause erzählt und die anderen Kinder ihn hänseln, weil er keinen Papa, sondern zwei Mütter hat; wenn Emil, der sich zu Karneval als Prinzessin verkleidet hat ausgelacht wird, weil er ein Junge ist … Gerade um mit diesen und ähnlichen Situationen, wie sie fast jedes Kind einmal in unterschiedlicher Härte erlebt, umgehen zu können, um dann Trost, Bestätigung, Sicherheit und Unterstützung zu finden, brauchen Kinder stabile und belastbare Beziehungen. Gelungene Beziehungen sind ein Ort des Schutzes und der Spiegelung – sie unterstützen das Kind in der Entwicklung und Stärkung seiner Individualität und bestärken es in seinem originären Bestreben, sich seine Welt »selbstbewusst« und neugierig zu erobern.

Beziehungen und Bindungen – das Fundament kindlicher Entwicklung

Der Behaviourist John Watson schrieb in seinem Buch über Kindererziehung und die Zubettgehsituation die immer wieder gerne zitierten Worte: »Verwöhnen Sie sie nicht. Geben Sie ihnen keinen Gutenachtkuss. Nicken Sie vielmehr wie bei einer kurzen Verbeugung mit dem Kopf und schütteln Sie ihnen die Hand, bevor Sie das Licht ausmachen.« (zit. n. Slater 2010: 185) Besonders die Bindungsforschung, allen voran John Bowlby und Mary Ainsworth, hat dazu beigetragen, dass sich diese Empfehlung langfristig nicht durchsetzen konnte. Kinder brauchen spürbare Nähe und Geborgenheit – Watsons Ermutigung zur emotionalen Förmlichkeit kann diesen Ansprüchen kaum genügen.

Gerade in den vergangenen sechs Jahrzehnten hat die psychologische Forschung einen großen Beitrag zur Diskussion um Bindung, Beziehung, Beziehungsgestaltung und Selbstkompetenzentwicklung geleistet. Aber auch die Pädagogik befindet sich in Zusammenhang mit den urpädagogischen Begriffen Betreuung, Erziehung und Bildung seit der Aufklärung in einer intensiven Auseinandersetzung mit (pädagogischen) Beziehungen im weitesten Kontext; man denke z.B. an Korczak, Makarenko, Nohls Konzept des pädagogischen Bezugs (vgl. Giesecke 1997.) oder Montessori, Pestalozzi und Fröbel. Klafki hat in seiner Annäherung an den Bildungsbegriff beispielsweise eine Bildung in allen Grunddimensionen menschlicher Fähigkeiten verlangt: Gleichwertig zu kognitiven und handwerklich-technischen Fähigkeiten, ästhetischer Wahrnehmungs-, Gestaltungs- und Urteilsfähigkeit und ethischer und politischer Handlungsfähigkeit wird die Ausbildung zwischenmenschlicher Beziehungsfähigkeit genannt (vgl. Klafki 1993: 21ff.). Aktuelle Stimmen wie z.B. Gebauer und Hüther bezeichnen Beziehungsfähigkeit inzwischen als entscheidende Starthilfe bei allen Lern- und Bildungsprozessen. Für sie sind vertrauensvolle menschliche Beziehungen nicht nur ausschlaggebend für die Persönlichkeitsentwicklung, sondern auch die entscheidende Voraussetzung für die Aneignung von Erziehung und Bildung. Neben Sicherheit bietenden emotionalen Bindungen (»Kinder brauchen Wurzeln«) brauchen Kinder Menschen um sich, an deren Verhalten sie sich orientieren können und entsprechende Freiräume, in denen sie ihre Kreativität, Neugier und ihren Wissensdurst entfalten und eigene Erfahrungen sammeln können (vgl. Gebauer/Hüther 2004: 7ff.). Ergänzend dazu sei auch auf Deci und Ryan (1985) verwiesen, die basierend auf Maslows Bedürfnispyramide drei psychische Grundbedürfnisse unterscheiden, nämlich Bindung, Kompetenz und Autonomie. Vor dem Hintergrund aktueller Forschung (vgl. Kuhl/Künne/Aufhammer sowie Solzbacher/Behrensen/Sauerhering in diesem Band) würde man inzwischen diese drei Begriffe wohl nicht mehr gleichbedeutend nebeneinanderstellen, sondern stärker betonen, dass Bindung grundsätzliche Voraussetzung für Autonomie und Kompetenz ist und sich wie ein roter Faden durch alle Instanzen zieht: keine Kompetenzen ohne Vertrauen, kein Vertrauen ohne gesicherte Bindungen und gelungene Beziehungserfahrungen. Dennoch bleibt der enge Zusammenhang zwischen den Begriffen Autonomie und Bindung: »Jeder Mensch befindet sich lebenslang in einem Balanceakt zwischen seinem Bedürfnis nach Autonomie, Freiheit und Individualität auf der einen und seinem Wunsch nach Bindung, Gehaltenwerden und Zugehörigkeit auf der anderen Seite.« (Haverkock/Pauli-Pott in: Becker-Stoll/Textor 2007: 148)

Die Feinfühligkeit eines Erwachsenen in der Beziehung zu einem Kind macht sich auch daran fest, dass die Autonomie des Kindes, »d.h. sein Bedürfnis nach Selbstregulation und Selbstbestimmung zu respektieren« ist (Bretherton 1987 zit. n. Becker-Stoll in: Becker-Stoll/Textor 2007: 20). Die gute Entwicklung eines Kindes »braucht sowohl die Sicherheit der Exploration als auch die Sicherheit der Bindung« (ebd.: 21). Diese Dynamik findet sich auch bei Gloger-Tippelt und König wieder, wenn sie (nach Ainsworth 1979) den Begriff Bindung in Anlehnung an die Bindungstheorie als spezifisches emotionales Band bezeichnen, das sich zwischen zwei Personen entwickelt (Gloger-Tippelt/König 2009: 4). Ein Band ist eine eindeutige, sichere und vor allem sichtbare Verbindung zwischen zwei Menschen, aber gleichzeitig auch dehnbar genug, um Freiräume und Freiheit zu ermöglichen. Neben dieser Flexibilität, die aus ihrem Spielraum heraus Stabilität erst ermöglicht, ist wesentlich, dass dieses »Gefühlsband [...] jeweils einzigartig und von besonderer Qualität [... (ist) ...], die Beziehung organisiert und [...] beide Partner über längere Zeit und unabhängig von ihrem Aufenthaltsort ...« (ebd.) verbindet. Ahnert bezeichnet Bindungen als »innige« Beziehungen, die das Sozialverhalten prägen (Ahnert 2008: 17f.). Kinder können diese innigen Beziehungen mit mehr als einer Person eingehen und entwickeln, aber nicht mit beliebig vielen, und die Gefühlspalette beim Leben dieser Bindungen kann sehr unterschiedlich und variabel sein. Grossmann und Grossmann weisen darauf hin, dass eine Bindung, neben Zuneigung und/oder Liebe (zu den primären Bindungspersonen), gleichzeitig auch Trennungsleid und Sehnsucht beinhaltet, beispielsweise, wenn sich ein Kind von der Tagesmutter oder der ErzieherIn trennen muss. Sie vergleichen die Entstehung einer Bindung mit dem Prozess des Sich-Verliebens: »[...] die unangefochtene Beständigkeit einer Bindung nennt man Liebe. Sie ist eine Quelle psychischer Sicherheit. Man empfindet Angst und Ärger, wenn die Bindung gefährdet wird, und Kummer und Trauer, wenn die Bindung unterbrochen oder gar abgebrochen wird.« (Grossmann/Grossmann 2004: 69)

Mit Blick auf die verschiedenen, für die Elementarpädagogik relevanten Fachdisziplinen kann festgehalten werden, dass sich die Pädagogik der frühen Kindheit zunehmend an sozial-konstruktivistischen Bildungs- und Lerntheorien orientiert. Um dem Kind aber zu ermöglichen, seine Rolle als aktiver Gestalter seiner Lern- und Entwicklungsprozesse einzunehmen, bedarf es eindeutiger, verlässlicher Primär- (im Familienkontext) und Sekundärbeziehungen (z.B. zur ErzieherIn in der Kita). Die ErzieherIn wird dabei auch als »einfühlsame Begleiterin der kindlichen Lernprozesse« (Koop in: Koop et al. 2010: 57) bezeichnet. Kinder werden neugierig und offen für unbekannte (Lern-)Situationen, wenn sie generell Vertrauen in sich haben und die Sicherheit erleben, aufgefangen und geschützt zu werden: Wer in sich selbst und in andere Vertrauen haben soll, muss Vertrauen erlebt haben. Vertrauen, als wichtige Erfahrung in Bindungsprozessen, ist das Fundament, auf dem alle unsere Entwicklungs-, Bildungs- und Sozialisierungsprozesse aufgebaut werden: »als Vertrauen in die eigenen Möglichkeiten, Fähigkeiten und Fertigkeiten zur Bewältigung von Problemen, als Vertrauen in die Lösbarkeit schwieriger Situationen [...], als Vertrauen in [...] das eigene Geborgen- und Gehaltensein in der Welt« (Hüther in: Gebauer/Hüther 2004: 37).

In welchem Zusammenhang steht nun all das mit den vorangegangenen Betrachtungen zu Vielfalt und Verschiedenheit? Und warum scheint diese Verbindung ausgerechnet für die Entfaltung von Begabungen relevant zu sein?

Auf dem Weg zur Begabungsentfaltung – Beziehungen als Schutzraum und Ressource

Erziehungswissenschaft und Psychologie sind sich einig: Jedes Kind braucht stabile Bindungen, um sich möglichst ganzheitlich und glücklich entwickeln zu können. Nichtsdestotrotz gibt es wesentliche Faktoren, die die Entwicklungsmöglichkeiten eines Kindes immens beeinflussen können. Die im Rahmen von Verschiedenheit und Vielfalt genannten Begriffe können solche Risikofaktoren sein: Migrationshintergrund, sozialer Hintergrund, Hautfarbe, sexuelle Orientierung, besondere körperliche Merkmale, geschlechtliche Identität etc. Gerade für Kinder, die aufgrund dieser Merkmale häufiger mit besonderen Stresssituationen, Momenten der Isolation, des Sich-unverstanden-Fühlens konfrontiert sind, ist die Sicherheit und der Schutzraum, die sie in engen Beziehungen zu ihren Bezugspersonen erleben können, von großer Wichtigkeit. Besonders diese Kinder brauchen emotionalen Rückhalt, um sich ihren Fähigkeiten und Begabungen gemäß entwickeln und entfalten zu können.

Diese Thesen werden gestützt durch Ergebnisse aus der Resilienzforschung: »[...] je ungünstiger die soziale Lage der Familie ist, desto schlechter nimmt sich das psychische und körperliche Wohlbefinden der Kinder aus. [...] Sie schätzen ihre Lebenssituation, ihre persönliche Perspektive und ihren Gesundheitszustand sehr viel schlechter ein als ihre Altersgenossen mit besserem sozialen Hintergrund.« (Hurrelmann/Unverzagt 1998: 97) Wustman analysiert im Kontext von Resilienzförderung diverse Untersuchungen, aus denen sie ein Raster zu Vulnerabilitätsfaktoren, Risikofaktoren und traumatischen Erlebnissen bzw. kritische Lebensereignisse erarbeitet (Wustman 2004: 38ff.), die sich auch auf die Möglichkeiten der Resilienz, der eigenen Widerstandsfähigkeit, auswirken können. Kinder sind verletzlich. Opp und Fingerle (2008) sprechen sogar von einer Erziehung zwischen Risiko und Resilienz. Zu den bei Wustman genannten Risikofaktoren zählen u.a. ein niedriger sozioökonomischer Status, unsichere Bindungsorganisation, geringe Fähigkeiten zur Selbstregulation, Trennung und Scheidung der Eltern, Arbeitslosigkeit der Eltern, Alkohol-/Drogenmissbrauch der Eltern, niedriges Bildungsniveau der Eltern, körperliche Strafen, mangelnde Feinfühligkeit und Responsivität der Bezugspersonen, Migrationshintergrund, Adoption/Pflegefamilie, häufige Umzüge und häufiger Schulwechsel, Verlust eines Geschwisters oder engen Freundes, Ablehnung durch Gleichaltrige, schwere Unfälle (eigene oder der nahen Bezugspersonen), schwere Erkrankung eines Elternteils, erlebte Gewalt (körperliche, sexualisierte oder psychische Gewalt, Vernachlässigung) etc. (vgl. Wustman 2004: 38ff.). Viele dieser Faktoren sind in unterschiedlichsten Phasen Bestandteil des Diskurses um Verschiedenheit und Vielfalt und auch hier darf deren Intersektionalität nicht in den Hintergrund geschoben und vernachlässigt werden. Kindertageseinrichtung und Schule als wichtige Sozialisationsorte für Kinder können einen wertvollen Beitrag dazu leisten, dass Kinder gestärkt und darin bestärkt werden, ihre Begabungen zu entfalten (Rönnan-Böse/Fröhlich-Gildhoff 2010). Dafür braucht es zunächst keiner besonderen pädagogischen oder didaktischen Kniffe, sondern eines offenen, als stabil und verlässlich erlebten Beziehungsangebots durch eine Bezugsperson. Auch die Bindungstheorie stellt einen Zusammenhang zwischen Beziehungen und Möglichkeiten der Bewältigung belastender Lebensumstände her (Grossmann/Grossmann in: Fooken/Zinnecker 2007: 131ff.). Die Erfahrung »Ich bin ich und ich bin anderen Menschen wichtig« kann am authentischsten in guten Beziehungen erlebt und angenommen werden und so lässt sich u.a. auch die Leistungsfähigkeit von Kindern fördern (vgl. Greeff 2008). Was bedeutet all das für ErzieherInnen und LehrerInnen?

Unsere Gesellschaft hat mit Kindertageseinrichtungen und Schulen die transgenerationale Überlieferung und Weitergabe von Wissen, Erkenntnissen und Erfahrungen weitestgehend institutionalisiert. Wir beauftragen die pädagogischen Fachkräfte in den Einrichtungen damit, diesen Auftrag zu erfüllen. Neben einem Plateau aus verschiedensten, sich permanent wandelnden und weiter entwickelnden Wissens- und Bildungselementen ist für die Weitergabe besonders die Reflexion der eigenen pädagogischen Haltung relevant: Auf welchen Werten, ethischen und moralischen Vorstellungen, (Lebens-)Erfahrungen und Überzeugungen fußt mein pädagogisches Bewusstsein und Handeln (z.B. geprägt durch die eigene Biographie und Sozialisation, besondere, kritische Lebenssituationen, die eigene Geschlechtszugehörigkeit, den persönlichen kulturellen Hintergrund, die religiöse Verortung, den hetero- oder homosexuellen Lebensentwurf, Familiengeschichte, soziale Herkunft etc.)? Mit Blick auf die Auseinandersetzung mit Verschiedenheit und Vielfalt: Inwiefern beeinflussen eventuell von mir internalisierte Konstrukte, Stereotypien und Klischees meine Offenheit für andere Menschen oder die Souveränität und Authentizität meines Umgangs mit ihnen (kulturelle Vorurteile oder Unsicherheiten, Vorbehalte gegenüber bestimmten Religionen oder Lebensformen)? Habe ich bestimmte Lebenserfahrungen gesammelt, die womöglich in meiner Art, Beziehungsangebote zu machen, sie zu gestalten oder darauf eingehen zu können, nachklingen (z.B.

Verlust von Bezugspersonen, Erleben und/oder Beobachten von Gewalt, wenig Sicherheit und Geborgenheitserfahrung in der eigenen Kindheit)?

Es herrscht Übereinstimmung darin, dass Bildungseinrichtungen ein Ort transgenerationaler Wiedergabe sind. Liegt es dann nicht nahe zu vermuten, dass in Interaktionen (unbewusst) auch transgenerationale Übertragungsprozesse geschehen? Und inwieweit müssten sich dann LehrerInnen und ErzieherInnen damit in Bezug auf ihre professionelle Praxis auseinandersetzen? Welche eigenen Signale sende ich vielleicht aus? Wirke ich offen und interessiert oder könnte man mein Verhalten auch als distanziert wahrnehmen? In welchen Bereichen neige ich eventuell aufgrund meiner professionellen Verortung, Lebenserfahrung und -situation zu besonderer Aufmerksamkeit und Sensibilität, aber möglicherweise auch zu Fehlinterpretationen, unbewusster Distanz, Rückzug oder Berührungsängsten? Und wie viel Raum für Nähe und gelebte Beziehungen bleibt eigentlich in der Hektik des beruflichen Alltags? Es darf vermutet werden, dass all dies Auswirkungen auf Sensitivität und Responsivität im Rahmen von Beziehungsgestaltung hat. Wie sollen pädagogische Fachkräfte mit diesem Wissen umgehen?

Eine erster Ansatz: Der Schlüssel für gelungene Beziehungen zwischen Kindern und Erwachsenen liegt in einem auf Augenhöhe und offen geführten Dialog, ohne hierarchische Grenzen. Wenn wir mit Fug und Recht sagen können, dass wir dem im pädagogischen Alltag immer wieder eine Chance geben, wäre schon sehr viel gewonnen.

Literatur

Ahnert, L. (Hrsg.) (2008). Frühe Bindung – Entstehung und Entwicklung. München u.a.: Reinhardt Verlag.

Balluseck, H. v (Hrsg.) (2008). Professionalisierung der Frühpädagogik – Perspektiven, Entwicklungen, Herausforderungen. Opladen: Budrich.

Bartholomäi, F. (Hrsg.) (1898). Pädagogische Schriften: mit Herbarts Biographie. 2 Bände. 6. Aufl. Langensalza: Beyer Verlag.

Becker-Stoll, F. (2007). Eltern-Kind-Bindung und kindliche Entwicklung. In: F. Becker-Stoll/M. R. Textor (Hrsg.), Die Erzieherin-Kind-Beziehung – Zentrum von Bildung und Erziehung. Berlin: Cornelsen.

Boller, S./Rosowski, E./Thea, S. (Hrsg.) (2007). Heterogenität in Schule und Unterricht. Weinheim u.a.: Beltz.

Bourdieu, P. (2009). Das Elend der Welt. Stuttgart: UTB.
Bräu, K. (2005). Individualisierung des Lernens – Zum Lehrerhandeln bei Bewältigung eines Balanceproblems. In: K. Bräu/U. Schwerdt (Hrsg.), Heterogenität als Chance. Münster: Lit-Verlag.
Deci, E. L./Ryan, R. M. (1985). Intrinsic motivation and self-determination in human behavior. Reihe: Perspectives in Social Psychology. New York u.a.: Plenum Press.
Fleckenstein, K. (Hrsg.) (1999). Sappho küsst die Welt. Berlin: Querverlag.
Gebauer, K./Hüther, G. (2004). Kinder brauchen Vertrauen – erfolgreiches Lernen durch starke Beziehungen. Düsseldorf u.a.: Walter.
Gieseke, H. (1997). Die pädagogische Beziehung – Pädagogische Professionalität und die Emanzipation des Kindes. Weinheim, München: Juventa-Verlag.
Gloger-Tippelt, G./König, L. (2009). Bindung in der mittleren Kindheit – das Geschichtenergänzungsverfahren zur Bindung 5- bis 8-jähriger Kinder (GEV-B). Weinheim u.a.: Beltz, PVU.
Gomolla, M./Radtke, F. (2007). Institutionelle Diskriminierung. Die Herstellung ethnischer Differenz in der Schule. 2., durchges. u. erw. Aufl. Wiesbaden: Verlag für Sozialwissenschaften.
Greeff, A. (2008). Resilienz – Widerstandsfähigkeit stärken, Leistung steigern. Donauwörth: Auer.
Grossmann, K./Grossmann, K. E. (2004). Bindungen – das Gefüge psychischer Sicherheit. Stuttgart: Klett-Cotta.
Grossmann, K. E./Grossmann, K. (2007). Der Beitrag der Bindungstheorie zur Bewältigungsforschung. In: I. Fooken/J. Zinnecker (Hrsg.), Trauma und Resilienz – Chancen und Risiken lebensgeschichtlicher Bewältigung von belasteten Kindheiten. Weinheim u.a.: Juventa-Verlag.
Haverkock, A./Pauli-Pott, U. (2007). Beziehungs- und Bindungsstörungen. In: F. Becker-Stoll/M. R. Textor (Hrsg.), Die Erzieherin-Kind-Beziehung – Zentrum von Bildung und Erziehung. Berlin: Cornelsen.
Heinzel, F./Prengel, A. (Hrsg.) (2002). Heterogenität, Integration und Differenzierung in der Primarstufe. Opladen: Leske + Budrich.
Hurrelmann, K./Unverzagt, G. (1998). Kinder stark machen für das Leben. Freiburg: Herder Verlag.
Hüther, G. (2004). Die Strukturierung des menschlichen Gehirns durch soziale Erfahrungen. In: K. Gebauer/G. Hüther (Hrsg.), Kinder brauchen Vertrauen – erfolgreiches Lernen durch starke Beziehungen. Düsseldorf u.a.: Walter.
Keulen, A. v. u.a. (Hrsg.) (2004). Diversity and Equitiy in Early Childhood Training in Europe. URL: www.decet.org/decet_manual.pdf. [letzer Zugriff: 01/2011].
Klafki, W. (1993). Allgemeinbildung heute – Grundzüge internationaler Erziehung. In: Pädagogisches Forum, 1.
Koop, C./Röseler, W. (2010). Herausforderungen für eine chancengerechte Identifikation Hochbegabter. In: C. Koop/I. Schneker/G. Müller/S. Welzien/Karg-Stiftung (Hrsg.), Begabungen wagen – ein Handbuch für den Umgang mit Hochbegabung in Kindertagesstätten. Weimar u.a.: Das Netz.
Koop, C. (2010). Die Bedeutung der Erzieherin-Kind-Beziehung für das Lernen der Kinder. In: C. Koop/I. Schneker/G. Müller/S. Welzien/Karg-Stiftung (Hrsg.), Begabungen wagen – ein Handbuch für den Umgang mit Hochbegabung in Kindertagesstätten. Weimar u.a.: Das Netz.

Lutz, H./Wenning, N. (Hrsg.) (2001). Unterschiedlich verschieden – Differenz in der Erziehungswissenschaft. Opladen: Leske + Budrich.

Newman, D. M. (2007). Identities and inequalities: exploring the intersections of race, class, gender and sexuality. New York: McGrawHill.

Opp, G./Fingerle, M. (Hrsg.) (2008). Was Kinder stärkt – Erziehung zwischen Risiko und Resilienz. München u.a.: Reinhardt Verlag.

Preissing C./Wagner, P. (Hrsg.) (2003). Kleine Kinder – keine Vorurteile? Interkulturelle und vorurteilsbewusste Arbeit in Kindertageseinrichtungen. Freiburg u.a.: Herder Verlag.

Rawlinson, C. (1999). Teachers' recognitions of children with special abilities – a chance in direction. Auckland: UP.

Robinson, K. H./Díaz, C. J. (2010). Diversity and difference in early childhood education – Issues for theory and practice. Maidenhead: Open University Press.

Rohrmann, S./Rohrmann, T. (2010). Hochbegabte Kinder und Jugendliche – Diagnostik, Förderung, Beratung. München: Reinhardt Verlag.

Rönnan-Böse, M./Fröhlich-Gildhoff, K. (2010). Resilienzförderung im Kita-Alltag – was Kinder stark und widerstandsfähig macht. Freiburg: Herder Verlag.

Schäfer, G. E. (2005). Bildungsprozesse im Kindesalter – Selbstbildung, Erfahrung und Lernen in der frühen Kindheit. Weinheim u.a.: Juventa.

Slater, L. (2010). Von Menschen und Ratten – die berühmten Experimente der Psychologie. Weinheim u.a.: Beltz.

Wagner, P. (Hrsg.) (2008): Handbuch Kinderwelten: Vielfalt als Chance – Grundlagen einer vorurteilsbewussten Bildung und Erziehung. Freiburg: Herder Verlag.

Wustmann, C. (2004). Resilienz – Widerstandsfähigkeit von Kindern in Tageseinrichtungen fördern. Weinheim u.a.: Beltz.

10. Feeling-seen – ein neurobiologisch orientiertes Konzept zur Beziehungsgestaltung

Michael Bachg

FÜR SEINE FUNKTIONALE ENTWICKLUNG ist der Geist des Kindes unerlässlich auf das einfühlende und mitschwingende Verständnis eines anderen Geistes im Gegenüber angewiesen (Siegel 2006). Zentrales Anliegen und Ziel von »feeling-seen«, einem neurobiologisch orientierten Konzept zur Beziehungsgestaltung, ist es, das Erleben und Empfinden des Kindes in seiner Welt und in seinem Leben aus dessen eigener Perspektive möglichst genau zu erfassen. Dahinter steht die Vorstellung, das Kind als ein sich stetig selbst neu organisierendes und ko-evolutionär entwickelndes Subjekt zu sehen und zu verstehen (Bachg 2010; Höhne 2009).

Die Grundlagen von feeling-seen

Die in besonderer Weise prägenden Grunderfahrungen innerhalb der ersten zwei Lebensjahre werden im sogenannten impliziten Gedächtnis gespeichert. Erfahrungen ab dem zweiten bis dritten Lebensjahr können im sogenannten expliziten Gedächtnis gespeichert und später in einem bewusst erlebten Prozess des Erinnerns wieder abgerufen werden. In einer gelingenden Kommunikation, in der die Bezugspersonen die Signale des Kindes richtig deuten und durch entsprechende Reaktionen passend und konsistent beantworten, entwickelt das Kind stabile und funktionale Muster geistiger Aktivität. In diesem Zusammenhang entsteht auch das Erleben eines konstanten und kontinuierlichen Selbst.

Die entscheidende Größe des sich entwickelnden Geistes des Kindes stellen seine Emotionen dar. Dadurch erhalten Ereignisse ihre spezifische Bedeutung. Emotional bedeutsame Erfahrungen werden dementsprechend in besonderer Weise abgespeichert und später mit höherer Wahrscheinlichkeit wieder erinnert. Auf diese Weise wirken sich vor allem soziale Interaktionen und das damit einhergehende emotionale Erleben auf die Entwicklung des kindlichen Geistes aus, namentlich in Bezug auf dessen Struktur und Organisation. Der kindliche Geist entwickelt sich also innerhalb sozialer Austauschprozesse.

Dank neurobiologischer Erkenntnisse wissen wir um den Zusammenhang von Erinnerungsprozessen und Wahrnehmung, dem Erleben und der Einordnung einer gegenwärtigen Situation. Dieser Zusammenhang ist es, der die für die Bewältigung oder Nichtbewältigung eines Problems häufig unbewusst herangezogenen Erinnerungen und die sich darin widerspiegelnden emotional bedeutsamen sozialen Interaktionserfahrungen in den Mittelpunkt rückt. Sie stellen die Grundlage und den Erfahrungshintergrund dar, mit dessen Hilfe der Geist versucht, ein Problem zu lösen. Aufgrund der ordnenden und orientierenden Funktion von Emotionen erscheint ihre Fokussierung dann als besonders vielversprechend, wenn es um das Aufspüren von Erinnerungen an prägende dysfunktionale Erfahrungen geht, die häufig in unbewusste Reaktions- und Handlungsautomatismen mündend verarbeitet wurden.

Dementsprechend versucht der Therapeuten beim feeling-seen mithilfe eines behutsamen und äußerst feinfühligen Gesprächsstils, die vom Kind erlebten Gefühle möglichst treffend zu benennen. Im Prozess der Narration werden sie hervorgehoben und treten stärker ins Bewusstsein des Kindes, was dessen Fähigkeiten erhöht, sich selbst und die eigenen geistigen und körperlichen Prozesse bewusst wahrzunehmen und zu erleben (Fonagy 2008).

Diese emotionsfokussierte Gesprächsform, »microtracking« genannt, wurde ursprünglich von Albert Pesso und Diane Boyden Pesso für die Arbeit mit Erwachsenen entwickelt (Bachg 2005) und vom Autor für die Arbeit mit Kindern adaptiert. In ihrem gemeinsam entwickelten Modell des Pesso Boyden System Psychomotor (PBSP), früher auch als Pesso-Therapie bezeichnet (Pesso 1986, 1991; Schrenker, 2008), gehen sie von einem evolutionär geformten Entwicklungs- und Reifungsplan des Menschen aus. Darin postulieren sie fünf evolutionär geformte Grundbedürfnisse des Kindes nach Platz, Nahrung, Unterstützung, Schutz und Grenzen. Zentral hierbei ist das Modell der Passung. Pesso und Boyden-Pesso gehen von einem ontogenetisch erworbenen Wissensspeicher aus, in dem Informationen kodiert sind, die für das Überleben des Individuums entscheidende Bedeutung haben. Dieser Speicher enthält sowohl Informationen darüber, in welcher Form ein Grundbedürfnis auf der Ebene des Verhaltens nach außen tritt, als auch darüber, welche passende Antwort,

Passform, auf diesen Ausdruck im Sinne einer Interaktion mit einem Gegenüber erwartet wird.

Diese genetisch weitergegebenen Informationen veranlassen das Neugeborene z.B. dazu, sich unmittelbar nach der Geburt, wenn es auf den Bauch seiner Mutter gelegt wird, in Richtung der Brust der Mutter zu bewegen. Sie führen dazu, dass sich das Baby lautstark bemerkbar macht, wenn es hungrig ist, um zu erreichen, dass es gestillt wird. Kurz: Sie mobilisieren im Organismus des Kindes Energien, die ein Verhalten auslösen, welches das eigene Überleben zu sichern vermag. Durch eine adäquate Reaktion der Mutter, die das Baby hört, zu ihm geht, mit ihm spricht, es hochnimmt, anlegt und stillt, macht das Baby eine befriedigende und als passend erlebte Interaktionserfahrung.

Wichtig ist nun, dass diese Informationen über die gelungene und befriedigende Interaktionserfahrung zwischen sich selbst und der Bezugsperson in den verschiedenen Gedächtnissystemen des Babys repräsentiert sind und bleiben, und zwar auch dann noch, wenn die beschriebene Sequenz abgeschlossen ist und damit der Vergangenheit angehört. Mit wenigen konsistenten Wiederholungen lernt das Kind, diese Sequenz auf der Grundlage der bis dahin gemachten Erfahrungen zu antizipieren. Die entsprechenden Strukturen sind gebahnt. Die Welt wird vorhersehbar, beeinflussbar und steuerbar (vgl. Kolk 2009). Es entsteht ein Selbstwirksamkeitsprinzip.

Diese Entwicklung ist jedoch nur unter der Voraussetzung als gegeben anzunehmen, dass die Umgebung auch tatsächlich konsistent adäquat reagiert. Wenn z.B. ein zweijähriges Kind beim Laufen hingefallen ist und sich das Knie aufgeschrammt hat, könnte es weinen und durch gespendeten Trost wieder beruhigt werden. Dies wäre eine Variante der beschriebenen Form-Passform-Erfahrung. Die Bezugsperson könnte aber andere Reaktionen darauf zeigen, z.B. das Weinen des Kindes ignorieren und nichts tun oder, anstatt zu trösten, das Kind zusätzlich attackieren, z.B. verbal (»Da bist du selber schuld, komm jetzt nicht zu mir gerannt«) oder körperlich durch Schläge. Eine solche Interaktionserfahrung würde als Form-Gegenform-Erfahrung klassifiziert. Ein Angriff stellt eine Grenzverletzung des Kindes durch die Bezugsperson dar und untergräbt bei wiederholtem Auftreten im Bewusstsein des Kindes sein ursprüngliches und intuitives Empfinden dafür, ein Recht auf körperliche und seelische Unversehrtheit zu besitzen. Sein ursprüngliches Bedürfnis nach Schutz oder danach, respektvoll behandelt zu werden, kann dann für das Bewusstsein des Kindes »unsichtbar« werden, diesbezügliche Gefühle der Wut oder der Enttäuschung sind nicht (mehr) bewusst erlebbar. Der oder die Jugendliche wird eine solche Form der Behandlung, die in der Kindheit begann, möglicherweise später nüchtern als »normal« bezeichnen.

Beim feeling-seen werden gegenwärtige oder erinnerte Form-Gegenform-Erfahrungen und deren Resultate als Ansatzpunkt für therapeutische Interventionen genutzt. So werden gemeinsam mit dem Kind negative Interaktionserfahrungen hypothetisch im Sinne einer Form-Passform-Interaktion umgedreht. Dies geschieht mit Hilfe imaginierter idealer Figuren, z.B. einer idealen Mutter oder eines idealen Vaters, die bzw. der anders reagieren würde oder in einer hypothetischen Vergangenheit anders reagiert hätte. So hätte eine ideale Mutter oder ein idealer Vater, um im obigen Beispiel zu bleiben, den Schmerz des Kindes nicht ignoriert, sondern es auf den Arm genommen, um es zu trösten.

Auf die geschilderte Weise wird beim feeling-seen also zunächst auf der symbolischen Ebene der Imagination zusammen mit dem Kind eine passende und glaubwürdige alternative Verhaltensweise einer idealen Figur entwickelt. Anschließend wird diese ideale Figur, z.B. ein idealer Vater, gemeinsam in der Vorstellung im Raum platziert. In einer folgenden Gesprächssequenz würde der Therapeut dann der idealen Figur seine Stimme leihen, sodass er z.B. nach Abstimmung mit dem Kind sagen würde: »Wenn ich dein Papa wäre, dann würde ich nicht mit dir schimpfen, wenn du Schmerzen hast. Ich würde dich trösten und dir helfen, dass es weniger weh tut.« Diese Erfahrung bietet dem Kind neuen Input im Sinne einer Form-Passform-Erfahrung und in Richtung seiner Bedürfnisse bzw. Erwartungen. Dadurch können Gefühle der Befriedigung entstehen und die Entwicklung der Potenziale der Kinder gefördert werden.

Mit feeling-seen besteht die Chance, Fehlentwicklungen in den Interaktionen zwischen Eltern und ihren Kindern rechtzeitig zu erkennen. Diese Fehlentwicklungen können noch während der Entwicklungsphase der Kinder korrigiert werden. Darin liegt ein entscheidender präventiver Vorteil. Die Eltern bekommen die Möglichkeit, das wirkliche Erleben ihres Kindes zu entdecken, und konkrete Anregungen dafür, wie sie ihre Interaktionen mit ihrem Kind verbessern können.

Spätestens, wenn die Kinder drei Jahre alt sind, werden neben den Eltern aber auch PädagogInnen zu wichtigen Agenten im Alltag der Kinder, denn sie werden ebenfalls mit deren Bedürfnissen und Lebenserfahrungen konfrontiert. Damit fachgerecht umzugehen, erfordert neben persönlicher Eignung und Bereitschaft, sich auf zwischenmenschliche Prozesse einzulassen, zusätzlich ein hohes Maß an Professionalität, die meiner Einschätzung nach nur durch eine entsprechende Ausbildung, Fortbildung und kontinuierliche Praxisbegleitung, insbesondere in den ersten Berufsjahren, gewährleistet werden kann.

Die herausragende Bedeutung der Einflüsse von PädagogInnen auf die Entwicklung, die Gesundheit und die emotionale Verfassung von Kindern belegt exemplarisch folgendes Beispiel aus der Praxis.

Feeling-seen in der Praxis

Die zehnjährige Marie litt seit Jahren unter Bauchweh, Schlafstörungen und Schlappheit. Eingehende medizinische Untersuchungen ergaben keine Befunde. Deshalb wurde das Mädchen beim Psychotherapeuten vorstellig, der mit ihm nach der Methode des feeling-seen arbeitete. Der anvisierte Besuch der besorgten Eltern bei einem Kinderkardiologen konnte entfallen, nachdem diese Symptomatik sich binnen einiger Sitzungen dauerhaft auflöste und Marie wieder zu einem glücklichen und lebensfrohen Mädchen wurde. Das folgende Gesprächsprotokoll entstammt einer dieser Sitzungen.

Psychotherapeut: Hast du eine Idee, welche Umstände deine Unzufriedenheit ausgelöst haben oder aufrecht erhalten?
Marie: Nein.
P: Aber wenn du unzufrieden bist, heißt das ja, Dinge sind nicht so, wie du sie dir wünscht oder wie sie deiner Meinung nach sein sollten. Ist das richtig?
Marie: Ja.
P: Dein Gefühl der Unzufriedenheit ist doch eine Reaktion aus dir selbst, in dir, auf etwas, was außen anders ist, als du es dir wünscht oder als du denkst, wie es sein sollte.

Marie: Mir fällt da jetzt so nichts zu ein.
P: Eine Sache hat deine Mama ja erwähnt, diese Schulgeschichte in der Grundschule. War das deine Klassenlehrerin?
Marie: Ja.
P: Dann hattest du sie sehr oft?
Marie: Fast nur.
P: Wie lange hast du diese Lehrerin im Unterricht denn gehabt?
Marie: Zwei Jahre hatte ich sie und vier Stunden.
P: Vier Stunden am Tag. Das ist wirklich viel. Denkst du jetzt an sie?
Marie: Jetzt ja.
P: Und wie heißt sie?
Marie: Frau Meyer
P: (analysiert die Mimik Maries) Fühlst du Angst, wenn du an sie denkst? Oder fühlst du dich unsicher?
Marie: Unsicher.
P: Okay.
Marie: Das hat meine Deutschlehrerin, mit der bin ich gut ausgekommen, auch gesagt, dass Frau Meyer mir nicht das zugetraut hat, was ich eigentlich geschafft hätte und die hat mir auch nicht das gegeben, was ich eigentlich auch erarbeitet habe.
P: Sie hat dir nicht das gegeben, was du verdient hast?
Marie: Nein, sie hat mir auf dem Zeugnis immer die Noten gegeben, die da eigentlich gar nicht angemessen waren.
P: Das macht dich unzufrieden. Fühlst du dich von ihr ungerecht behandelt, wenn du daran denkst?
Marie: Ja.
P: Ich stelle mir manchmal jemanden vor, der uns beiden, dir und mir, hilft zu benennen, wie du dich fühlst. Und so jemand könnte sagen: »Ich sehe, wie ungerecht behandelt du dich fühlst (Maries Augen werden feucht) und auch, wie traurig es dich macht, wenn du daran denkst.« Ist das richtig?
Marie: Ja.
P: Eine Lehrerin, die das richtig gemacht hätte, also so etwas wie eine nette Klassenlehrerin oder eine ideale Klassenlehrerin, was hätte die getan?
Marie: Die hätte mich doch ein bisschen unterstützt.
P: Wenn wir uns eine solche nette Klassenlehrerin hier vorstellen, würde sie

sagen: »Wenn ich deine Klassenlehrerin gewesen wäre, dann hätte ich dich auch unterstützt.« Ist das richtig?
Marie: Ja.
P: Und dann fühlst du dich auch etwas sicherer?
Marie: Ja. Auf jeden Fall.
P: So eine nette Lehrerin, die könnte dann sagen: »Wenn ich deine Lehrerin gewesen wäre, dann hätte ich gewusst, was du kannst und es dir auch zugetraut und ich hätte niemals Zensuren auf dein Zeugnis geschrieben, die da nicht hingehören.«
Marie: Ja. Die war meistens so hopp-hopp und zack-zack und wir haben auch ganz viele Arbeiten in so einem engen Zeitplan gequetscht.
P: Dann würde die ideale Klassenlehrerin sagen: »Wenn ich deine ideale Klassenlehrerin gewesen wäre, dann hätte ich nicht hopp-hopp, zack-zack gemacht, sondern dann hätten wir uns genügend Zeit genommen, um alles in Ruhe zu schaffen.«
Marie: So konnte halt auch niemand wirklich das Potenzial erreichen, was er auch hätte erreichen können.
P: (weist mit der Hand auf die vorgestellte ideale Klassenlehrerin im Raum und lässt sie sagen): »Wenn ich deine ideale Klassenlehrerin gewesen wäre, hätte ich dafür gesorgt, dass jeder sein Potenzial erreichen kann.«
Marie: Ja.
P: Das fühlt sich gerecht an?
Marie: Ja.
P: Gut.
Marie: Aber ich bin froh, dass die jetzt auch weg ist und dass ich mit der nichts mehr am Hut habe.
P: Bist du erleichtert?
Marie: Ja.
P: Befreit fühlst du dich vielleicht auch. Ist das richtig?
Marie: Ja.
P: Was ist es mehr, erleichtert oder befreit?
Marie: Befreit von diesem Motivationstief.
P: Jemand der uns hilft zu sehen, wie du dich fühlst, würde dann sagen: »Ich sehe, wie befreit du dich fühlst von jemandem, der dieses Motivationstief in dir ausgelöst hat.«

Marie: Ja.
P: Das war das Größte, was sie dir angetan hat, glaube ich, dass sie deine Motivation angegriffen hat.
Marie: Ja, als wenn ich jetzt aus dem dunklen Bergwerk wieder ans Tageslicht gekommen wäre. (Pause, lacht vergnügt) Befreit halt.
P: Gerettet vielleicht auch sogar?
Marie: Ja.
P: Wie gerettet du dich fühlst mit dem Bild, dass du aus dem dunklen Bergwerk ans Tageslicht gekommen bist.
Marie: Ja.
P: Die ideale Lehrerin hätte dich bestärkt und gelobt und deine Motivation gefördert. Und du hättest nie das Gefühl gehabt, in einem dunklen Bergwerk zu sein.
Marie: Ja. Unsere Lehrerin hat halt genau das Gegenteil gemacht.
P: Okay. Ich habe da eine Frage, ich weiß es nicht, hättest du dir auch manchmal gewünscht, dass jemand, vielleicht der Rektor oder die Rektorin oder irgendjemand, der Verantwortung trägt, diese Lehrerin zur Verantwortung gezogen hätte?
Marie: Das haben wir ja versucht. Obwohl es sicher schon öfter Probleme mit der gegeben hat, hat der Direktor gesagt: »Das ist eine gute Lehrkraft und mit der gab es noch nie Probleme.«
P: Also brauchen wir auch einen idealen Rektor, der das anders gelöst hätte?
Marie: Ja, auf jeden Fall.
P: Was hätte ein idealer Rektor denn getan?
Marie: Der hätte sich mit der mal hingesetzt und geguckt. Der hätte halt mal die Augen aufgemacht und gesehen, dass es da schon Probleme gab.
P: Also wenn so ein idealer Rektor hier wäre und ich gebe ihm meine Stimme, dann würde er sagen: »Wenn ich der ideale Rektor in der Schule gewesen wäre, dann hätte ich nicht gesagt, dass es eine gute Lehrerin ist und dass es noch nie Probleme mit der gegeben hat. Ich hätte die Augen auf gemacht und …«
Marie: (unterbricht und sagt bestimmt) »Und auch hingeguckt.«
P: »… und ich hätte die auch aufgemacht und hingeguckt und gesehen, dass es Probleme gab.«
Marie: Ja.

P: Der ideale Rektor, der hätte die Augen aufgemacht, hingeguckt und gesehen, welche Probleme es gibt mit dieser Lehrerin. Und was hätte er getan?
M: Ich denke, der hätte sich mit ihr hinsetzen sollen, hätte der erklärt, dass das so nicht geht und dass er sich dann auch noch mal mit den Kindern oder den Eltern von den Kindern in Kontakt setzen würde, ob das jetzt besser läuft.
P: (Weist auf die Stelle im Raum, in der sich der imaginierte ideale Rektor befindet und lässt diesen sagen): »Wenn ich der ideale Rektor gewesen wäre, dann hätte ich mich mit dieser Lehrerin hingesetzt und ich hätte ihr gesagt, dass das so nicht geht. Und ich hätte das Ganze auch kontrolliert.
Marie: Ja, dass die das nicht einfach so weitermacht.
P: Richtig, der ideale Rektor sagt: »Ich hätte dafür gesorgt, dass sie das nicht einfach so weitermachen konnte wie vorher.«
P: Dann hättest du dich sicherer fühlen können.
Marie: Ja.
P: Gibt es jetzt von der Schulsache mit der Lehrerin noch etwas, was du noch nicht erwähnt hast oder hast du das Wichtigste dazu gesagt?
Marie: Ich glaube, das Wichtigste dazu habe ich gesagt.
P: Und wie fühlst du dich jetzt damit?
Marie: Ich denke, das ist jetzt besser, weil ich jetzt mit jemandem drüber geredet habe.
P: Und weil wir uns auch vorgestellt haben, wie es eigentlich sein sollte?
Marie: Ja. Das ist auch so ein befreites Gefühl. Jetzt habe ich mit jemandem darüber geredet und weiß, dass mich jemand verstanden hat.
P: Wie erleichtert du dich fühlst und befreit, dass jemand mit dir darüber geredet hat und du dich verstanden gefühlt hast.
Marie: (zufrieden) Ja.

Literatur

Bachg, M. (2010). Der Entwicklung eine Chance geben – Feeling-seen – Einführung in eine körperorientierte Psychotherapie für Kinder, Jugendliche und ihre Eltern. In: S. Sulz/S. Höfling (Hrsg.), … und er entwickelt sich doch! Entwicklung durch Psychotherapie: CIP-Medien.

Bachg, M. (2005). Microtracking in Pesso Boyden System Psychomotor: Brückenglied zwischen verbaler und körperorientierter Psychotherapie. In: S. Sulz/L. Schrenker/C. Schricker (Hrsg.), Die Psychotherapie entdeckt den Körper. München: CIP-Medien, S. 375–394.

Fonagy, P. (2008). Affektregulierung, Mentalisierung und die Entwicklung des Selbst. Stuttgart: Klett-Cotta.

Höhne, C. (2009). Feeling-Seen – Die Wirksamkeit im Erstgespräch. München: CIP-Medien.

Pesso, A. (1986). Dramaturgie des Unbewussten. Stuttgart: Klett Verlag.

Pesso, A./Crandell, J. (Hrsg.) (1991). Moving Psychotherapy. New York: Brookline Books.

Schrenker, L. (2008). Das Wissen zur Heilung liegt in uns. Stuttgart: Klett-Cotta.

Siegel, D. J. (2006). Wie wir werden die wir sind. Paderborn: Junfermann Verlag.

Van der Kolk, B. A. (2009). Entwicklungstrauma-Störung: Auf dem Weg zu einer sinnvollen Diagnostik für chronisch traumatisierte Kinder. In: Praxis der Kinderpsychologie und Kinderpsychiatrie 58, Göttingen: Vandenhoeck & Ruprecht, S. 572–586.

11. Über Beziehung und Bildung von Anfang an

Gerd E. Schäfer

FRÜHKINDLICHE BILDUNGSPROZESSE werden zumeist mit Hilfe des Kompetenzmodells beschrieben.[18] Ohne auf seine Möglichkeiten und Hintergründe einzugehen, will ich kurz andeuten, warum ich dieses Modell meinen Überlegungen nicht zugrundelege. Es scheint mir viel zu begrenzt, als dass mit ihm die Probleme frühkindlicher Bildung ausreichend erfasst werden könnten.

Vorüberlegungen: Grenzen des Kompetenzmodells

Der Kompetenzbegriff ist ungenau. Ein klares Bild, was Kompetenzen in der frühen Kindheit sind, gibt es nicht. Inwiefern gehören außer den Komponenten des formalen Denkens die des Handelns, der Bewegung, der ästhetischen Erfahrung, der Emotionen, der sozialen Beziehungen dazu? Sind das alles einzelne Kompetenzen? Wenn ja, wie lassen sie sich bei Kindern ab der Geburt voneinander trennen? Wenn nein, bilden sie zusammen so etwas wie einer Superkompetenz? Auch wird in den frühpädagogischen Diskussionen nicht geklärt, wie sich Kompetenzen von Fähigkeiten unterscheiden.

Bisher werden die Kompetenzen, die kleine Kinder zu erwerben haben, unhinterfragt aus der Perspektive des Erwachsenenlebens und den (scheinbaren) Notwendigkeiten der Gesellschaft als normative Ziele formuliert. Sie lenken den Blick nicht auf das, was Kinder können, sondern auf das, was sie können sollen. Ein normativer Ansatz in der Pädagogik – wenn man ihn denn vertreten möchte – bedarf aber einer intensiven Auseinandersetzung mit den Möglichkeiten, die Kinder haben und von denen sie ausgehen, wenn sie Erfahrungen über die Welt, in der sie leben, sammeln. Es ist allenfalls das Bild eines entwicklungspsychologischen Allgemeinkindes, das in die Formulierungen von den Voraussetzungen (nicht vom tatsächlichen Können) der Kinder eingeht. Eine Anpassung an die individuellen und lebensgeschichtlichen Voraussetzungen wird allen-

18 Grundlegend hierzu Weinert 1999.

falls gefordert, ansonsten aber der individuellen Improvisationskunst der PädagogInnen überlassen; denn auch Beobachtungsraster und individuelle Tests erfassen nur, was man durchschnittlich von Kindern in einer Altersstufe erwarten kann und nicht, wie Lisa und Peter mit ihrem Können und Wissen in aktuellen Situationen umgehen.

Das Kompetenzlernen fasst nur gezielte und bewusst angelegte Lernangebote ins Auge und bietet keine Grundlage, das Lernen zu verstehen, das in den Alltag eingebettet ist und weitgehend implizit erfolgt. Der größte Teil frühkindlichen Lernens ist aber ein implizites, ungezieltes Lernen in Alltagskontexten. Wir benötigen theoretische Modelle, die es gestatten, dieses alltägliche Erfahrungslernen zu beschreiben, um auch diskutieren zu können, wie dieses Alltagslernen mit den bewusst gesteuerten Lernprozessen expliziter pädagogischer Angebote zusammenpasst und zusammenwirkt.

Des Weiteren gibt das Kompetenzmodell keine Antwort auf die Frage nach seinen eigenen Voraussetzungen. Vor einem kognitionswissenschaftlichen Hintergrund frühkindlicher Lern- und Bildungsprozesse lässt sich jedoch zeigen, dass Menschen eine Menge von strukturierten Alltagserfahrungen benötigen, um überhaupt in der Lage zu sein, nach dem Kompetenzmodell zu lernen. Das ist für spätere Lebensjahre vielleicht weniger wichtig, in den frühesten Lebensjahren jedoch von grundlegender Bedeutung. Es geht nämlich dann um die Frage, wie viele und welche Alltagserfahrungen Kinder brauchen, um erfolgreich nach dem Kompetenzmodell hinzulernen zu können.

Trotz der Möglichkeit, dass es auch um den Erwerb sozialer Kompetenzen gehen kann, ist das Kompetenzmodell selbst ein Modell individuellen Lernens. Es ist das Individuum, das Kompetenzen erwirbt. Die pädagogischen Bemühungen zielen auf die individuelle Leistung, auch wenn diese durch soziale Bedingungen unterstützt werden kann. Das wird deutlich, wenn es um das Endziel geht: Wenn ein Kind eine Kompetenz nicht erworben hat, dann wird das stets als sein individuelles Problem verstanden und nicht als ein soziales. Es ist das einzelne Kind, das ein Können oder Wissen nicht erwerben konnte, und es wird nicht die Frage gestellt, inwiefern die soziale Gemeinschaft daran gescheitert ist, die entsprechenden Mittel und Wege zu finden, dem Kind einen bestimmten Lernprozess zu ermöglichen.Schließlich gründet das Kompetenzmodell auf einem ökonomischen Lernverständnis: Können und Wissen werden erworben. Natürlich braucht man auch zum Erwerb von Gütern die eigenständige Tätigkeit des Individuums. Man muss sich aktiv um darum bemühen. Aber der Erwerb vorgegebener Kompetenzvorstellungen erfordert andere aktive Strategien als die Lösung eines Alltagsproblems, vor das man sich unversehens gestellt sieht.

An die Stelle des Kompetenzlernens setze ich deshalb als grundlegendes Lernmodell für die frühe Kindheit das alltägliche Erfahrungslernen. Das bedeutet, dass Kinder, bevor sie gezielt Wissen erwerben können, Erfahrungen sammeln müssen. Was aber heißt es, erste Erfahrungen zu machen, Erfahrungen, deren sich junge Kinder zunächst auch nicht bewusst sind? Wie entsteht aus solchen Erfahrungen ein Wissen, über das sie dann auch bewusst verfügen, das sie vermehren und vertiefen können? Das sind grundlegende Probleme frühkindlicher Bildung.

Dieser Beitrag geht von einem elementaren alltagsnahen Erfahrungsbegriff aus: Man macht Erfahrungen dadurch, dass man etwas tut. Erfahrungen sind immer mit irgendwelchen Handlungen verbunden und oftmals implizit. Damit man weiß, welche Erfahrungen man gemacht hat, müssen Erfahrungen bewusst gemacht werden.

Grundthese

Neugeborene kommen mit einer elementaren biologischen Grundausstattung auf die Welt. Kulturen stellen darüber hinaus bestimmte Formen des Denkens zur Verfügung, die diese Grundausstattung differenzieren und die Entwicklung bestimmter Erkenntnistheorien unterstützen. Man muss über die in einer Gesellschaft geltenden Erkenntnistheorien verfügen, wenn man ein erfolgreicher und produktiver Teil dieser Gesellschaft sein will. Sie werden in den ersten Lebensjahren ausgebildet. Die jüngsten Kinder haben dabei keine Wahl. In ihrem Alltag erwerben sie über das tägliche Handeln und Denken implizit die notwendigen Muster, wahrzunehmen und ihre Wahrnehmungen zu denken, also die erkenntnistheoretischen Grundlagen, die in dieser Gesellschaft angebracht sind. Ausgangspunkt dafür sind elementare Formen des Erfahrungslernens, die Kinder teilweise mit höheren Säugetieren gemeinsam haben. Wenn auch in weit geringerem Ausmaß als Menschen sind nämlich auch diese darauf angewiesen, die spezifischen Kriterien ihrer Umwelt, die nicht genetisch vorprogrammiert sein können, durch Erfahrung kennenzulernen. Es sind die kulturellen Modifikationen dieses elementaren Erfahrungslernens, die das spezifische menschliche Denken ermöglichen. Das Denken, das in einer Kultur angemessen und üblich ist, lernt man nur im soziokulturellen Alltagskontext dieser Kultur.

Eine erziehungswissenschaftliche Betrachtung früher Kindheit innerhalb unserer eigenen Gesellschaft hat die Aufgabe, zu untersuchen, zu klären und zu unterstützen, wie Kinder aus diesen elementaren Anfängen ein Repertoire des Denkens entwickeln, welches möglichst weitgehend die gegebenen biologischen sowie die vielfältigen kulturellen Möglichkeiten nutzt.

Diese These verweist implizit auf mindestens zwei kritische Aspekte. Zum einen ist es so, dass Kulturen immer bestimmte Erlebens- und Denkformen hervorheben und andere dabei zurückdrängen, ignorieren oder gar verbieten. Es könnte sein, dass auf dem Weg dieser Einübungen in eine kulturelle Erkenntnistheorie für das Individuum und für die Gesellschaft wertvolle Aspekte verloren gehen.[19] Konkret besteht bei der derzeitigen Bildungsdiskussion in der frühen Kindheit die Tendenz, das frühkindliche Erfahrungslernen zu übergehen und seine Möglichkeiten möglichst schnell durch ein »wissenschaftliches Denken« zu ersetzen.

Zum anderen macht die These darauf aufmerksam, dass es die konkreten, alltäglichen soziokulturellen Begegnungs- und Umgangsformen sind, innerhalb derer junge Kinder ihr Denken entwickeln. Und diese sind unterschiedlich, je nach der sozialen Lage, in der ein Kind aufwächst, und den kulturellen Hintergründen, in die es hineinwächst. Dabei sollte man nicht nur an Benachteiligungen denken, die durch prekäre soziale Lagen oder Migrationszusammenhänge entstehen. Es gibt auch kulturelle Benachteiligungen durch scheinbar privilegierte Bedingungen des Aufwachsens, wie Überbehütung, mangelnde sachliche Herausforderung oder früh-

19 Bateson (1981) hat in diesem Sinne soziale und ökologische Krisenszenarien als Anfragen an die Eignung unserer traditionellen wissenschaftlichen Erkenntnistheorien für die Lösung dieser Probleme verstanden. Das bedeutet, dass es zur Lösung dieser Probleme notwendig sein könnte, dass wir die Erkenntnistheorien ändern, mit welchen wir nach solche Lösungen suchen.

zeitige Verwissenschaftlichung frühkindlicher Bildung bei gleichzeitig eingeschränkten konkreten, sachlichen und sozialen Erlebens- wie Erfahrungsmöglichkeiten. Wir können solche Unterschiede nur dadurch überbrücken, dass wir ausreichend Gelegenheiten schaffen, dass Kinder – unabhängig von ihrer Herkunft – die Möglichkeit haben, zu einem wesentlichen Teil ihres Alltagslebens in einem Umfeld aufzuwachsen, das den Ansprüchen und Möglichkeiten unserer Kultur entspricht. Das ist eine zentrale Herausforderung frühkindlicher Bildung. Sie ist nicht mit individueller Förderung zu erreichen, sondern bedarf einer Kultur des Lernens in der frühen Kindheit.

Die Entwicklung des kindlichen Anfängergeistes

Die frühkindliche Bildungssituation wird in hohem Maße dadurch bestimmt, dass kleine Kinder zunächst in allen Bereichen der Welt- und Lebenserfahrung Neulinge sind. Sie können zunächst weder auf individuelle und erst recht nicht auf sozial übliche kulturelle Muster der Erfahrung zurückgreifen. Sie sind in der Situation, dass sie Erfahrungsmuster erst entwickeln, und dies erreichen sie dadurch, dass sie immer wieder Erfahrungen machen, die sie mithilfe ihrer Beziehungspersonen und des weiteren kulturellen Umfeldes strukturieren. Diese Erfahrungen sind dem Kind nicht bewusst, aber sie haben sich ihm sozusagen einverleibt. D.h., sie stehen dann auf Anforderung von außen zur Verfügung, werden durch Situationen abgerufen, die so ähnlich sind, wie diejenigen, in denen sie entstanden sind. Lernen im Geist des Neulings ist in erster Linie Erfahrungslernen in einem Bereich, der bisher unvertraut war. Je älter die Kinder werden, desto mehr mischt sich das Novizenlernen mit dem Lernen durch Übernahme dessen, was andere schon vorgedacht haben.

Das menschliche Gehirn ist der wahrscheinlich komplexeste Einzelorganismus, den wir kennen. Komplex bedeutet hier, dass zahllose Prozesse gleichzeitig und parallel ablaufen sowie Veränderungen des Gesamtzustands nicht einer einzelnen Ursache oder einem Ursachenbündel zugewiesen werden können. Das Gehirn arbeitet nicht nur in linearen Abläufen, indem es die zu verarbeitenden Informationen nacheinander zur Bearbeitung von Zentrum zu Zentrum leitet, sondern es verarbeitet unterschiedliche Aspekte an verschiedenen Orten zur gleichen Zeit parallel. Diese Vorgänge sind durch Wechselwirkungen aufeinander abgestimmt. Es ist derzeit noch nicht geklärt, wie dieses Miteinander tatsächlich funktioniert (Singer 2002: 31f., 65ff.; Singer 2003: 43, 75). Klar scheint jedoch zu sein, dass diese Prozesse komplizierte zeitliche Muster in den globalen Kartierungen des Gehirns bilden (Edelman 1993: 160ff.). Die wissenschaftliche Herausforderung besteht darin, besser zu begreifen, wie solche Muster zustande kommen und reguliert werden.

Wenn wir Lernprozesse in alltäglichen Zusammenhängen beobachten, dann lässt sich ebenfalls feststellen, dass vielfältige Aspekte gleichzeitig daran beteiligt sind. Wenn ein kleines Kind die ersten Wörter lernt, müssen die augenblickliche Aufmerksamkeit auf eine Sache, die emotionalen Bezüge zu ihr und zu einer vertrauten Person, Bewegung, motorische Handlungen, Erfahrungsmuster aus der Vergangenheit sowie geeignete Rahmenbedingungen sowie vieles mehr günstig zusammenwirken (Bruner 1987: 33ff.).

Später wird man versuchen, die Lernprozesse durch das Bewusstsein so zu steuern, dass möglichst nur noch das zu Lernende in den Blick kommt. Was aber, wenn dieses Bewusstsein so (noch) nicht existiert, wie bei ganz kleinen Kindern, oder nicht immer klar vorhanden ist, wie in Alltagssituationen, in denen die spezifischen Bedeutsamkeiten erst gesucht werden müssen oder nicht klar ausgemacht werden können, in denen auch eine ganze Menge gelernt werden kann, ohne dass das immer vom Bewusstsein reflektiert wird?

Ganz kleine Kinder lernen zum größten Teil in Alltagszusammenhängen, also in Situationen, die nicht unmittelbar auf einen bestimmten Lernprozess ausgerichtet sind. Sie lernen sehr vieles, ohne ein Bewusstsein davon zu haben. Man könnte sagen, dass ihr Lernen zu einem wesentlichen Teil auch darin besteht, allmählich ein Bewusstsein von den stattfindenden Lernprozessen zu erlangen. Und, wenn man genauer darauf blickt, dann ist jedes »Lernen aus Erfahrung« mit einem Prozess verbunden, in dem die gemachten Erfahrungen vor das Bewusstsein treten, damit man darüber nachdenken kann, was man erfahren hat. D.h., dass das Bewusstsein aus einer Situation mit vielerlei Abhängigkeiten und Bedeutsamkeiten erst Perspektiven herausfiltert, die im Sinne strukturierter Lernzusammenhänge organisiert werden können. Das bedeutet aber auch, dass wir nicht weiter so tun können, als ob Lernen vornehmlich systematisch in hierarchisch aufeinander folgenden, bewussten Schritten stattfinden würde. Auch hier besteht die gegenwärtige Herausforderung darin, die Gleichzeitigkeit und Komplexität aufeinander abgestimmter Prozesse zu begreifen und zu unterstützen. Das nötigt, das Zusammenwirken dieser zirkulär und vielfach vernetzt verlaufenden Prozesse nicht dadurch außer Kraft zu setzen, dass wir nur das zulassen, was verstandesmäßig in einzelne logische Schritte aufgeteilt werden kann.

Grundlagen des (kindlichen) Erfahrungslernens

Frühkindliches Wissen ist (implizites) Handlungswissen

Frühkindliches Wissen ist in erster Linie Handlungswissen, Wissen, das daraus hervorgeht, dass das Kind sich in der Welt orientiert und orientieren muss, in der es lebt. Man schränkt den Wissensbegriff zu sehr ein, wenn man darunter nur das Wissen versteht und in Erwägung zieht, das von einer Generation auf die andere übertragen wird. Dabei wird das alltägliche Hintergrundwissen übersehen, das notwendig ist, damit dieses kulturelle Wissen überhaupt verstanden werden kann. Die Bedeutung dieses Alltags- und Hintergrundwissens sowie seine Entstehung sind die Herausforderung, vor welche die Frühpädagogik die Erforschung kindlicher Lern- und Bildungsprozesse stellt. Denn es entsteht – als Erfahrungswissen – weitgehend durch das Handeln der Kinder in der ihnen gegebenen Umwelt und wird in der Regel nicht intentional durch Erwachsene vermittelt.

Frühkindliches Wissen ist (implizites) Alltagswissen

In Alltagszusammenhängen lernen heißt, in Situationen zu lernen, die nicht unmittelbar auf einen Lernprozess ausgerichtet sind. Dabei wird sehr vieles gelernt, ohne dass das Kind ein unmittelbares Bewusstsein davon hat. Dieses Lernen besteht zu einem wesentlichen Teil aber auch darin, allmählich ein Bewusstsein von den stattfindenden Lernprozessen zu gewinnen. Jedes »Lernen aus Erfahrung« muss mit einem Prozess verbunden werden, in dem die gemachten Erfahrungen vor das Bewusstsein treten, damit man darüber nachdenken kann, was man erfahren hat. Es ist dieser Prozess des Bewusstmachens und Bewusstwerdens, der einen wesentlichen Teil frühkindlicher Lernprozesse ausmacht.

Zwei frühe Mechanismen des Erfahrungslernens

Erfahrungslernen in Alltagserfahrungen ist zuallererst aisthetisches Lernen,[20] d.h., es geht von den körperlich-sinnlichen Empfindungen und Wahrnehmungen der Kinder in ihrem Umfeld aus. Emotionen sind ein wesentlicher Teil davon, denn sie geben den Handlungsprozessen eine Orientierung (Damasio 2004: 78ff.).

Ab dem zweiten Lebensjahr erfolgt Erfahrungslernen zusätzlich über Imitation/Mimesis als Erfassen der Perspektive eines anderen (Erwachsenen oder Gleichaltrigen) (Tomasello 2003: 74f.). Hierbei wird Können und Wissen auf der Basis eines eigenen, nachvollziehenden Handelns übernommen und damit im Rahmen eigener Erfahrungen. Dass es dabei nicht um ein reproduktives Nachmachen geht, sondern um ein Stück Erfahrung aus einer anderen Perspektive als der, die man selbst gefunden hat, soll durch den Begriff der Mimesis ausgedrückt werden.

Erfahrungswissen bildet sich in vielen Handlungsschleifen. Es geht von globalen Erfahrungen aus, die sich durch rekursive, vergleichbare Erfahrungen immer weiter differenzieren. Im Wesentlichen stützt es sich auf zwei Mechanismen:

Die Erweiterung eines vorhandenen Könnens und Wissens entlang neuer Aufgabenstellungen, z.B. beim Laufenlernen

Die mimetische Übernahme von Handlungs- oder Könnensschemata, z.B. beim Gebrauch alltäglicher Werkzeuge wie Messer, Gabel und Löffel oder der Übernahme sozialer Verhaltensweisen.

In den meisten Fällen wirken jedoch beide Möglichkeiten zusammen. Z.B. wird ein Grundmuster – einen Ball rollen – vielleicht auf der Basis von Mimesis übernommen. Durch den ständigen variierenden Gebrauch entlang neuer Möglichkeiten oder Herausforderungen wird es zunehmend individuell verändert und erweitert. Das gilt natürlich auch für den Werkzeuggebrauch.

20 Mit aisthetischem Denken meine ich die Ordnung der Wirklichkeit mit sinnlichen Mitteln. Diese Aufgabe stellt sich in jeder Situation einer sinnlichen Orientierung und ist weit davon entfernt, etwas mit künstlerischen Prozessen zu tun zu haben.

Die Sinnperspektive des Erfahrungslernens
Im Erfahrungslernen ist es der Handlungszusammenhang, der dem Kind die Sinnperspektive eines Ereignisses oder einer Sache erschließt. Handlungen, die ins Alltagsgeschehen eingebettet sind, eröffnen den Kindern die Bedeutung, die Dinge oder Ereignisse im soziokulturellen Umfeld ihres Alltags haben. Da dieses Alltagsgeschehen Teil kultureller Praktiken ist, sind Alltagserfahrungen und kulturelles Lernen nicht von einander zu trennen.

Kulturelles Lernen und individuelle Weltkonstruktion
Die frühe Kindheit ist vor allem die Zeit, in der Kinder das grundlegende Erfahrungswissen sammeln, das sie für das Leben in einer Kultur benötigen. Indem Erfahrungslernen in gegebenen Handlungszusammenhängen stattfindet, erfährt es eine soziale und kulturelle Prägung. Insofern kann man nie von einem natürlichen Lernen sprechen. Das Kind handelt sich gleichsam von Anfang an in die kulturellen Formen hinein. Es sind diese Formen, an die sein zunächst ungezieltes Handeln stößt, die Handlungen zulassen oder abweisen. Durch wiederholtes Handeln entstehen Handlungsmuster, die das bewegungsmäßige Negativ der kulturellen Form bilden. Man darf sich jedoch diesen Prozess des handlungsmäßigen Abtastens nicht im Sinne eines Abbildens vorstellen, sondern eher als zureichende Konstruktion. Verinnerlichung und Repräsentation der jeweiligen Handlungsmuster ermöglichen Freiräume: Die erworbenen Muster können variiert und differenziert oder mit anderen Handlungsformen kombiniert werden. Umgekehrt lassen sie sich auch geeigneten Umwelten einschreiben. Auf diese Weise prägen sich subjektive Handlungsmuster nicht nur in Lernwelten ein, sondern werden Umwelten auch durch individuelle Gestaltungsprozesse sukzessiv verändert.

Das kumulative Erfahrungswissen wird individuell strukturiert und führt zu individuell variierenden Weltkonstruktionen. Diese werden aber intersubjektiv dadurch aufeinander abgestimmt,

- dass kulturelle Vorgaben zu personenübergreifenden, vergleichbaren Mustern führen (geteilte Erfahrungsbereiche, die kulturell synchronisiert werden)

- dass interindividuelle Unterschied über kommunikative Prozesse, insbesondere durch Sprache, verglichen und aufeinander bezogen/abgebildet werden können.

Über Kommunikation werden Erfahrungen sozial und kulturell synchronisiert.

Eine andere Logik des Erfahrungswissens

Ausgangspunkt sind nicht einzelne Elementen

Kleine Kinder setzen ihr Bild von der Welt nicht aus einzelnen Elementen zusammen. Sie fügen nicht die Brust, den Mund und den Arm der Mutter zusammen, um daraus eine Fütterungssituation zu »konstruieren«. Vielmehr erleben sie die Stillsituation als ein integriertes Ereignis, das – wenn es sich öfter gleichartig wiederholt – wiedererkannt werden kann. Es bekommt dann allmählich typische Züge, die erwartet werden. Das Baby ist möglicherweise verwirrt, wenn sich die Situation nicht so abspielt, wie sie sich gewöhnlich abspielt. Nur wenn solche stabile Ereignismuster gewonnen werden, können sich im Laufe der Zeit daraus einzelne Elemente herausheben. Das Erfahrungsmuster differenziert sich.

Keine mechanischen Ursache-Wirkungszusammenhänge

In der Stillsituation hängen die Ereignisse so zusammen, wie sie in den Stillhandlungen zusammengehören. Da ruft zwar auch eine Geste die nächste hervor. Aber die haltende Hand der Mutter ist nicht die Ursache dafür, dass das Baby beruhigt saugt, auch wenn es da eine plausible Verbindung gibt. Genauso wenig ist das Saugen des Babys die kausale Ursache dafür, dass die Mutter zufrieden ist – auch wenn hier ein Zusammenhang nicht verleugnet werden muss. Vielmehr ist es wohl so, dass eine Geste des Babys von der Mutter in einer bestimmten Weise »verstanden« wird und sie dann aus diesem Verständnis heraus in Abstimmung mit ihrem Selbsterleben reagiert. Und umgekehrt gilt natürlich auch, dass das Baby die Gesten der Mutter – im Rahmen seiner Erfahrungsmöglichkeit – »versteht« und in seiner Weise darauf antwortet. Aus den Kreisläufen einer solchen Verständigung können dann sehr stabile Verbindungen hervorgehen, die so wirken, wie wenn sie kausal wären.

Erfahrungsmuster bilden sich durch Einschränkung

Ein Fluss, der durch verschiedene Landschaften fließt, wird durch diese unterschiedlich geprägt: durch ein steiles Gefälle anders als durch eine Ebene, durch Felsen anders als durch einen sich stauenden See, durch sich verzweigende Flussarme wiederum anders als durch einen Canyon. Der Fluss hat in der jeweiligen Landschaft ein typisches Bild. So ist es auch mit menschlichem Verhalten. Die zunächst unendlichen und ungezielten Möglichkeiten werden durch die Bewegungsmöglichkeiten des Körpers, durch die Interaktionen mit bestimmten anderen Menschen, durch Gegenstände, die nur bestimmten Handlungsweisen zulassen, eingeschränkt. Bei lebenden Wesen, die zu aktiven Veränderungen fähig sind, schränken gegebene Bedingungen zwar ein, können aber auch einen konstruktiven Umgang damit auslösen. Es entstehen Spielräume des Verhaltens, das sich entlang der gegebenen Möglichkeiten differenziert. So entwickeln sich Handlungs- und Verhaltensmuster, die auf den Kontext einer gegebenen (einschränkenden) Situation abgestimmt sind. Man muss schon zu Formen von Zwang greifen, um auch diese Spielräume zu verschließen. Aber selbst unter Androhung von Gewalt kann man im zwischenmenschlichen Bereich nicht sicher sein, dass der Betroffene nicht doch noch eine Möglichkeit findet, mit der er sich einen – vielleicht sehr kleinen – Spielraum ergattert. Zwischen Erwachsenen und Kindern oder auch von Kindern untereinander kann man oftmals ein Aushandeln dieser Einschränkungen und Spielräume erleben.

Variation und Selektion

Wenn Kinder vor neuen Situationen stehen, besinnen sie sich auf Erfahrungen, die in ähnlichen Situationen bereits einmal irgendwie wirksam waren, und versuchen sie auf die neue Situation zu übertragen. Passen sie nicht, erzeugen sie Variationen davon oder kombinieren sie neu in der Hoffnung, dass dabei eine geeignetere Lösung herauskommt. Durch Ausprobieren wird dann das aussortiert, was sich als ungeeignet erweist. Das Spiel von Variation und Passung oder Aussortieren gelingt umso besser, je größer und differenzierter der Vorrat an Erfahrungsmustern ist, die für den Prozess des Auswählens, Variierens oder Neukombinierens zur Verfügung stehen.

Bildung des Erfahrungslernens als Evolution

Der Prozess der Erfahrungsbildung aus vorhandenen Erfahrungsmustern gleicht einem Evolutionsprozess. Ausgegangen wird von vorhandenen Erfahrungsmustern, diese werden variiert, weniger geeignete Variationen durch Ausprobieren aussortiert und der Prozess wird so lange fortgesetzt, bis eine befriedigende Lösung gefunden wird. Er wird zwar durch vorhandene Erfahrungsmuster und die einschränkenden situativen Bedingungen »determiniert«, ist aber prinzipiell offen hinsichtlich der neuen Lösungen, die dabei herauskommen können.

Kreativität des Erfahrungslernens

Wenn Kinder (das Gleiche gilt aber auch für Erwachsene) neue Erfahrungen machen, greifen sie zunächst auf bekannte Handlungs- und Denkmuster zurück. Wenn keine unmittelbar passenden zur Verfügung stehen, suchen sie nach vergleichbaren, die dann so lange abgewandelt oder auch neu zusammengesetzt werden, bis sie passen. Ein Bastler, der keinen Hammer zu Hand hat, nimmt einen Stein oder einen anderen geeigneten Gegenstand. Ein Tisch, der zusammengebrochen ist, wird mit Stühlen, Balken oder anderen zur Verfügung stehenden Versatzstücken gestützt. Ein Kind, das sich nicht erklären kann, wie sich die Babys im Mutterbauch ernähren, nimmt die ihm bekannte Vorstellung von den Krümeln, die vom Tisch fallen, und verlegt sie in den Mutterleib: Das Baby isst die Krümel. Die Kreativität junger Kinder besteht darin, die ihnen bekannten Erfahrungsmuster auf neue Zusammenhänge anzuwenden und dementsprechend zu variieren. Je mehr Muster an Erfahrung sie gesammelt haben, desto mehr Vorräte haben sie, aus denen sie neue, mögliche Handlungs- und Denkweisen zusammensetzen. Dieser Prozess des Vergleichens, Mischens und Neukonstruierens spielt sich in der Vorstellung ab. Deshalb sind Vorstellen, Spielen, Gestalten, Planen wichtige Prozesse, in denen die Erfahrungsmuster flexibel gemacht und für neue Situationen zurecht gedacht werden können.

Transformationen des Erfahrungswissens

Frühkindliche Bildung besteht also im Wesentlichen aus Erfahrungslernen durch Beteiligung an den Möglichkeiten des soziokulturellen Umfeldes: Bildung aus erster Hand. Erst mit der Sprache gibt es ein Wissen aus zweiter Hand, also ein Wissen, das bereits symbolisch strukturiert zur Übernahme vorliegt. Erfahrungswissen muss strukturiert werden, bis es auch in Sprache gefasst, sprachlich gedacht und als »Theorie« formuliert werden kann. Theoretisches Wissen muss hingegen mit vorangegangenen oder darauf folgenden Erfahrungen verknüpft werden, damit es verstanden und sinnvoll angewendet werden kann.

Ein Weg ins Erfahrungswissen

Jede neue Erfahrung, die kleine Kinder machen, geht von einem konkreten Handeln innerhalb einer gegebenen Situation aus. Diese »Handlungsmuster« können weiter gedacht werden (vgl. Schäfer 2009). Den Weg der Kinder zum Erwerb von Weltwissen könnte man daher knapp und abstrakt als einen Weg beschreiben, der von den Alltagsfahrungen zu Beschreibungen dieser Erfahrungen mit Hilfe abstrakt theoretischer Symbolsysteme führt, wenn sie entsprechend sozial, kulturell und institutionell unterstützt werden:

- Handlungs- und Sinneserfahrungen sind der Ausgangspunkt von Erfahrungswissen.
- Sie werden in bedeutungsvollen Bildern und Szenen gelebten Lebens arrangiert, gespeichert und gedacht.
- In der Erinnerung verbinden sie sich zu neuen Szenen.
- Die Sprache hebt sie vollends ins Bewusstsein und macht sie der bewussten Bearbeitung zugänglich.
- Die Sprache ist aber auch das wichtigste Einfallstor für die Gedanken anderer, die nun, ebenfalls bewusster als vorher, in die eigenen Vorstellungs- und Denkwelten eingebaut werden können.
- Mit den versprachlichten Szenen und Bildern entstehen erste Theorien über die Welt, die sich aus subjektiven Überzeugungen speisen.
- Verknüpft mit dem Wissen aus den kulturellen Speichern können sie an dem überprüft werden, was sich im Laufe der Geschichte an Überzeugungen angesammelt hat. Dadurch gewinnen sie soziale Verbindlichkeit.
- Dazu ist es notwendig, dass den Kindern alternative Denkmodelle zur Verfügung stehen.

- Im Verlauf des Wandels vom konkreten zum theoretischen Denken findet ein Kontextwechsel statt: vom Handlungskontext zum Theoriekontext.
- Das so gewonnene Erfahrungswissen von der lebenden, und der unbelebten materiellen Welt, der kulturellen und der sozialen Welt, bildet die Grundlage allen späteren Wissens bis hin zum wissenschaftlichen Wissen.

Die sozialen Grundlagen früher Bildung

Beteiligung als Grundlage des Bildungsgedankens

Kinder werden – wie oben dargestellt – mit einer Grundausstattung geboren, die sie dazu befähigt, aus Erfahrungen zu lernen. D.h., Kinder bilden sich dadurch, dass sie in die Lage versetzt werden, sich an dem zu beteiligen, was ihnen ihre soziokulturelle Umwelt an Möglichkeiten zur Verfügung stellt. Bildungsprozesse sind also Beziehungsprozesse zwischen einem Kind, wichtigen Personen und dem soziokulturellen Umfeld. Daher ist es eine Grundfrage von Bildungsprozessen, inwieweit sich das Kind mit seinen eigenen Möglichkeiten an diesem Beziehungsgeschehen beteiligt.

Wenn ich von Beteiligung der Kinder spreche, dann gehe ich über die Sozialformen der Beteiligung hinaus und betrachte jede pädagogische Situation als eine Beziehungssituation, die dem Kind mehr oder weniger Beteiligung ermöglicht. Die Selbstbeteiligung der Kinder am sozialen Leben und an der Kultur ist – so gesehen – die Grundlage des Bildungsgedankens. Die Frage frühkindlicher Bildung ist nämlich nicht dadurch zu entscheiden, ob und auf welche Weise bei Kindern ein mehr oder weniger großer Kompetenzzuwachs erreicht wird. Bei dieser Fragestellung würde der soziale Aspekt ihres Lernens auf die Leistungen eines expliziten sozialen Handelns in Gruppen eingegrenzt. Dem steht im Bildungsgedanken gegenüber, dass jeder Bildungsprozess selbst ein soziales Geschehen ist und in seinen – mehr oder weniger offenen – sozialen Dimensionen jeweils mitgedacht werden muss. Und wenn man dies tut, muss man sich von Anfang an entscheiden, in welche soziale Position man das Kind in seinem Bildungsprozess versetzt: in eine des Empfängers oder in eine des gleichwertig an seinem Bildungsprozess mit beteiligten Kindes. Wenn man 20 Kindern ein »Angebot« vorsetzt, dann ist das eine Form der sozialen Beziehung nach dem Modell: Ich zeige dir etwas und du sollst es möglichst gut nachvollziehen. Sozial gesehen ist das ein mehr oder weniger ausgeprägtes, gegebenenfalls abgemildertes Gebot, dessen Qualität der Ausführung in der Regel bewertet wird. Parallel zu einem solchen Angebot werden möglicherweise – z.B. in der Kinderversammlung – demokratische Strukturen geübt. Zusammen betrachtet bedeutet dies, dass der Prozess der Vermittlung einer Sache in seiner sozialen Strukturierung dem sozialen Lernprozess, der in der Kinderversammlung zum Tragen kommt, widerspricht. Die »Vermittlung« von Sach- und Sozialkompetenz kann zwar analytisch, aber nicht im pädagogischen Handeln voneinander getrennt werden. Jede pädagogische Gestaltung von Bildungsprozessen ist ein sozialer Prozess und wirkt als solcher. Auf der einen Seite von Partizipation zu sprechen und auf der anderen eine Angebots- oder Kompetenzvermittlungspädagogik zu betreiben, widerspricht sich.

Die fachliche Aufgabe besteht also darin, die informellen und formellen Bildungssituationen der Kinder so zu gestalten, dass sie sich mit all ihren Möglichkeiten und Kräften daran beteiligen können. Daraus ergibt sich eine Schwierigkeit. Die Kommunikationsstruktur zwischen Erwachsenen und Kindern ist nicht von vornherein auf beiden Seiten gleichgewichtig oder symmetrisch, denn die Erwachsenen wissen ja in der Regel mehr von der Welt und neigen dazu, den Kindern dieses Mehr zu vermitteln.

Damit Kinder sich beteiligen können, müssen ihnen die Erwachsenen entgegenkommen. Die pädagogische Aufgabe besteht dann darin, für Kinder Situationen zu schaffen, die ihnen den Zugang so weit erleichtern, dass sie das ihnen mögliche Ausmaß ihrer Kräfte sinnvoll und erfolgreich einsetzen können. Das heißt nicht, dass Erwachsene die Ungleichheit durch das Angebot besseren Wissens ausgleichen sollen, sondern dass sie ihr professionelles Können gebrauchen, um die für die Bildungssituationen erforderlichen Beteiligungsbedingungen zu schaffen. Im Falle des Scheiterns von Bildungsprozessen stellt sich dann nicht die Frage: »Warum kannst du das nicht?«, sondern: »Was hätten wir besser machen können, damit dein Bildungsgeschehen befriedigender und erfolgreicher hätte ablaufen können?« Damit wäre die Verantwortung für den Bildungsprozess da, wo sie hingehört, nämlich beim sozialen Umfeld und würde nicht als persönliches Versagen dem Kind aufgeladen.

Nur wenn Erwachsene in der Lage sind, die Handlungs-, Gestaltungs- oder Spielprozesse auch ohne Sprache in ihren eigenen Strukturen und Logiken zu verstehen, können sie das Maß an Beteiligung erspüren, das für die Kinder jeweils möglich ist. Mütter fühlen sich in der Regel in ihre Kinder ein. PädagogInnen sollten darüber hinaus auch eine professionell geschulte Aufmerksamkeit dafür entwickeln.

Verständigung

Eine Aussage über einen anderen Menschen ist prinzipiell eine mehr oder weniger plausible Vermutung. Oft genug wird dabei nur der rationale Anteil erfasst. Man kann in den Kopf eines Kindes nicht hineinsehen, sondern eigentlich nur unterstellen, wie man sich selbst in der gleichen Situation verhalten hätte, und dies auf die Perspektive des Kindes beziehen. Geht es um die Beteiligung des Kindes, dann sollten diese Annahmen vom Kind bestätigt oder auch abgewiesen werden können. Von daher bedarf jedes pädagogische Handeln, das auf Beteiligung aus ist, einer Form der Verständigung mit dem Kind. Verständigung meint, dass die Handlungen des Kindes als ein Kommentar auf meine Vermutungen hin verstanden werden und Anlass geben, meine Annahmen und Vermutungen dementsprechend immer wieder neu abzugleichen. Die Grundlage von Bildung als Ermöglichung von individueller Beteiligung am sozialen und kulturellen Geschehen ist daher ein Prozess der expliziten oder impliziten Verständigung zwischen den Beteiligten an dieser Beziehung.

Diese Verständigung ist durch eine Asymmetrie gekennzeichnet. Man kann ja nicht davon ausgehen, das sich Kinder zwischen null und drei Jahren in gleicher Weise explizit verständigen können wie Erwachsene. Vielmehr müssen die impliziten, nichtsprachlichen Fähigkeiten der Kinder zum Dialog unterstellt werden, um einen Rahmen zu schaffen, in dem sie sich dann zeigen und schließlich auch weiterentwickeln können. Das bedingt, dass der Kommunikationsanteil des Kindes als gleichwertig akzeptiert wird, dass seinem Beitrag ein Raum gesichert wird, in dem er zur Geltung kommen kann. Konkret bedeutet dies, dass die Erwachsenen nicht vorschnell glauben, schon zu wissen, was das kleine Wesen da will, sondern eine Haltung des umfassenden »Zuhörens« auf der Ebene aller Sinne pflegen. Zudem gehört Geduld dazu, die Handlungen der Kinder entstehen zu lassen. All dies bezeichne ich als eine Pädagogik des Innehaltens. Sie gibt dem Kind den Raum vor, in den es sich mit seinen Handlungs- und Verständigungsmöglichkeiten hinein entwickeln kann.

Gemeinsam geteilte Erfahrung

Um zu begreifen, wie Kinder sich an den Möglichkeiten, die das soziokulturelle Umfeld gibt, beteiligen, müssen Erwachsene dabei sein, wenn Kinder Erfahrungen machen. Die Erfahrung mit den Kindern teilen heißt, versuchen nachzuvollziehen, was sie bei ihren Tätigkeiten erleben und denken könnten. Dazu reicht es nicht, einfach anwesend zu sein. Nur wenn sich die Erwachsenen in das situationsbezogene Handeln der Kinder einfühlen, können sie Vorstellungen darüber entwickeln, was sich in ihrem Kopf abspielen könnte. Doch nicht die spontane, einfühlend erworbene Deutung ist der Zielpunkt der gemeinsam geteilten Erfahrung, sondern die sprachliche oder nichtsprachliche Verständigung über das, was dem Kind dabei wichtig gewesen sein könnte. Über diesen Prozess der Verständigung, der aus der gemeinsam geteilten Erfahrung hervorgeht, gibt der Erwachsene auch dem Kind die Gelegenheit, seine Erfahrungen mit denen der Erwachsenen zu teilen. Gemeinsam geteilte Erfahrung erfordert also zweierlei: zum einen einfühlende Bezugnahme auf eine Handlungssituation des Kindes und zum anderen einen wechselseitigen Verständigungsprozess, in dem sowohl der Erwachsene die Erfahrung des Kindes zu verstehen versucht als auch das Kind an den Erfahrungen des Erwachsenenüber den Verständigungsprozess teilnimmt.

Kultur des Lernens

Das kindliche Erfahrungswissen entsteht also immer in einem Resonanzverhältnis mit einem sozialen Umfeld. Es gestaltet sich unterschiedlich, je nach dem Ausmaß, in dem sich Kinder an der gegebenen Umwelt beteiligen können. Es verändert seine Qualität, wenn andere – Erwachsene und Kinder – die Erfahrungen mit den Kindern teilen oder sich uninteressiert abwenden. Unterschiedliche soziale Resonanz beeinflusst, was Kinder aus ihren Erfahrungen machen und wie sie dies tun bis hin zur Frage: Was nehme ich wahr und soll oder darf ich nicht wahrnehmen. Prozesse der Verständigung (oder Nichtverständigung) treiben das Erfahrungslernen voran oder behindern es. Und – Erfahrungen brauchen Formen des Denkens, mit denen sie bewusst werden und bewusst überdacht werden können. Eine Alltagskultur, eine Kultur der Geschichten und Bilder, des Gesprächs, des Erzählens und Gestaltens sind der elementare Resonanzboden, auf dem die Erfahrungen in den sozialen und kulturellen Austausch treten und Teil eines expliziten Erfahrungswissens werden. Es sollte deutlich geworden sein, dass dieser Austausch und diese Wechselwirkung mit dem Modell des Kompetenzerwerbs nicht annähernd beschrieben werden kann. Vielmehr baut sich das kindliche Erfahrungslernen aus den biographischen Möglichkeiten, den Formen der sozialen und kulturellen Resonanz, den gegebenen sachlichen Herausforderungen sowie den sozialen, kulturellen und gesellschaftlichen Rahmenbedingungen gleichermaßen auf. Frühkindliche Bildung, die diesem Erfahrungslernen der Kinder Raum gibt, bedarf einer Kultur des Lernens.

Literatur

Bateson, G. (1981). Ökologie des Geistes. Frankfurt am Main: Suhrkamp.

Bateson, G. (1982). Geist und Natur. Frankfurt am Main: Suhrkamp.

Bruner, J. (1987). Wie das Kind sprechen lernt. Bern u.a.: Huber.

Damasio, A. R. (1994). Descartes' Irrtum. München: List.

Edelman, G. M. (1993). Unser Gehirn – Ein dynamisches System. München u.a.: Piper.

Schäfer, G. E. (2009). Frühe Wege ins Naturwissen. In: G. E. Schäfer/M. Alemzadeh/H. Eden/D. Rosenfelder (Hrsg.), Natur als Werkstatt. Weimar u.a.: Verlag das Netzwerk, S. 81–99.

Schäfer, G. E. (2010). Frühkindliche Bildungsprozesse in ethnographischer Perspektive. In: G. E. Schäfer/R. Staege (Hrsg.), Frühkindliche Lernprozesse verstehen – Ethnographische und phänomenologische Beiträge zur Bildungsforschung. Weinheim u.a.: Juventa-Verlag, S. 69–90.

Schäfer, G. E. (2011). Gedanken-Spiele – Über Kultur der Kinder in der frühen Kindheit. In: A. Flügel/R. Hoffmann/M. Klaas/B. Peperhove (Hrsg.), Kinderkulturen. Wiesbaden: Verlag für Sozialwissenschaft, S. 85–102.

Singer, W. (2002). Der Beobachter im Gehirn. Frankfurt am Main: Suhrkamp.

Singer, W. (2003). Ein neues Menschenbild? Gespräche über Hirnforschung. Frankfurt am Main: Suhrkamp.

Tomasello, M. (2003). Die kulturelle Entwicklung des menschlichen Denkens. Darmstadt: Wissenschaftliche Buchgesellschaft.

Weinert, F. E. (1999). Konzepte der Kompetenz. Paris: OECD.

Weinert, F. L. (1994). Lernen lernen und das eigene Lernen verstehen. In: K. Reusser/M. Reusser-Weyeneth (Hrsg.), Verstehen, psychologischer Prozess und didaktische Aufgabe. Bern u.a.: Huber.

12. Mein Kopf mein Bauch mein Herz und ich – Lernen braucht Neugier und Kompetenzerleben

Hiltrud Bierbaum-Luttermann

LERNEN, BESONDERS QUALITATIVES LERNEN, braucht Begeisterung – auch im neurologischen Sinne, da sich Netzwerke dann besonders gut ausbilden, die das Gelernte dauerhaft und nutzbar verknüpfen. Ein solches Lernklima entsteht durch das Zusammentreffen von Lust an Wachstum und Meisterschaft (vgl. Olness/Kohen 2001), mit dem jedes Kind auf die Welt kommt, und der Zuwendung, Inspiration, Ermutigung und die freundlich interessierte Begleitung durch die Bezugspersonen. Diese Erkenntnis ist eine von den vielleicht wichtigsten drei, die ich in meiner langjährigen therapeutischen Tätigkeit gewinnen konnte. Darüber hinaus habe ich gelernt: Menschen sind verschieden! Und – Menschen ändern sich, wenn sie sich anders erleben oder wahrnehmen, d.h. eingeladen werden, eine andere Perspektive auf sich und ihr Umfeld einzunehmen! Im Folgenden möchte ich zunächst die Grundsätze meiner therapeutischen Haltung und Arbeit mit Kindern vermitteln, aus denen sich die im Anschluss dargestellten praktischen Herangehensweisen entwickeln.

»Das ursprünglichste Erfahren von Lernen ist, sicher (an)gebunden zu sein und gleichzeitig dabei wachsen zu dürfen. Diese wunderbare Erfahrung kennt ein jedes Kind ... im Bauch der Mutter.« (Hüther 2010). Nach dem Mutterleib bildet die soziale Umwelt den weiteren Rahmen für die Entwicklung. Für diejenigen, die Kinder beim Lernen begleiten, heißt das, dass sie durch ihre Tätigkeit einen Lern- und Spielraum für die Kinder zur Verfügung stellen, eine Art »Containment«, ein Gefäß, das gleichzeitig auch Schutz und Zugehörigkeit sowie die Möglichkeit sich selbst zu entwickeln bietet. Klaus Grawe (2004) hat basierend auf den Untersuchungen von Epstein (1993) aus den 1970-er-Jahren das Modell der vier Grundbedürfnisse erarbeitet, auf dessen Grundlage Glaubensätze gebildet werden, die dann wiederum Handlungs- und Verhaltensmuster mitbestimmen. Die Bedürfnisse nach Bindung und Zugehörigkeit, Kontrolle (Selbstwirksamkeit) und Orientierung, Lusterleben und Unlustvermeidung, Selbstwerterhöhung und Selbstschutz bringt jeder Mensch mit auf die Welt. Werden die Grundbedürfnisse ausreichend befriedigt, entsteht eine Balance und gesunde Innen-Außen-Orientierung, die sich durch eine Grundhaltung im Leben äußert, die man am besten mit den drei großen »C« der Positiven Psychologie charakterisiert: Control, Commitment, und Challange.

Control könnte man in etwa übersetzen mit dem Gefühl von Kontrolle und Erleben von Selbstwirksamkeit: Ich habe Einfluss auf mein Leben, meine soziale und dingliche Umwelt, ich kann gestalten und etwas bewirken.

Commitment bedeutet so viel wie, sich selbst etwas zutrauen, zumuten, sich einsetzen und für sich und seine Handlungsspielräume Verantwortung übernehmen.

Challenge bedeutet in diesem Zusammenhang, Neues als Herausforderung zu erleben, neugierig zu sein und sich auszuprobieren. Die Grundeinstellung ist eher, wie man etwas schaffen kann, und weniger die Frage, ob man es überhaupt hinbekommt.

Die drei »C« stehen für Resilienz und Selbstwertgefühl im Gegensatz zu einer hilflosen Haltung schnellen Aufgebens und negativer Wirksamkeitserwartung. Letztere hindert Kinder daran, ihre Neugier und Lernfreude zu erleben und sich damit pro-aktiv und selbstfürsorglich zu verhalten. Wissen, Verstehen und Begreifen des eigenen Körpers und Selbst fördern das Selbstgefühl, ermöglichen Selbstregulation, Orientierung, Sicherheit und das Vertrauen, sich gut zu kennen, mit sich im Kontakt zu sein, sich selbst trösten, anspornen, sein eigener Freund sein und sich annehmen zu können. Dies ist eine wesentliche Grundlage dafür, sich mit der Welt und den anderen in Beziehung zu setzen, und auch für das Lernen, egal welcher Art.

Schon in den 1970er-Jahren stellten John Holt (1971)u.a. fest, dass »Kinder sich dann am besten entwickeln, wenn wir ihnen Selbstbewusstsein über ihre Art der Wahrnehmung vermitteln«. Das heißt, dass wir uns zunächst einmal für die kindlichen Lösungswege interessieren, sie verstehen und sie annehmen und erst im zweiten Schritt Korrekturen und Verbesserungen anbieten. So machen z.B. Lehrer oder Eltern aus meinem Arbeitskontext erstaunliche Erfahrungen, wenn sie sich für den versuchten Lösungsweg des Kindes interessieren: »Wie bist du auf dieses Ergebnis gekommen?« Die Kinder fühlen sich dadurch gewürdigt und nehmen weitere Erklärungen besser an. Genauso ergeht es den Eltern oder LehrerInnen, wenn sie ihre Ermutigungen oder Lob nicht einfach in Form einer Bewertung abgeben (»Toll, sieht ja schön aus!«), sondern auch hier nachfragen, wie das Kind das gemacht hat, was genau das ist, woher die Idee kommt etc.[21] Diese Fragen läuten beim Kind und Erwachsenen gleichermaßen ressourcenorientierte Suchprozesse ein und eröffnen einen Prozess des gemeinsamen Betrachtens, der gemeinsamen Aufmerksamkeit auf die Dinge, das, was wir »joint attention« nennen.

Ein interessantes Ergebnis aus der Forschung über neurologische Prozesse von ADHS-diagnostizierten Kindern bestätigt den Eindruck vieler ihrer Eltern und Bezugspersonen, dass nämlich die Aufmerksamkeit dieser Kinder nicht durchgängig qualitativ gestört ist. Wenn diese Kinder Interesse an etwas haben, wirklich motiviert und leidenschaftlich dabei sind, können sie stundenlang mit Legos bauen, Waveboard oder Schlagzeug üben oder sogar Geschichten schreiben. Das Problem mit der Aufmerksamkeit entsteht offenbar vor allem dann, wenn das Kind etwas tun soll, was z.B. nicht gleich interessant ist, als langweilig erlebt wird oder schon negativ durch Misserfolg besetzt ist. Es fehlt also an der nötigen Energie und Belastbarkeit, Aufmerksamkeit und Anstrengung für diese Anforderung aufzubringen. ADHS ist entsprechend häufig ein motivationales Problem (vgl. Petermann/Tuissant 2009). Daher ist die besondere Aufgabe und Herausforderung in der Arbeit mit diesen Kindern, mit ihnen Möglichkeiten zur Selbstmotivation zu entdecken, Interesse zu wecken und Dinge »spannender« zu machen. Jesper Juul sagt zum Thema ADHS Kinder zu Recht: »Die brauchen genauso dasselbe wie die anderen Kinder, nur mehr davon und manchmal auch weniger.« (Juul 2009)

Da wir wissen, dass Neugier, Kompetenzerleben und Erfolg die besten Motivatoren sind, können wir genau dort ansetzen: das Kind neugierig machen auf sich selbst oder die Umwelt. Dazu ein Beispiel aus der Praxis.

Achmed ist ein siebenjähriger türkischer Junge mit vielen Problemen: ADHS-Diagnose und Verhaltensauffälligkeiten vor allem im sozialen Bereich aufgrund seiner Impulsivität. Nach Auffassung der LehrerInnen ist

21 Vgl. hierzu auch die Ideen von Ben Furmann aus dem »Ich schaffs«-Programm (Fuhrmann 2008).

er nicht beschulbar. Er bekommt viel Ritalin verabreicht, bleibt aber renitent, uneinsichtig und fühlt sich schnell angegriffen. Versuche, an sein Gewissen oder die Einhaltung vor Regeln zu appellieren, führen zu kurzfristig überangepasster Einsicht oder Gegenwehr bzw. zur Verleugnung seiner »Taten«.

Nach einem kurzem erfolglosen Gesprächsversuch setze ich mich mit ihm auf den Boden, überlege einen Moment und werfe ihm einen Ball zu, den er etwas ungeschickt auffängt. Ich frage ihn: »Achmed, wie hast du das gerade gemacht?« Er fragt erstaunt, was ich meine. »Das Fangen, deine Hände, wie ging das?«, erwidere ich. Er schüttelt verwundert den Kopf und streckt die Hände aus, damit ich erneut den Ball werfe. Dann überlegt er: »Mein Körper hat das gemacht.« »Ja, genau, was genau, wie geht das?«, frage ich. Nach erneutem Werfen und Fangen, das er jetzt hochkonzentriert und geschickter durchführt, erklärt er stolz: »Meine Hände, meine Hände und Arme können das.« Ich frage ihn, woher die das denn wissen könnten, was sie tun sollen. Nach weiteren Versuchen sagte er: » Mein Kopf weiß das.« – »Und«, frage ich, »was genau?« »Mein Gehirn, mein Gehirn macht das.« Ich frage weiter nach der Verbindung von Gehirn und Händen, wir kommen auf Muskeln und die Verbindungen, die Nerven zu sprechen. »So was hab ich nicht«, sagt er, und fügt traurig hinzu: » Das ist doch das, was immer nervt.« Ich erkläre ihm und lasse ihn erfahren, wie seine Nerven arbeiten, indem ich ihn, während er die Augen schließt, an der Hand berühre. Er weiß, wo ich ihn angefasst habe und wieder ist er sehr erstaunt, dass »... das so geht«. Im Verlauf der Stunde arbeiten wir weiter in diesem Sinne, bis er verstanden und gespürt hat, wie sein Körper funktioniert. Aus dieser Zufriedenheit heraus kann er im weiteren Verlauf seine Selbstwahrnehmung und damit auch seine Selbstregulation deutlich verbessern. Ich führe die Idee von Daniel Kohen, einem der Väter der klinischen Hypnose mit Kindern und Jugendlichen, ein: »Wer ist der Boss von deinem Gehirn und all deinen Muskeln?« Ein guter Boss will er natürlich gerne sein!

Sehr gut bewährt hat sich das Vermitteln von Körperwissen und Empfinden auch beim Thema Enuresis (Einnässen). Wir erleben häufiger, dass nach der Reise durch den Körper und dem Werben um Verständnis für die Blase sowie Fördern eines besseren Kontaktes zwischen Hirn und

Blase das Kind schnell trocken wird, sofern keine anderen Grundbedürfnisse »dagegen« sprechen.

Neugier und Verwunderung also sind wunderbar geeignet, um den emotionalen Boden für qualitative Lernprozesse zu bereiten. Dies wird besonders in sogenannten Impact-Techniken genutzt, wie sie vor allem von Danie Beaulieu (2005) und Ed Jacobs (1994)vermittelt werden. Die Technik basiert auf der Idee, dass nachhaltiges Lernen durch Erleben und die Beteiligung möglichst vieler sensorischer Modalitäten erfolgt – Don't leave the people with words, give them experiences/Lass die Leute nicht mit Worten stehen, gibt ihnen Erfahrungen! Gleichzeitig werden Symbole und Gegenstände aus dem Alltagsleben genutzt, um die Erinnerung an das Erfahrene immer wieder anzustoßen (Mnemotechniken/Wiedererkennen). Abstrakte und komplexe Dinge werden so konkretisiert. Das Kind oder die Eltern werden aufmerksam, weil etwas Ungewöhnliches oder Überraschendes geschieht.

Beispielsweise lege ich einem Vater, der hohe Ansprüche an sein Kind stellt, sich etwa genauso gut wie sein Bruder zu entwickeln, oder einem Kind, das traurig und frustriert ist, weil es etwas noch nicht so gut wie andere kann, ein paar Feuerbohnen auf den Tisch. Während diese betrachtet werden, sage ich: »Nehmen wir an, ich pflanze diese vier Bohnen in Töpfe, wo sollte ich sie dann hinstellen, damit sie gut wachsen?« »Ans Fenster natürlich!«, ist in der Regel die Antwort. Dann könnte ich den Vater fragen: »Steht ihr kleiner Sohn auch gut am Fenster im Moment?« Oder: »Was meinen Sie, werden alle diese Bohnen gleichzeitig herauskommen und genau gleich wachsen?« – »Nein.« – »Warum nicht?« – «Weil sie verschieden sind«, lautet die Antwort. – »Und so ist es auch mit den Menschen.« Und weiter: »Wenn Sie dann die eine Bohne, die etwas langsamer kommt, mehr und mehr gießen. wird sie dann schneller wachsen?« …

Impact-Techniken nutzen also die symbolische Kraft einfacher alltäglicher Dinge, um abstrakte, kognitive Ideen und komplexe Zusammenhänge oder Probleme in leicht verständliche eingängige Metaphern und Erfahrungen zu verwandeln. Damit werden sie im impliziten Gedächtnismodus verankert, gefühlsmäßig aufgeladen und gespeichert.

Pflanzen- oder Gartenmetaphern eignen sich gut, um Entwicklungsprozesse zu verdeutlichen. Eltern oder auch ErzieherInnen und Lehrer/

innen, die sehr stark auf »Fehlersuche« bei den Kindern sind, eher das Fehlende kritisieren als das Vorhandene anerkennen, kann man fragen: »Wenn sie einen Garten haben oder hätten, wo düngen und gießen Sie besonderes sorgfältig oder auch selbstverständlich?« – »Na da, wo was wachsen soll, wo man gepflanzt hat, man will, dass was wächst und gedeiht.« –»Ja, das ist richtig. Und welchen Bereich ›gießen‹ Sie bei Ihrem Kind? Wohin fließt da ihre Aufmerksamkeit, auf die Fehler oder das Gewünschte, das, was wachsen soll?«

Multisensorisch arbeiten, Bekanntes nutzen, mit Humor, emotionaler Bewegung, Konfrontation und »Weichenstellungen« (Mrochen, S./Holtz, K. L./Trenkle, B. 2000) arbeiten, sind die Herangehensweisen dieser Methode. Auf diese Weise wird der Zusammenhang zum Entwicklungsthema oder der Lösung hergestellt. Der Eindruck (Impact) der benutzten Metapher aktiviert viel mehr Hirnregionen als eine kognitive Belehrung ist dadurch besonderes wirksam. Lernprozesse finden so, wie gesagt, eher auf der emotionalen Haltungsebene statt. Hier in unserem Beispiel heißt das: eine andere Haltung zum Kind oder Sicht auf das Kind haben/z.B. dass es anders sein darf o.Ä. Eine Änderung der Haltung ist oft die Voraussetzung für die Veränderung des konkreten Handelns, sie wirkt nachhaltiger und bewirkt eine emotionale Bewegung.

Eine andere Möglichkeit zum Thema Akzeptanz von Verschiedenheit wäre, eine Packung mit Buntstiften und eine mit nur grauen oder roten Stiften vor die Kinder oder Eltern hinzulegen und zu fragen, welche man lieber nehmen möchte, um ein Bild zu malen. Kinder sagen sofort, dass sie die bunten möchten. »Warum denn«, fragt man dann. – »Weil man damit bessere Bilder machen kann« etc. – Und so ist es auch mit Kindern: Wenn alle gleich sind gibt es nur ein langweiliges Bild. Wenn verschieden »Farben« da sind, wird das Bild (das Spiel, die Gruppe) bunter, lebendiger etc.

Die Kinder auf sich selbst und ihr Erleben zu konzentrieren, kann außer durch Impacts auch durch die Arbeit mit »Teilen« der Persönlichkeit des Kindes angeregt werden. »Wer bin ich und wenn ja, wie viele?« – Dieser viel zitierte Satz, wohl ursprünglich einmal ein Graffiti, enthält die Idee, auf die auch die hier beschriebene Zugangsweise aufbaut. Es geht darum, dass wir Menschen je nach Kontext und Alter, Anforderung und Erleben andere »Teile« in uns aktivieren. Das können Kompetenzen (der Fußballer), unterschiedliche Ich-Zustände (wenn ich wie ein Baby bin …) oder auch Bedürfnisse (der Selbermacher, der Mitläufer in mir) und Gefühle (meine Wut, mein »Null-Bock«) sein, die aktiviert werden und das Selbsterleben, Verhalten oder Empfinden gestalten. In meiner Praxis als Kinder- und Jugendlichenpsychotherapeutin hat es sich bewährt, Kindern dieses Modell von unterschiedlichen Anteilen der eigenen Person zu vermitteln, um ihnen so eine Möglichkeit zu geben, mit sich selbst in Kontakt zu treten, sich besser zu verstehen, wahrzunehmen und Entscheidungen zu treffen.

Wir können Kinder dabei unterstützen, sich selbst wahrzunehmen, zu mögen und zu verstehen, das ist die beste Grundlage für ein gesundes Körperselbst. Die einfachste Form, die auch schon kleinen Kindern sehr plausibel ist, ist z.B. die Vorstellung von Kopf, Herz und Bauch, so wie sie auf ganz wundervolle Weise in Helme Heines Bilderbuch »Der Club« dargestellt wird. Da gibt es Professor Kopf, Rosi Herz, die »im linken Stock oben wohnt« und »Dick Bauch, der weiter unten die Dinge regelt«. Diese drei Freunde bekommt jedes Kind schon im Moment seiner Geburt – wie wir wissen, ja eigentlich noch viel früher. Sie begleiten uns ein Leben lang und kennen uns von Anfang an. Durch die Vorstellung der Körperteile als Freunde, die uns etwas mitteilen, die für uns arbeiten und zusammenhalten, bekommt das Kind das Gefühl, »nicht alleine« zu sein und mehrere Facetten zu haben. Das dahinterstehende Konzept ist das der Dissoziation. Anteile der Erlebens werden im Sinne einer Metapher oder ähnlichem externalisiert und damit betrachtbar, händelbarer und einfach bekannter gemacht.

Über diesen Weg, den vor allem Siegfried Mrochen für Kinder ausgearbeitet und in vielen seiner Workshops und Veröffentlichungen populär gemacht hat, kann man wunderbar mit Kindern über Inhalte oder Bedürfnisse kommunizieren, die sonst entweder unbewusst sind, oder aus Scham, Peinlichkeit oder Angst vermieden werden. »Wenn sich Kopf, Bauch und Herz streiten, und das kommt auch mal bei besten Freunden vor, wenn sie nicht mehr miteinander reden, wirst du krank«, heißt es in dem Buch von Heine weiter. Dies ist ein sehr plausibles Modell, um darüber zu reden und zu verstehen, »was in einem so los ist«. Außerdem lädt dieses Konzept dazu ein, sich selbst freundlicher oder mit mehr Interesse zuzuhören und zu versorgen. Auch ungeliebte oder abgelehnte Teile kann man so besser kennenlernen und integrieren. Angst, Scham, Heimweh, Wut, Dyskalkulie etc. bekommen Aufmerksamkeit und Interesse (auch durch mich als Gegenüber) – werden gewürdigt und manchmal wird auch mit ihnen verhandelt.

Unlängst kam ein achtjähriger Junge zu mir, der aus unerfindlichen Gründen plötzlich jeden Morgen schwere Schmerzen im Bauch hatte und auf keinen Fall in die Schule wollte. Er aß nicht mehr, weinte schrecklich, die Eltern waren verzweifelt. Er selbst fand das auch sehr komisch, weil ja alles in Ordnung sei. Er habe keine Angst, es laufe gut mit Freunden. Alle waren ratlos. Ich bat ihn, für seinen Kopf, seinen Bauch und sein Herz Tiere (Handpuppen) auszusuchen, was er gerne tat. Dann unterhielt ich mich mit den Tieren und fragte schließlich Herrn Kopf, da er sich am besten dort oben auskenne bei Lenny, wo er eigentlich alles Wissen aufbewahre. »In Schubladen«, war die Antwort und Herr Kopf ergänzte gleich darauf, da wäre ja auch noch diese Sorgenschublade Nr. 41, die mache ihm nachts soviel Arbeit. Vorsichtig öffneten wir die Schublade und ordneten die Sorgen nach Größe und Gewicht. Und dann hatten wir sie: die Peinlichkeitssorge. Hier konnten Bauch und Herz auch einiges dazu sagen und es ging Lenny schon ein ganzes Stück besser. Auf die Frage, was Lenny denn brauchen könne, konnte der Bauch sehr gut antworten im Gegensatz zu Lenny selbst.

Wichtig bei dieser Arbeit ist, dass die Tiere oder Äußerungen nicht interpretiert oder bewertet werden. Es wird grundsätzlich davon ausgegangen, dass jeder Teil zunächst einmal eine positive Absicht verfolgt, auch wenn sich das nicht so anfühlt. Das Reframing (Umdeutung), z.B. Angst als Schutz oder Helfer zu betrachten, ist daher ein oft notwendiger Zwischenschritt.

Das Thema Peinlichkeit soll hier noch einmal herausgegriffen werden, da es häufig die Ursache für soziale Ängste und damit Lernblockierungen ist. Scham und Peinlichkeit haben immer auch mit dem Gefühl von Ausgrenzung, z.B. nicht Teil der Gruppe sein, zu tun. Gerald Hüther (2009) hat anschaulich beschreiben, dass dieses Gefühl deshalb so dramatisch für uns ist, da wir als »Herdentiere« auf die Gemeinschaft angewiesen sind, um zu überleben. So verursacht Ausgrenzung neurologisch gesehen eine starke

Reaktion im Schmerzzentrum des Gehirns, wird also als körperlich sehr unangenehm wahrgenommen, sodass man alles tut, um das Gefühl zu vermeiden, z.B. Situationen aus dem Weg geht, in denen das passieren kann, oder sich übermäßig anpasst. Gabriele Frick-Baer (2009) schreibt in ihrem Buch »Aufrichten in Würde« sinngemäß, die Scham sei die »Wächterin« des innersten Kreises oder inneren Ichs.

Diese Idee bot ich Lenny an und forderte ihn auf, seine »Schichten« von innen nach außen, ähnlich einer Zielscheibe aufzumalen und zu schauen, bis wohin das Gelächter der anderen Kinder »vordringt«, wo die Peinlichkeit einsetzt und was sozusagen hinter der Scham verborgen und schützenswert ist. »Etwas sehr Wertvolles muss das sein bei so doller Peinlichkeit«, sagt er nüchtern und leicht erstaunt. Im weiteren Verlauf stellt er sich mit Hilfe einer Visualisierung und Imagination in leichter Trance vor, wie der innerste Kreis stärker wird und die anderen Kreise weniger durchlässig. »Lenny, ich möchte, wenn du magst, dich einladen, eine interessante Erfahrung zu machen. Du kannst dafür die Augen schließen, musst du nicht, aber kannst du, es ist dann vielleicht einfacher oder gemütlicher für dich. Und du kannst das Gewicht deines Körpers einfach für diesen Moment an den Stuhl abgeben, angenehm dich tragen lassen. Während dann ein Teil deiner Aufmerksamkeit meiner Stimme lauscht, kann ein anderer Teil sich deinen inneren Kreisen zuwenden. Vielleicht kannst du sie erkennen, oder spüren, wo in deinem Körper der innerste Kreis ist, der so gut bewacht und geschützt wird von den Peinlichkeitswächtern (Begriff, den der Junge selbst erfunden hatte). Und du kannst Kontakt aufnehmen zu diesem Teil von dir, der so wichtig und schützenswert ist und so gut versteckt. Und Lenny, du kannst, wenn du magst und wenn es für dich passt, dort etwas hineingeben, fühlen, was diesen Teil stärker und deutlicher macht. Du kannst auch den Wächtern etwas geben, dich bei ihnen bedanken, auch wenn dir das ein bisschen seltsam vorkommt, und sie beruhigen, sie auf deine Weise stärken. Du kannst in dir, bis nach draußen, ein Kraftfeld aufbauen, gemütlich und klar, durch das nur das hindurchkommt, was du hindurchlassen willst. Ganz einfach, mit ein paar tiefen Atemzügen kannst du es aufbauen und spüren, wann immer du es brauchst. Und mit diesem Wissen in dir kannst du mit deiner Aufmerksamkeit hierher zurückkehren, in deinem Tempo, dich recken oder dir die Augen reiben. Okay?

Lenny war verwundert und gleichzeitig ruhig und zufrieden. Er machte die Erfahrung, sich durch die besondere Art der Aufmerksamkeit und eigene Vorstellungskraft zu stärken.

Die inneren Bilder der Kinder sind hier sehr unterschiedlich von Farben oder Tönen bis hin zu Rittern oder Energiefeldern aus der Starwars Trilogie. Die Arbeit mit Imagination erfordert allerdings einige Erfahrung. Leichter ist es, zunächst mit Bilderbüchern oder kleinen Geschichten z.B. aus dem Buch »..und dann trägt mich meine Wolke« zu arbeiten. Wesentlich ist, dem Kind in diesen sehr dichten Momenten einen sicheren Rahmen zu geben, sie in dem Prozess aufmerksam und freundlich zu begleiten, ihnen dabei zu helfen, sich selbst zu helfen.

Literatur

Beaulieu, D. (2005). Impact-Techniken für die Psychotherapie. Heidelberg: Carl-Auer Verlag.

Frick-Baer, G. (2009). Aufrichten in Würde. Methoden und Modelle leiborientierter kreativer Traumatherapie. Neukirchen-Vluyn: Affenkönig Verlag.

Epstein, S. (1993). Implications of cognitive-experiential self-theory for personality and developmental psychology. In: D. Funder, R. Parke, C. Tomlinson-Keasey, & K. Widaman (Eds.), Studying lives through time: Personality and development (pp. 399–438). Washington, DC: American Psychological Association.

Furmann, B. (2008). Ich schaffs. 3. Aufl. Heidelberg: Carl-Auer Verlag.

Grawe, K. (2004). Neuropsychotherapie. Göttingen u.a.: Hogrefe-Verlag.

Heine, H. (2003). Der Club. Weinheim: Beltz.

Heine, H. (2001). Der Boxer und die Prinzessin. Lüneburg: Findling-Buchverlag.

Holt, J. (1971). Wie Kinder lernen. Weinheim: Beltz.

Hüther, G. (2009). Ohne Gefühle geht gar nichts! Mühlheim-Baden: Auditorium Netzwerk.

Jacobs, E. E. (1994). Impact therapy. Odessa, FL: Psychological Assessment.

Juul, J. (2009). Fünf Grundsteine für eine Familie. Mühlheim-Baden: Auditorium Netzwerk.

Mrochen, S./Holtz, K. L./Trenkle, B. (Hrsg.) (2000). Neugierig aufs Großwerden. Heidelberg: Carl-Auer Verlag.

Murdock, M. (1996). Dann trägt mich meine Wolke ... : wie Große und Kleine spielend leicht lernen. 8. Aufl. Freiburg: Bauer Verlag.

Olness, K./Kohen, D. P. (2001). Lehrbuch der Kinderhypnose und- hypnotherapie. Heidelberg: Carl-Auer Verlag.

Petermann, F./Toussaint, A. (2009). Neuropsychologie Diagnostik bei Kindern mit ADHS. In: Kindheit und Entwicklung, H. 2, S. 83–94. Göttingen: Hogrefe.

13. Das Forder-Förder-Projekt als Beispiel einer Pädagogik der individuellen Förderung

Monika Kaiser-Haas/Monika Konrad

»Die Aufgabe der Umgebung ist es nicht, ein Kind zu formen, sondern ihm zu erlauben, sich zu offenbaren.« (Maria Montessori)

VOR MEHR ALS ZEHN JAHREN haben wir in dem Weiterbildungsstudiengang zur Begabtenförderung für LehrerInnen (ECHA-Diplom: »Specialist in Gifted Education«) in Münster engagierte, interessierte LehrerInnen kennengelernt, die wie wir nach neuen Wegen suchten, um Kindern und Jugendlichen in großen Klassen, bei immer bunterer Vielfalt der Persönlichkeiten, besser gerecht zu werden. Seit vielen Jahren organisieren und begleiten wir das Forder-Förder-Projekt im Drehtürmodell (FFP-D) für Schülerinnen und Schüler mit besonderen Begabungen und das Forder-Förder-Projekt zur Individuellen Förderung (FFP-R) im Regelunterricht für alle Schülerinnen und Schüler einer Klasse. Die berufsbegleitende Weiterbildung und die Zusammenarbeit mit gleichgesinnten Kollegen haben unseren Blick auf Kinder und Jugendliche gewandelt. Wir verstehen diesen Wandel zugleich als Antwort auf die ständig sich ändernden Anforderungen unserer Gesellschaft an Bildung, Erziehung und individuelle Förderung der nachwachsenden Generation. Zu diesen Anforderungen gehören angemessene Chancen auf Entfaltung besonderer Begabungen, Chancen der Bewältigung von Lernschwierigkeiten, Chancen zur Integration von Kindern mit Behinderungen (inklusive Pädagogik). Dadurch stehen ErzieherInnen und LehrerInnen täglich vor der Aufgabe, Brücken zu bauen zwischen den verschiedenen Persönlichkeiten der ihnen anvertrauten Kinder und sie stehen wachsenden Erwartungen von Kindern und Eltern gegenüber.

Die Erfolge der pädagogischen Bemühungen werden gemessen in großen Vergleichsstudien wie PISA. Damit sind allerdings nur scheinbar objektiv messbare Ergebnisse unserer pädagogischen Arbeit erfasst. Wir haben dabei gelernt, dass Kinder und Jugendliche, ebenso wie ihre LehrerInnen und ErzieherInnen, in unserer Zeit lebenslange Lerner werden müssen, offen für neue Entwicklungen (Betts 1999, 2008). Darin sehen wir die Chance, dass jeder »sich offenbaren«, d.h. in eigener Verantwortung sein eigenes Wohl und das Wohl der Gemeinschaft nach seiner Überzeugung mitgestalten kann. Wir sind davon überzeugt, dass wir in unserer täglichen Arbeit zum Gelingen individueller Förderung in diesem Sinne beitragen oder sie beeinträchtigen können, auch wenn die Ergebnisse sich einer objektiven Evaluation letztlich entziehen. Sicher erscheint uns dabei zunächst nur dies:

- Pädagogische Arbeit kann nicht *nicht wirksam* werden.
- Pädagogische Arbeit muss zum Wohle des einzelnen Kindes wirksam werden.

Historische Bedingungen einer Pädagogik vom Kind aus

> *»Nichts kann den Menschen mehr stärken, als das Vertrauen, das man ihm entgegen bringt« (Paul Claudel)*

Zu Beginn des 21. Jahrhunderts wird es immer wichtiger, dass junge Menschen durch die Schule auf den raschen Wandel unserer Gesellschaft und Arbeitswelt vorbereitet werden. Im Jahre 2002 schrieb der Sozialforscher Meinhard Miegel in seinem Buch »Die deformierte Gesellschaft«, wie sich die Gesellschaft in unserem Land entwickeln und verändern werde. Von besonderer Bedeutung sind hier zum einen die zunehmende Alterung der Bevölkerung bei einem sinkenden Anteil von Kindern und Jugendlichen, zum anderen die Attraktivität unseres Landes für Zuwanderer: Durch die Zuwanderung wächst die Vielfalt der Persönlichkeiten, damit wachsen auch die Anforderungen an die Lehrer und Schüler, damit gleiche Chancen auf Entfaltung des je eigenen Potenzials gewährleistet werden können.

Angesichts des schwindenden Anteils von Kindern an der Gesamtbevölkerung wird es auch für das Wohl der Gesellschaft immer wichtiger, dass die individuelle Förderung jedes einzelnen Kindes gelingt (Miegel 2002: 144f.). Der Blick wird daher zu Recht seit einigen Jahren verstärkt auf die Individualität und Einzigartigkeit des einzelnen Kindes gerichtet. Unsere Kinder sind mit ihrem Wissen, Können und Vermögen, ihrer Begabung und ihren verschiedenen Talenten die wichtigste Ressource in unserem Land. Sie gilt es im Elternhaus, im Kindergarten, in der Schule, am Berufsausbildungsplatz, der Fachhochschule und der Universität als Persönlichkeiten so umfassend wie möglich zu stärken, damit sich ihre Persönlichkeit kognitiv, sozial-emotional, psycho-motorisch und volitional umfassend entfalten kann.

Zu Beginn des 20. Jahrhunderts stellte die Reformpädagogik das Kind in den Mittelpunkt ihrer pädagogischen Überlegungen. Die Pädagogin und Journalistin Ellen Key schreibt 1903 in ihrem visionären Buch »Das Jahrhundert des Kindes«, dass das Ziel aller Schulerziehung sein sollte, »so viele individuelle Schulmethoden wie möglich zu schaffen [...] und das bedeutet unter anderem, sie von der Dressur des Einlernens, von den Formen der Methodik, von dem Druck der Herde in den Jahren zu befreien, wo die stille, verborgene Seelenarbeit ebenso bedeutungsvoll ist wie das Wachsen des Samens in der Erde!«

Die Rückbesinnung in den vergangenen zehn Jahren auf das Gedankengut der Reformpädagogik greift die Wertschätzung des Kindes und seiner Individualität auf. Diese Wertschätzung gewinnt zu Beginn des 21. Jahrhunderts zunehmend an Bedeutung: Je weniger Kinder in unserer Gesellschaft leben, desto größer werden die Erwartungen und Anforderungen an die junge Generation als Generation zukünftiger Leistungsträger. Der wachsenden Heterogenität und Individualität von Kindern und Jugendlichen entspricht das Zugeständnis, dass zur Chancengleichheit gleiche Chancen auf Entwicklung und Entfaltung jedes Kindes auf seinem persönlichen Entfaltungsniveau gehören. Zur Berücksichtigung von Heterogenität gehören inzwischen neben der besonderen Förderung von Kindern mit Lernschwierigkeiten wie der Lese-Rechtschreibschwäche aus den genannten Gründen auch Herausforderungen für Kinder, die ansonsten im Schulalltag leicht in eine Abwärtsspirale aus Langeweile und Leistungsvermeidung geraten (Feger-Prado 1998).

Alle Kinder individuell zu fordern und zu fördern ist also wichtig für jedes einzelne Kind, aber auch für die Gesellschaft insgesamt. Ausgehend von den Bedürfnissen des Kindes definiert Fischer (2008), was wir unter individueller Förderung verstehen:

»Individuelle Förderung erfordert die Adaption des Forder- und Förder-Angebotes der außer-/vor-/schulischen Umwelt an die kognitiven, sozial-emotionalen und psycho-motorischen Forder- und Förderbedürfnisse des Kindes mit dem Ziel einer optimalen Begabungs- und Persönlichkeitsentwicklung.« (Fischer, Fachtagung für Sport, Bewegung, Spiel in Münster 2010)

Die Entwicklung der rechtlichen Rahmenbedingungen

> *»Die Dinge sind nie so, wie sie sind. Sie sind immer das, was man aus ihnen macht« (Jean Anouilh)*

Die Entwicklung der rechtlichen Rahmenbedingungen konkretisiert die Grundrechte des jungen Menschen auf Erziehung und Bildung. Sie entspricht der wachsenden Wertschätzung der Individualität und Einzigartigkeit jedes Menschen, auch des jungen Menschen, als Person. Nach dem Zweiten Weltkrieg wurden die Grundrechte für alle Menschen in Deutschland durch das Grundgesetz vom 23. Mai 1949 (BGBl.: 1) festgeschrieben als allgemeine Grundlage menschlichen Handelns, sei es privat, sei es als Teil gesellschaftlicher Institutionen:

Artikel 1 Grundgesetz
(1) Die Würde des Menschen ist unantastbar. Sie zu achten und zu schützen ist Verpflichtung aller staatlichen Gewalt.

Artikel 3 Grundgesetz
(1) Alle Menschen sind vor dem Gesetz gleich.
(3) Niemand darf wegen seines Geschlechtes, seiner Abstammung, seiner Rasse, seiner Sprache, seiner Heimat und Herkunft, seines Glaubens, seiner religiösen oder politischen Anschauungen benachteiligt oder bevorzugt werden. Niemand darf wegen seiner Behinderung benachteiligt werden.

Als Grundlage für pädagogisches Handeln verpflichtet das Grundgesetz zu einer pädagogischen Haltung und zu einem Menschenbild, das alle Kinder mit ihrem individuellen Potenzial respektiert und gleichermaßen ernstnimmt, indem es ihnen allen das Recht auf bestmögliche Entfaltung ihres Potenzials zuspricht: Kindern mit und ohne besondere Begabungen, Kindern mit und ohne Entwicklungsverzögerungen oder -störungen,

Kindern mit und ohne Beeinträchtigungen der Gesundheit, Kindern mit und ohne körperliche oder geistige Behinderungen.

Das Bundesbildungsministerium zog daraus im Jahr 1995 neue Schlussfolgerungen für die Rechte von Kindern. In der Broschüre zum Thema Hochbegabung: »Ein Ratgeber für Elternhaus und Schule« »Begabte Kinder finden und fördern« verweist das Ministerium ausdrücklich auf die unterschiedlichen Fähigkeiten, Stärken und Schwächen von Menschen. Das Beste aus den Stärken der Kinder zu machen ist zuerst Aufgabe von Familien, danach von Institutionen der Gesellschaft.

»Jedem Kind zur optimalen Entfaltung seiner individuellen Persönlichkeit zu verhelfen, ist der Auftrag des Staates an die Schule. Unterricht und Erziehung sollten deshalb nicht nur Wissen vermitteln, sondern auch die Interessen und Fähigkeiten, die Kreativität und Phantasie, soziale Verhaltensweisen sowie die Leistungsfähigkeit und -bereitschaft der Schülerinnen und Schüler fördern« (bmbf+f 1995, Vorwort).

Kindergarten und Grundschule tragen als erste außerfamiläre Institutionen eine besondere Verantwortung für die Verwirklichung dieser Forderungen. Mädchen und Jungen aller Herkunft und Begabung treffen in den Gruppen zusammen. Heterogenität und Größe der Gruppen stellen ErzieherInnen und LehrerInnen vor besondere Herausforderungen. Jedes einzelne Kind kommt mit hohen Erwartungen und großer Lernneugierde in die neue Gruppe. Auch die Eltern messen den ersten Erfahrungen ihrer Kinder mit außerhäuslichen Institutionen eine herausragende Bedeutung bei. Sie hoffen, dass ihre bisherige Erziehungs- und Bildungsarbeit fortgesetzt wird. Selbstverständlich wünschen sie sich glückliche Kinder, die mit ihren individuellen Lernbedürfnissen akzeptiert und dementsprechend gebildet und erzogen werden.

In Nordrhein-Westfalen wurde mit dem Schulgesetz vom 01.07.2006 individuelle Förderung ein zentrales Anliegen der Unterrichts- und Schulentwicklung. Das neue Gesetz schafft Raum für neue Chancen und Herausforderungen sowie für eine Orientierung an den Stärken. Sie erklärt den Anspruch jedes einzelnen Kindes auf individuelle Förderung zur zentralen Leitidee:

§ 1 Abs. 1 Schulgesetz NRW
Jeder Mensch hat ohne Rücksicht auf seine wirtschaftliche Lage und Herkunft und sein Geschlecht ein Recht auf schulische Bildung, Erziehung und individuelle Förderung. Dieses Recht wird nach Maßgabe dieses Gesetzes gewährleistet.

Die Fähigkeiten und Neigungen des jungen Menschen sowie der Wille der Eltern bestimmen seinen Bildungsweg. Der Zugang zur schulischen Bildung steht jeder Schülerin und jedem Schüler nach Lernbereitschaft und Leistungsfähigkeit offen.
§ 2 Abs. 3 Schulgesetz NRW

Darüber hinaus gilt der Bildungs- und Erziehungsauftrag der Schule, wie er in § 2 formuliert ist:

Schülerinnen und Schüler mit Entwicklungsverzögerungen oder Behinderungen werden besonders gefördert, um ihnen durch individuelle Hilfen ein möglichst hohes Maß an schulischer und beruflicher Eingliederung, gesellschaftlicher Teilhabe und selbstständiger Lebensgestaltung zu ermöglichen.
§ 2 Abs. 11 Schulgesetz NRW

Besonders Begabte werden durch Beratung und ergänzende Bildungsangebote in ihrer Entwicklung gefördert. (Neues Schulgesetz NRW, Sonderausgabe zum Amtsblatt des Ministeriums für Schule und Weiterbildung, 2006: 19–20)

Damit steht die individuelle Förderung als neue dritte Säule gleichwertig neben denen der Erziehung und Bildung. Jedes einzelne Kind rückt erstmalig in den Mittelpunkt aller pädagogischen Maßnahmen. »Jedes Kind ist etwas Besonderes, und es hat ein Recht verschieden zu sein« (Barbara Sommer, ehemalige Schulministerin von Nordrhein-Westfalen 2007). Es besitzt als Person Wert und Würde, bedarf der Achtung und Beachtung, damit sich seine Persönlichkeit in ihrer Gesamtheit entwickeln kann, intellektuell, emotional, sozial und physisch (Mönks/Kempter 2008). Auch die Rechte des hochbegabten Kindes auf Berücksichtigung seines Potenzials erkennt die Landesregierung damit ausdrücklich an.

Die gleichberechtigte Anerkennung der Entwicklungsbedürfnisse Hochbegabter, Teil des neuen Schulgesetzes in NRW von 2006, geht zurück auf

Entwicklungen in den 80-er-Jahren des vergangenen Jahrhunderts in den USA:

»In den Vereinigten Staaten gibt es eine von der Bundesregierung aufgestellte Definition. Diese Definition [...] wurde von einer Kommission unter Leitung des Abgeordneten Marland aufgestellt und wird daher kurzerhand Marland-Definition genannt: ›Hochbegabte verfügen über verwirklichte oder potentielle Fähigkeiten, die Ausdruck sind von hohen Leistungsmöglichkeiten auf intellektuellem, kreativem, künstlerischem (musikalisch und darstellend) oder spezifischem akademischem Gebiet oder von außergewöhnlichen Führungsqualitäten. Es sind Kinder, die ein differenziertes Unterrichtsangebot und Fördermaßnahmen erfordern, die gewöhnlich in der Regelschule nicht geboten werden, damit sie ihren Beitrag für sich und die Gesellschaft verwirklichen können.« (Mönks 2005).

Für die Anerkennung der Entwicklungsbedürfnisse von Menschen mit Behinderungen, ausdrücklich formuliert im Schulgesetz 2006 in NRW, gibt es inzwischen auch bundesweit neue Grundlagen. Am 3. Mai 2008 trat unter anderem in Deutschland das Übereinkommen der Vereinten Nationen über die Rechte von Menschen mit Behinderungen in Kraft. Grundlage ist Artikel 24 der Internationalen UN-Menschrechtskommission, der UN-Konvention »inclusive education system«. Die Unterzeichner verpflichten sich, allen SchülerInnen mit sonderpädagogischem Förderbedarf den Zugang zu einer inklusiven Schule, einer Schule für alle, zu ermöglichen (Bundesministerium für Arbeit und Soziales 2010). Die Konvention trägt dazu bei, die Chancen der Integration zu verbessern und im Sinne einer Inklusion weiterzuentwickeln (Widmer-Rockstroh 2010).

Artikel 24 (1) UN-Menschenrechtskommission verpflichtet die Unterzeichner,

b) »Menschen mit Behinderungen ihre Persönlichkeit, ihre Begabungen und ihre Kreativität sowie ihre geistigen und körperlichen Fähigkeiten voll zur Entfaltung bringen zu lassen;

c) Menschen mit Behinderungen zur wirklichen Teilhabe in einer freien Gesellschaft zu befähigen.

Artikel 24 (2) UN-Menschenrechtskommission fordert, dass

b) »Menschen mit Behinderungen gleichberechtigt mit anderen in der Gemeinschaft, in der sie leben, Zugang zu einem integrativen, hochwertigen und unentgeltlichen Unterricht an Grundschulen und weiterführenden Schulen haben;

c) angemessene Vorkehrungen für die Bedürfnisse des Einzelnen getroffen werden;

d) Menschen mit Behinderungen innerhalb des allgemeinen Bildungssystems die notwendige Unterstützung geleistet wird, um ihre erfolgreiche Bildung zu erleichtern;

e) in Übereinstimmung mit dem Ziel der vollständigen Integration wirksame individuell angepasste Unterstützungsmaßnahmen in einem Umfeld, dass die bestmögliche schulische und soziale Entwicklung gestattet, angeboten werden.«

Das Gesetz folgt der Leitidee einer inklusiven Pädagogik in einem inklusiven Bildungssystem. Der Artikel 24 stärkt einerseits Eltern von behinderten Kindern bei ihrer Schulwahl und ermutigt andererseits Bildungsverantwortliche im allgemeinen Schulsystem, heterogene Gruppen und Klassen mit behinderten Kindern häufiger zu ermöglichen.

Werte, Haltungen, Beziehungen als Antwort

»In jedem steckt etwas Kostbares« (Martin Buber)

Seinen Nächsten als Mitmenschen mit gleicher Würde zu achten, das heißt zunächst, sich ihn so, wie er geworden ist, zu respektieren, auch in seiner Besonderheit als Heranwachsender. Darüber hinaus heißt es, sich in seine Perspektive zu versetzen, um zu verstehen, was er wollen und leisten kann. Das verlangt von ErzieherInnen und LehrerInnenn, sich allgemeine Kenntnisse der Bedingungen menschlichen Lernens anzueignen. Dazu gehört auch die Kenntnis individueller Besonderheiten der jungen Menschen, um sie mit ihrer Begabung und Persönlichkeit zu verstehen. Das schließt gegebenenfalls die Auseinandersetzung mit Lernschwierigkeiten wie ADS, ADHS, Lese-Rechtschreibschwäche oder Rechenschwäche ebenso ein wie die Beschäftigung mit Hochbegabung und Talenten, körperlicher und geistiger Behinderung. In der Vielfalt verschiedener Voraussetzungen, der Herkunft und der Lebensgeschichten liegt eine besondere Herausforderung. Um ihr angemessen zu begegnen müssen auch ErzieherInnen und LehrerInnen immer wieder Lernende werden. Sie brauchen aber auch zunehmend die Unterstützung durch ExpertInnen, damit individuelle Stärken gefunden und mit ihrer Hilfe Schwierigkeiten bewältigt werden können. Für diese Aufgaben stehen inzwischen außer den SchulpsychologInnen ExpertInnen am Internationalen Centrum für Begabungsforschung (ICBF), ECHA-ErzieherInnen und ECHA-LehrerInnen (ICBF), EOS-BeratungslehrerInnen (ICBF, Fischer, Kuhl), ExpertInnen für Individuelle Förderung (LIF), LernberaterInnen und Lerncoaches (Hameyer, 2008) zur Verfügung.

ErzieherInnen und LehrerInnen müssen lernen zu verhindern, dass aus wissbegierigen, effizient lernenden Kleinkindern junge Menschen werden, denen die Lust am Lernen abhanden gekommen ist. Eine zentrale Botschaft der Neurowissenschaften betrifft die Verknüpfung der Motivation mit dem körpereigenen Belohnungssystem. Die Motivation zu lernen ist damit ebenso verknüpft wie der Hunger. Sie kann demnach nicht theoretisch, abstrakt gelernt werden (Spitzer 2002). Als Erziehende und Lehrende müssen wir auf die Neugier, die Interessen und Wünsche, die Begabungen und Talente der Jungen und Mädchen bauen. Wir müssen ihnen Lernerfolge ermöglichen, die das Belohnungssystem aktivieren. Das heißt, Lernen muss glücklich machen. Wie das gelingt, dafür sollte jeder Lernende als bester Experte gelten, solange nicht außerordentliche Argumente dagegen sprechen. Aufgabe von ErzieherInnen und LehrerInnen ist es, junge Menschen zu ermutigen und darin zu unterstützen, ihre eigenen Wünsche und Ziele zu artikulieren, sie im Zusammenhang mit den Bedürfnissen der Gemeinschaft zu reflektieren und sich mit ihrer Umgebung immer neu auseinanderzusetzen. Lernen als Chance, Glück zu erleben, diese Grundmotivation allen Lernens gilt es also zu erhalten. Wo die pädagogische Unterstützung an ihre Grenzen gerät, kann Unterstützung hilfreich sein durch eine EOS-Potenzialanalyse und darauf aufbauende Beratung. Grundlage ist die Theorie der Persönlichkeit von Kuhl (2005), Testung und Beratung erfolgen durch eigens qualifizierte EOS-Beratungslehrer oder Experten des ICBF. Gelingende Lernprozesse sind Bedingung für Glücksgefühle bei allen Beteiligten.

Die Neurowissenschaften wollen mit ihrem Wissen über die Auswirkungen von Lernprozessen im Gehirn auch dazu beitragen, dass die Effizienz von Lernen verbessert werden kann (Güntürkün 2009). Neuere Untersuchungen betonen etwa die Bedeutung des Erinnerns, des Übens und des Testens für erfolgreiches Lernen. Sie beschreiben und erklären, inwieweit die Lernumgebung Teil des Lernerfolgs wird. Sie zeigen, durch welche Einflüsse Erinnerungen sich verändern und wie weit sie von dem ursprünglichen Erlebnis abweichen können (ebd.).

Gelingende Lernprozesse sind nach Erkenntnissen der Neurowissenschaftliche auch abhängig von individuellen Reifungsprozessen im Gehirn (Spitzer 2002). Das bedeutet, dass wir um solche Prozesse wissen müssen, um junge Menschen nicht zu Unrecht als unmündige Kinder oder als kleine Erwachsene zu unterfordern bzw. zu überfordern, und um sie nicht mit Themen und Fragen zu konfrontieren, die sie weder interessieren noch verarbeiten können.

Diesen Erkenntnissen der Hirnforschung entspricht die Forderung der Pädagogik nach einem »Paradigmenwechsel: Es geht um »eine Abkehr von der Orientierung am Lehrplan, an der Klasse, am ›Durchschnitt‹ und eine Hinwendung zur Person der einzelnen Schüler als Bezugspunkt pädagogischen Denkens und Handelns« (Weigand 2006). »Den Menschen in die Mitte (zu) stellen« (ebd.), heißt ihn zu verstehen, und zwar nicht nur als Lernenden im Kontext von Institutionen wie Kindergarten und Schule. Das multifaktorielle Modell der Begabung (Heller 2005) hilft ErzieherInnen und LehrerInnen, aufmerksam zu werden für die Vielfalt zusammenwirkender Faktoren. Dazu gehören z. B. Merkmale der Begabung und Persönlichkeit, Eigenschaften der Familie und der schulischen Umgebung, Besonderheiten der persönlichen Lebensgeschichte. Ein solches Modell weitet den Blick für mögliche Chancen und Schwierigkeiten des Lernens und der Persönlichkeitsentwicklung. Es schärft den Blick dafür, wann und wo pädagogisches Handeln Unterstützung braucht durch professionelle Hilfe, z. B. von Psychologen, Therapeuten, Kinder- oder Jugendärzten. Diese verfügen über ein breites Spektrum von Tests und Befragungen. Ihr Beitrag kann unentbehrlich sein zur Entwicklung eines stärkenorientierten, individuellen Forder- und Förderangebots.

Für den Unterricht ergibt sich aus den Ergebnissen der Wissenschaften, wie wichtig Variabilität und Vielfalt für erfolgreiches individuelles Fordern und Fördern aller Kinder sind. Damit jeder seine Stärken erfahren kann, ist etwa ein vielseitiges Angebot für die unterschiedlichen Lerntypen und Lernstile hilfreich (Huser 2000: 24f., 37f.). Zur Verbesserung von Erfolgschancen und zur Heranführung an selbstgesteuertes und selbstverantwortetes Lernen unter Berücksichtigung eigener und fremder Interessen gehört darüber hinaus die Vermittlung von Lern- und Arbeitsstrategien (Mandl/Friederich 2006: 1f.). Informationsstrategien, Lese- und Schreibstrategien, Kooperationsstrategien und Zeitmanagement werden interessant durch die Erfahrung, dass sie als wertvolle Hilfe zur Verwirklichung persönlicher Bedürfnisse beitragen. Das kann gelingen beim Lernen in Bereichen persönlicher Interessen. Wichtig ist, dass der Lernende selbst sein Lernen als erfolgreich bewertet. Dafür muss es an seinen individuellen Wissensstand anknüpfen, sein Wissen erweitern und ihm die Sicherheit vermitteln, dass sich darauf neues Wissen konstruktiv aufbauen lässt. Er muss es insgesamt als bedeutsam für sein Leben ansehen (vgl. Weinert 2000).

»Nicht für jeden das Gleiche, sondern für alle das Beste.« So formuliert es zusammenfassend der Leitspruch der CJD Jugenddorf-Christophorusschule in Königswinter. Dreh- und Angelpunkt Individueller Förderung ist eine neue Haltung den Lernenden gegenüber: Es kommt darauf an herauszufinden, was jemand schon gut kann, um seine Stärken zu stärken: »Wer Stärken stärkt, schwächt Schwächen und beglückt.« (Stadt Osnabrück 2007; Huser 2000: 16). Zugleich ist zu respektieren, was jemand besonders gern lernen will. Lernberatung und Lerncoaching gehören dabei zu wesentlichen Aufgaben von ErzieherInnenn und LehrerInnen. ErzieherInnen und LehrerInnen bleiben daneben Menschen, die Wissen und Begeisterung für das Lernen weitergeben.

Zentrale Voraussetzung hierfür ist die Beziehung zwischen den beteiligten Personen. Die Psychotherapieforschung hat längst gezeigt, was sich in der Pädagogik erst noch herumsprechen muss: Es kommt nicht auf die Technik an, sondern darauf, ob Therapeut und Klient miteinander klarkommen. Tun sie das, geschieht etwas in der Therapie; ist dies nicht der Fall, geschieht nichts, d.h. findet kein Umlernen, keine Neuorientierung, keine Heilung statt (Spitzer 2002). Neuere nationale und internationale empirische Studien bestätigen die bedeutende Rolle der Lehrer-Schüler-Beziehung (Raufelder 2010). Funktioniert die Kommunikation auch noch mit den Eltern gut, sind dies optimale Voraussetzungen dafür, dass alle Beteiligten nach Kräften am Erfolg mitwirken. Das ist der Nährboden, auf dem sich die Leidenschaft des Pädagogen für seine Arbeit und die Begeisterung der Kinder entfalten können.

Gelingensbedingungen im Forder-Förder-Projekt (FFP) als Beispiel

»Die Einmaligkeit jedes einzelnen Menschen ist eines der Wunder des Lebens« (Howard Gardner)

Das Forder-Förder-Projekt verstehen wir als Versuch, individuelle Förderung in die Praxis umzusetzen. Wir arbeiten im Forder-Förder-Projekt mit Kindern des zweiten bis sechsten Schuljahres und, in einer neuen Variante, mit Jugendlichen vom siebten Schuljahr an (www.icbf.de., Handreichungen, Publikationen: 74–79).

Das Forder-Förder-Projekt wird in drei Varianten durchgeführt:

- FFP zur Begabtenförderung im Drehtürmodell (FFP-D)
- FFP zur Individuellen Förderung im Regelunterricht (FFP-R)
- FFP Advanced zur Begabtenförderung für Fortgeschrittene (FFP-A)

Über das Konzept und die organisatorischen Rahmenbedingungen informieren die Handreichungen Individuelle Förderung – Begabtenförderung (2006).

Alle Teilnehmer des FFP erstellen eine Expertenarbeit und einen Expertenvortrag zu einem Thema ihrer Wahl nach den Regeln des wissenschaftlichen Schreibens. Das Regelprojekt (FFP-R) ist Teil des regulären Unterrichts, z.B. im Fach Deutsch. Für Teilnehmer der Drehtürprojekte (FFP-D und FFP-A) ist das FFP ein zusätzliches Projekt, das parallel zum Regelunterricht stattfindet (Konrad 2004). Alle ProjektteilnehmerInnen und -begleiterInnen finden in den Tipps für Kinder, Eltern, Lehrer und Mentoren Bausteine und Erklärungen zur Expertenarbeit und zum Expertenvortrag. Vorbereitete engagierte Lehramtsstudierende unterstützen jeweils zwei bis drei ProjektteilnehmerInnen, für die sie Verantwortung über ein halbes Schuljahr tragen. Sie begleiten die Kinder, behalten dabei die Ziele der SchülerInnen im Blick, helfen ihnen, ihre Planungen darauf abzustimmen, ihre Erfolge regelmäßig zu kontrollieren, zu bestätigen und ihre Lernstrategien, falls nötig, zu verändern.

Die pädagogische Leitidee für das Forder-Förder-Projekt ist das Zitat von Don Bosco: »Traue jemandem etwas zu, und er wird sich bemühen, diesem Vertrauen zu entsprechen.« Das Kind, der Jugendliche steht im Mittelpunkt der Überlegungen aller, die am Projekt beteiligt sind: Lehrer als Projektleiter, Studierende und ggf. auch Eltern als Projektbegleiter. Lehrer und Studierende als Mentoren beschäftigen sich vor Projektbeginn intensiv mit individueller Förderung als Begabungs- und Begabtenförderung für alle Kinder. Sie setzen sich mit Konzept und Ablauf des Projekts vor Beginn intensiv auseinander.

Der Wertschätzung von Interessen und Begabungen aller Projektteilnehmer entsprechen Befragungen und Tests. Mit Hilfe der Ergebnisse wird, soweit möglich, sichergestellt, dass nur diejenigen am Drehtürprojekt teilnehmen, die zusätzliche Herausforderungen brauchen und annehmen können: Sie müssen den Unterrichtsstoff des Regelunterrichts selbständig erarbeiten, der während der Projektzeit stattfindet. Den TeilnehmerInnen aller Projektvarianten helfen die Tests und Befragungen, Bereiche persönlicher Interessen und besonderer Neugier herauszufinden und selbst zu entscheiden, zu welchen Themen sie über den Zeitraum eines halben Jahres arbeiten wollen. Die Ergebnisse helfen den ProjektbegleiterInnen, den Forder- und Förderbedarf ihrer Kinder systematisch festzustellen: Das heißt, besondere Stärken wahrzunehmen und sie zur Bewältigung von Schwierigkeiten zu nutzen.

Respekt vor ihren Entscheidungen und Wertschätzung für ihre Arbeit erfahren die Jungen und Mädchen während der gesamten Dauer des Projekts durch die Projektleitung und die Projektbegleiter. Respekt und Wertschätzung sind untrennbar verbunden mit der neuen Grundhaltung, die Projektleiter und -begleiter in der Projektvorbereitung und -durchführung erlernen. Auch Lehrer sowie die Mentoren sind im Projekt daher vor allem Lernbegleiter für die Kinder und Jugendlichen. Sie regen das Kind an, interessengeleitet und selbständig zu lernen. Die neue Grundhaltung verlangt von ihnen einen Rollenwechsel vom Wissensvermittler hin zum Lernberater. Zu dieser Rolle gehört die offene Haltung des Lehrers, der das Kind als Person mit seinen Individuellen Interessen,

Begabungen und Bedürfnissen in den Mittelpunkt seines Handels stellt. Im FFP hat der Lehrer daher mannigfaltige Anlässe, Schülerinnen und Schüler zu fragen, z. B.:

- Womit möchtest Du dich beschäftigen?
- Welches Thema interessiert Dich?
- Welche Fragen bewegen Dich bei Deinem Thema?
- Wie kannst Du deine Ziele erreichen?
- Was kann Dir dabei helfen?
- Was kann Dich dabei beeinträchtigen?
- Wie sieht Deine Zeitplanung aus?

Alle Beteiligten erfahren selbst, was inzwischen Neurobiologie, Psychologie und Pädagogik lehren: Lernen können und müssen die Lernenden selbst (Spitzer 2002, Weigand 2006). Der Projektleiter akzeptiert daher die Wünsche und Entscheidungen der SchülerInnen und überlässt ihnen zunehmend Freiheit und Verantwortung im Projekt. Dem entsprechen die Förderung von Selbsttätigkeit und Selbständigkeit in der Umsetzung der selbst gewählten Themen und Ziele, und die Anleitung zu individuellem Zeitmanagement.

Im Laufe des Projekts finden durch Beobachtung und Beachtung von Interessen und Fähigkeiten Projektleiter und Studierende als Mentoren »ihre« ProjektteilnehmerInnen, je nachdem, wo sich besondere Beziehungen anbahnen. Bis zur erfolgreichen Präsentation vor Eltern, Geschwistern und Freunden sind zwischen Studierenden als Mentoren und »ihren« Kindern oft persönliche, freundschaftliche Beziehungen entstanden. Im Laufe des Projekts wachsen auch die Beziehungen der TeilnehmerInnen untereinander, indem sie in jeder Projektstunde angeleitet werden, Erfolge anderer TeilnehmerInnen ihrer Gruppe ausdrücklich zu würdigen, sich gegenseitig durch kreative Ideen und Vorschläge in ihrer Arbeit voranzubringen und sich durch die gegenseitige Wertschätzung immer neu zu ermutigen.

Der Effizienz persönlichen individuellen Forschens und Lernens dienen Informations-, Lese- und Schreibstrategien, Ausdauertraining und Zeitmanagement. Die TeilnehmerInnen erhalten zur Unterstützung eine digitale Schultasche, einen USB-Stick mit Programmen und Tipps für wissenschaftliches Arbeiten. Diese werden ihnen vorgestellt, wenn die entsprechende Phase nach dem allgemeinen Zeitplan erreicht ist.

Das Glück des Erfolges lernen die Jungen und Mädchen mit Hilfe eines Lerntagebuchs wahrzunehmen, zu dokumentieren und zu genießen. Im Lerntagebuch (ICBF nach Kuhl) notieren sie ihre Ziele, planen die Umsetzung einschließlich der Bewältigung möglicher Schwierigkeiten, dokumentieren und bewerten systematisch und regelmäßig ihre Lernfortschritte. Sie lernen, zunehmend realistischer und erfolgreicher zu planen und durch Lernen Glück zu empfinden. Als größten Erfolg erleben die TeilnehmerInnen die abschließende Präsentation ihrer Ergebnisse bei der Expertentagung für Kinder:

»Mir persönlich hat es besonders gut gefallen, dass man sich mit einem Wunschthema befassen [...] konnte. Die fertige Expertenarbeit war für mich von großer Bedeutung, weil ich meinen persönlichen Erfolg sehen konnte, aber viel wichtiger für mich war der Vortrag. [...] Die Anerkennung meines Vortrages durch die Zuhörer hat mir sehr viel Selbstvertrauen gegeben. Ich war einfach nur stolz«(Patrick 2008).

»Warum kann Schule nicht immer so sein wie das Forder-Förder-Projekt?« (Jens 2009)

»Das tollste und lehrreichste Projekt aller Zeiten!« (Niklas 2007)

Die Auseinandersetzung mit Anforderungen der Gesellschaft wird z.B. gefördert durch die Festlegung eines Termins für die Abschlusspräsentation, durch Vermittlung und Erläuterung von Regeln und Strategien wissenschaftlichen Arbeitens. Sie wird eingeübt in regelmäßigen Planungs- und Bewertungsgesprächen der Kleingruppen mit Mentoren als Moderatoren am Anfang und Ende jeder Projektstunde.

Die Wirksamkeit von Lernfreude, Anerkennung und Wertschätzung als Quellen neuer Motivation zeigt sich unübersehbar an der besonderen individuellen Schullaufbahn einiger ProjektteilnehmerInnen: Sie nehmen noch ein- oder sogar zweimal am Forder-Förder-Projekt teil, beteiligen sich erfolgreich an Wettbewerben, lernen über Jahre hinweg in zusätzlichen Fächern, über den Pflichtunterricht hinaus oder im Unterricht höherer Jahrgangsstufen auf dem Niveau ihrer persönlichen Leistungsmöglichkeiten. Einige nehmen als Junior-Studenten schon während ihrer Schulzeit an Veranstaltungen der Westfälischen Wilhelms-Universität Münster teil.

Zur Wertschätzung besonderer individueller Leistungen gehört unbedingt eine entsprechende Dokumentation in Personalbögen und Zeugnissen, außerdem die öffentliche Auszeichnung durch Anerkennungsurkunden.

Eine angemessene Würdigung und Wertschätzung vieler individueller Leistungen im Rahmen von Abschlüssen und der Neugestaltung von Übergängen zwischen verschiedenen Institutionen des Lernens steht noch aus. Der Respekt vor den gesetzlich festgeschriebenen Rahmenbedingungen individueller Förderung verlangt auch nach einer entsprechenden Neugestaltung von Verordnungen und Erlassen, soweit sie der Umsetzung der gesetzlich garantierten Ansprüche im Wege stehen. Dazu gehört z.B. eine Neuregelung für die Anerkennung von Leistungen in einer höheren Jahrgangsstufe. Solange solche Leistungen nur für den Zeitpunkt anerkannt werden, zu dem der Lehrplan sie vorsieht und zu dem sie von der Klasse erbracht werden, kann das Glücksgefühl als Belohnung für Lernen und Leistung Schaden nehmen, die Abkehr von der Orientierung an der Klasse, dem Durchschnitt und dem Lehrplan ist halbherzig, die Erfolge individueller Förderung bleiben unter solchen Voraussetzungen mehr als fragwürdig.

Wertschätzung und Lernfreude motivieren nicht nur Kinder und Jugendliche. Sie wirken auch als Motor für die Fortsetzung und Weiterentwicklung des Projekts durch alle Beteiligten. So entsprach die Einführung des FFP als Regelprojekt den Forderungen von Eltern nach Abschluss der ersten Drehtürprojekte. Die Eltern waren überzeugt, dass das, was sie als individuelle Förderung besonderer Begabungen kennengelernt hatten, Kindern aller Begabungen nützen würde. Das Konzept für das FFP-A, (Advanced – für Fortgeschrittene) knüpft an die Begeisterung und die Erfolge einer Schülerin an, die von sich aus, mit Unterstützung von Experten, in ihrer Arbeit empirische Untersuchungsmethoden eingesetzt und damit die Idee des neuen Projekts initiiert hat. Gelegenheiten für Wertschätzung und für Verbesserungsvorschläge sind feste Bestandteile des Projekts. Im Anschluss an den Festakt mit den Präsentationen werden in Gesprächen und schriftlichen Befragungen Einschätzungen aller Beteiligten regelmäßig eingeholt und für die weitere Arbeit ausgewertet.

Wachsende Wertschätzung für das Projekt an vielen Schulen verschiedener Schulformen, sowohl im Drehtür- als auch im Regelprojekt, hat dazu beigetragen, dass das Forder-Förder-Projekt zur individuellen Förderung im Regelunterricht erstmals in einer integrativen vierten Klasse als Beitrag zur Inklusion durchgeführt werden konnte. Mit dieser Klasse nahmen ein geistig behinderter Junge und zwei Förderkinder mit emotionalem Förderbedarf am Forder-Förder-Projekt teil. Im Projekt lernten Projektleitung und Mentoren:

Kinder mit geistigen Behinderungen sind besondere Kinder, aber keine Kranken. Der Respekt vor ihrer Würde verlangt entsprechende Kenntnis solcher Besonderheiten. Kinder mit geistigen Behinderungen und Kinder mit sonderpädagogischem Förderbedarf lernen besonders erfolgreich bei besonderer Wertschätzung und Aufmerksamkeit für ihre Bedürfnisse, wie alle anderen Kinder auch. Ihren individuellen Fähigkeiten und Fertigkeiten entsprechend brauchen sie unter Umständen intensivere Betreuung bei der Interessenfindung und bei der Planung kleinerer Schritte, mehr Zeit für die Umsetzung, eventuell mehr Erklärungen und mehr vorbereitete, anschauliche Materialien und häufigere Beratung zur Anpassung von Zielen an die individuellen Leistungsmöglichkeiten. Für das Kind mit der geistigen Behinderung war die Anbindung an die persönliche Lebenswelt (situiertes Lernen, Weinert 2009) von entscheidender Bedeutung für erfolgreiches Lernen.

Ein Menschenbild für die pädagogische Praxis: Chance und Herausforderung

> *»Nicht da ist man daheim, wo man seinen Wohnsitz hat, sondern da, wo man verstanden wird«* (Christian Morgenstern)

Wesentliche gesetzliche Grundlagen für das Gelingen individueller Förderung sind gelegt. Wichtig dabei ist, dass individuelle Förderung den Menschen als Person in die Mitte stellt. Die Entfaltung seiner Persönlichkeit mit allen Begabungen, Fähigkeiten und Talenten ist Voraussetzung für das Wohl des einzelnen Kindes und Jugendlichen. Kinder und Jugendliche sind ein kostbares Gut in unserer Gesellschaft. Sie benötigen Wertschätzung ohne Vorbehalte, Respekt, Zuwendung und Aufmerksamkeit. Dies gilt für alle Menschen (inklusive Pädagogik). Dafür tragen alle Beteiligten, auch Kinder und Jugendliche, Eltern, ErzieherInnen und LehrerInnen, Verantwortung.

Individuelle Entfaltung der Persönlichkeit mit allen Begabungen und Talenten als Beitrag zum Wohl der Gemeinschaft derzeitiger und zukünftiger Generationen wird angesichts sinkender Geburtenzahlen und der damit verbundenen Veränderungen der Bevölkerungsstrukturen immer wichtiger.

Individuelle Förderung einer inklusiven Pädagogik verlangt von ErzieherInnen und LehrerInnen eine an den Kompetenzen der Kinder und Heranwachsenden orientierte Sichtweise, eine Haltung, die Entwicklungschancen zulässt. Dies ist eine Herausforderung, aber eine unerlässliche Voraussetzung für einen gelingenden nachhaltigen Lernprozess.

Interessengeleitetes Lernen auf einem hohen Anspruchsniveau beflügelt Lernende zum Lernen aus Leidenschaft. Sie akzeptieren hohe Anforderungen und wenden gerne gezielt am Thema ihrer Wahl Lern- und Arbeitsstrategien an. Damit trainieren sie Anstrengungsbereitschaft, Durchhaltevermögen und selbstgesteuertes Lernen und Arbeiten.

Kinder und Jugendliche sollen durch Lernen glücklich werden. Sie dürfen nicht verzweifeln. Lehrer und Lehrerinnen sollten die Chancen als Verpflichtungen ansehen, die sich aus den neuen rechtlichen Rahmenbedingungen, aus der wachsenden Wertschätzung der Interessen und Begabungen aller jungen Menschen und aus dem wachsenden Wissen über Begabung und Lernen bieten. Der Beruf der Lehrerin, des Lehrers wird dann zu einer Berufung.

Literatur

Betts, G. T./Kercher J. K. (1999). Autonomous Learner Model: Optimizing Ability. Greeley: ALPS Publishing.

Betts, G. T./Kercher, J. K./Mönks, F. J. (2008). Der Weg des selbstbestimmten Lernens: auf dem Weg zum autonomen Leben. SBL. Band 5. Berlin u.a.: Lit-Verlag.

Bundesministerium für Bildung und Forschung (1995). Begabte Kinder finden und fördern. Ein Ratgeber für Eltern und Lehrer. Bonn.

Bundesministerium für Arbeit und Soziales (2010). Übereinkommen der Vereinten Nationen über die Rechte von Menschen mit Behinderungen. Bonn.

Feger, B./Prado, T. M. (1998). Hochbegabung. Die normalste Sache der Welt. Darmstadt: Primus Verlag.

Fischer, C./Mönks, F. J./Westphal U. (2008). Individuelle Förderung: Begabungen entfalten – Persönlichkeit entwickeln, Fachbezogene Förderkonzepte. Band 7. Berlin u.a.: Lit-Verlag.

Güntürkün, O./Westphal, U. (2009). Lernen – Behalten – Anwenden. Vorschläge der Hirnforschung für eine Schule der Zukunft. In: Ch. Fischer/U. Westphal/Ch. Fischer-Ontrup (Hrsg.), Individuelle Förderung: Lernschwierigkeiten als schulische Herausforderung. Lese-Rechtschreibschwierigkeiten – Rechenschwierigkeiten. Münster: Lit-Verlag, S. 3–22.

Heller, K. A./Reimann, R./Senfter, A. (2005). Hochbegabung im Grundschulalter, Erkennen und Fördern. Band 2. Münster: Lit-Verlag.

Herrmann, C. (2009). Determiniert – und trotzdem frei! In: Gehirn & Geist, Nr. 11, S. 52–57. Heidelberg: Verlag Spektrum der Wissenschaft.

Huser, J. (2007). Lichtblick für Helle Köpfe. 5., überarb. Ausg. Zürich: Lehrmittelverlag des Kantons Zürich.

Key, E. (1903). Das Jahrhundert des Kindes. Berlin: Fischer Verlag.

Konrad, M. (2004). Herausforderungen für helle Köpfe – Variationen des Drehtür-Modells. In: Journal für Begabtenförderung. Für eine Begabungsfreundliche Lernkultur. Insbruck: Studien Verlag.

Mandl, H./Friedrich, H. F. (Hrsg.) (2006). Handbuch Lernstrategien. Göttingen u.a.: Hogrefe.

Martens, J. U./Kuhl, J. (2005). Die Kunst der Selbstmotivierung, Neue Erkenntnisse der Motivationsforschung praktisch nutzen. 2., aktual. und erw. Aufl. Stuttgart: Verlag W. Kohlhammer.

Meinhard, M. (2002). Die Deformierte Gesellschaft. Wie die Deutschen ihre Wirklichkeit verdrängen. München: Propyläen-Verlag.

Pallasch, W./Hameyer, U. (2008). Lerncoaching. Theoretische Grundlagen und Praxisbeispiele zu einer didaktischen Herausforderung. Weinheim u.a.: Juventa Verlag.

Raufelder, D. (2010). Erfolgreich lernen: Eine Frage der Beziehung. In: Gehirn & Geist, Nr. 11. Heidelberg: Verlag Spektrum der Wissenschaft.

Singer, W. (2004). Verschaltungen legen uns fest. Wir sollten aufhören, von Freiheit zu sprechen. In: C. Geyer (Hrsg.), Hirnforschung und Willensfreiheit. Zur Deutung der neuesten Experimente, S. 30–65. Frankfurt am Main: Suhrkamp.

Spitzer, M. (2002). Lernen. Gehirnforschung und die Schule des Lebens. Heidelberg, Berlin: Spektrum Akademischer Verlag.

Weigand, G. (2006). Schule der Person. Den Menschen in die Mitte stellen. In: Kirche und Schule, Nr. 138, Jh. 33, S. 3–9.

Weinert, F. E. (2000). Lernen als Brücke zwischen hoher Begabung und exzellenter Leistung. Vortrag gehalten anlässlich der zweiten internationalen Salzburger Konferenz zu Begabungsfragen und Begabtenförderung. URL: www.schule.at/dl/Weinert.doc [letzter Zugriff: 01/2011].

14. Ressourcen stärken: Arbeit mit Kraft-Quellen

Brigitte Geupel

Kinder können sich in ihrem Selbstwert stabilisieren, wenn sie sich damit beschäftigen, was ihnen selbst gut tut. Dazu bietet die Kraft-Quellen-Arbeit eine Möglichkeit. Mithilfe emotional bedeutsamer Bilder weckt sie Ressourcen, die die Kinder zur Steigerung ihres Selbst-Wertes und ihres Selbst-Bewusstseins nutzen können.

Die Grundidee der Kraftquellen-Arbeit

In die Entwicklung der »Kraft-Quellen-Arbeit« floss die Auseinandersetzung mit verschiedenen theoretischen Ansätzen zur Ressourcenarbeit ein. Die Resilienzforschung liefert Erkenntnisse darüber, welche Fähigkeiten und Ressourcen helfen, relativ unbeschadet z.B. mit den Folgen von belastenden Lebensumständen umzugehen und Bewältigungskompetenzen zu entwickeln (vgl. Petermann/Niebank/Scheithauer 2004: 344). Für die Stärkung der Resilienz sind nicht nur stabile Beziehungen wichtig, sondern auch das Selbstwertgefühl, die Selbstwirksamkeitsüberzeugung, aktives Bewältigungsverhalten und die Selbsthilfefähigkeiten (ebd.). Auch in der Psychotherapieforschung wird die Ressourcenaktivierung als ein wichtiger Wirkfaktor angesehen (vgl. Grawe 2005: 7). Dabei können jedoch sehr unterschiedliche Ressourcen für die Bewältigung der Krisen genutzt werden. Der Zugang zu den eigenen Ressourcen wird durch das bildhafte (unmittelbare) Erleben leichter ermöglicht und aktiviert.

In der Methode der Kraft-Quellen-Arbeit werden die Selbsthilfekräfte und Ressourcen durch eigene Imagination gestärkt, die Kreativität und Selbstwirksamkeit der Kinder gefördert und durch die wertschätzende Haltung der Begleiterin zusätzlich motiviert. Medium der Kraft-Quellen-Arbeit sind Bildkarten, die bei den Kindern diese Imaginationen hervorrufen und sie zum Erzählen von Geschichten inspirieren.

Die Idee, aus Bildern und Geschichten hilfreiche Kraftquellen zu entwickeln, entstand bei der Suche nach geeignetem Material, um ressourcenaktivierendes Erleben bewusst und zur Selbstwertsteigerung nutzbar zu machen. Mit den Fotografien von Heinrich Koller[22] liegt eine geeignete

Materialsammlung vor, die mehrere Jahre in der Praxis erprobt wurde. Für die Kraft-Quellen-Arbeit können aber auch andere Bildvorlagen verwendet werden.

Bei der Zusammenstellung der Materialsammlung wurde darauf geachtet, dass die vier Elemente Wasser, Feuer, Luft, Erde und die vier Jahreszeiten vertreten sind. In den Kartensatz wurden sowohl Motive aus südlichen Gegenden als auch aus der heimischen Umgebung aufgenommen. Diese Vielfalt ist wichtig, um den verschiedenen individuellen Bedürfnissen der Kinder gerecht zu werden. Die Karten lassen sich zu folgenden Themen zuordnen:

- Beziehung/Empathie/Liebe
- Schutz/Sicherheit
- Kraft/Energie/Stärke
- Weg/Bewegung/Zukunft
- Ruhe/Entspannung/Entlastung

Die Motive ermöglichen ein ursprüngliches Erleben fern von Konsum, Statussymbolen und Leistungsvergleich. Durch diese Auswahl können beim Erzählen der Geschichten/der Gedanken folgende Ressourcen aktiviert werden: Kreativität, Entspannung, Wahrnehmung angenehmer Gefühle (z.B. Freude, Glücksmomente) und eigener Bedürfnisse, Erleben der eigenen Kraft und Stärke, Wahrnehmung mit allen Sinnen, Genussfähigkeit, Erinnerung an positive Erlebnisse, soziales Erleben, Finden von Sicherheit und Schutz, Entlastung, Entwickeln von positiven Gegenbildern zu Belastungssituationen, Spiritualität, Selbsterkenntnis, Selbstwertsteigerung, Selbstwirksamkeit, Veränderungsbereitschaft, Probehandeln und Finden einer individuellen Problemlösungs- und Entlastungsstrategie.

Die Ressourcenaktivierung durch die Imaginationsarbeit mit den »Kraftquellen« wird an folgendem Schema verdeutlicht.

---

22 Information zu den Kraft-Quellen-Fotos unter www.hk-os.de.

Ressourcenaktivierungsrad durch »Kraftquellen«

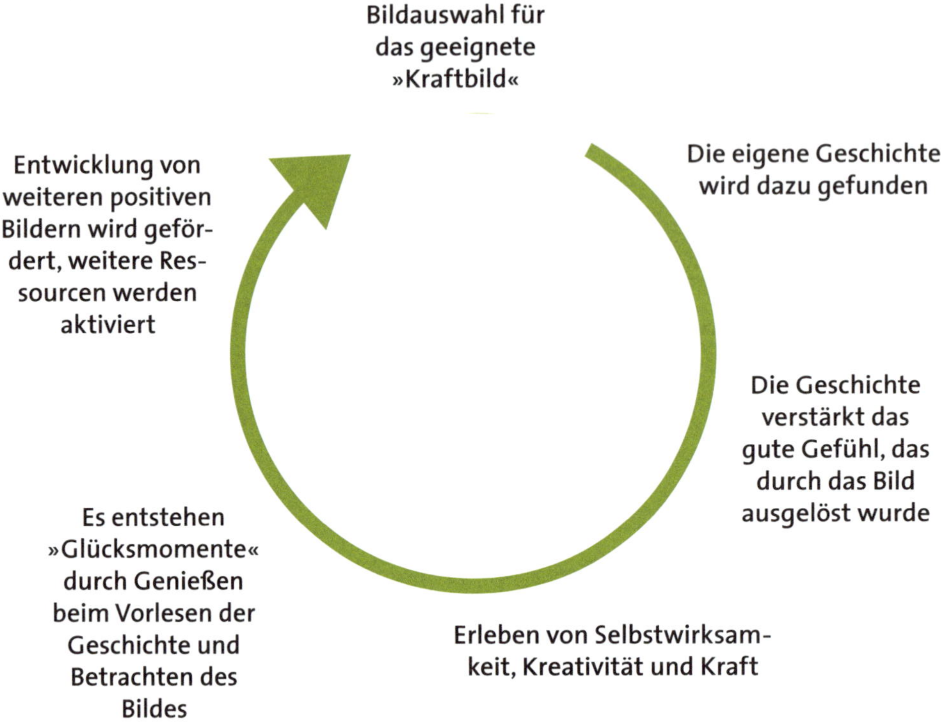

Abb. 7 Brigitte Geupel (2008).

Das folgende Beispiel zeigt, zu welcher Art von stärkenden Geschichten die Bildkarten Kinder animieren können.

Ein schöner Tag am Meer

Ich renne die Düne mit ausgebreiteten Händen hinunter
bis kurz vor dem Meer.
Dort atme ich tief durch.
Ich höre das Rauschen der Wellen und die Möwen kreischen.
Am Horizont sehe ich Schiffe.
Ich gehe am Strand entlang und sammle Muscheln.
Ich baue eine riesengroße Sandburg und verziere sie
mit den Muscheln und anderen Dingen, die ich finde.
Ich rieche den salzigen Geruch von Muscheln und Algen.
Ich fühle mich frei und glücklich.

Anna-Lena, 13 Jahre

Anwendungsmöglichkeiten der Kraft-Quellen-Arbeit bieten sich im ressourcenorientierten Arbeiten im Kontext von Psychotherapie, Beratung, Gruppenarbeit, Supervision und in der pädagogischen Arbeit mit Kindern an. Die Methode wurde in der psychotherapeutischen Praxis entwickelt, kann aber sehr gut auch in der Kleingruppenarbeit in Kindertageseinrichtungen, Schulen, Fördereinrichtungen angewendet werden.

Die praktische Anwendung der Kraft-Quellen-Arbeit

Die Arbeit mit den Kraft-Quellen-Karten sollte erfahrungsgemäß in folgender Weise durchgeführt werden:

Auswahl der Karten

Aus vielen verschiedenen Bildkarten wählen die Kinder die Karte aus, die ihnen besonders gut gefällt und in ihnen beim Betrachten ein angenehmes Gefühl auslöst.

Die Imagination

Zu diesen Bildern erzählen die Kinder – angeleitet und begleitet durch die einfühlende Unterstützung einer erwachsenen Person (Anleiterin) – ihre Geschichten/ihre Gedanken. Sie bringen ihre Imagination ein und nutzen die Bilder als Zugang zu ihren eigenen Kraftquellen.

Die AnleiterIn unterstützt die Imagination mit folgenden Fragen:

»Warum hast du diese Karte ausgewählt? Was hat dich angesprochen? (Frage nach der Inspiration durch das Bild)

»Stell dir vor, dass du an diesem Ort/in dieser Situation bist. Was würdest du gern machen, damit es dir dort richtig gut geht?« (Frage nach der Aktivität)

»Was siehst, hörst, riechst du, was möchtest du berühren?« (Frage nach den Sinnen)

»Bist du dort allein oder wer ist bei dir?« (Frage nach der sozialen Komponente)

»Wie fühlst du dich?« (Frage nach dem inneren Gefühl – das Gefühl möglichst genau beschreiben lassen!)

»Was brauchst du noch, um aus dieser Situation Kraft zu schöpfen?« (Frage nach den Ressourcen, die Kraft geben)

Es empfiehlt sich, zwischen den Fragen Pausen zu lassen und den Kindern Zeit zu geben, damit sie sich in die Situation intensiv hineinversetzen können. Die Geschichte/die Gedanken werden während des Erzählens aufgeschrieben. Es ist wirkungsvoller, wenn sie im Präsens und aktiver Verbform formuliert sind.

Das Vorlesen der Geschichte
Die Wirkung der Imagination wird verstärkt durch das anschließende Vorlesen der Geschichte. Dabei wird auch noch einmal überprüft, ob die Geschichte stimmig ist und ob sie ressourcenaktivierend wirkt. Die Geschichte ist passend, wenn eine positive Stimmung und ein angenehmes Gefühl beim Hören der Geschichte erlebt wird. Schließlich wird ein Titel für diese Geschichte gesucht, der als Anker dienen kann, um sich wieder an die Kraft-Quelle zu erinnern.

Reaktivierung des stärkenden Gefühls
Wenn die Kinder ihre Geschichte und das Bild/eine Kopie davon mit nach Hause nehmen, haben sie die Möglichkeit, das stärkende Gefühl zu reaktivieren. Diese Art der Selbstbeeinflussung ist eine bedeutsame Erfahrung von Selbstwirksamkeit. Kraft ihrer Geschichten können die Klienten sich in eine bessere Stimmung versetzen, sich selbst Kraft geben und erleben, dass Belastungen dann leichter werden. Gleichzeitig lernen sie ihre eigenen (unbewussten) Ressourcen-Schätze kennen.

Die Verbindung von Kraft-Quellen
In der Gruppenarbeit kann die Methode so genutzt werden, dass in der gemeinsamen Stunde mehrere Kraft-Quellen-Geschichten entwickelt werden. Dadurch entsteht ein produktiver Austausch untereinander und ein besseres Verständnis für die Ressourcen und Wunschbilder der anderen.

Einbettung der Kraft-Quellenarbeit in den Prozess der pädagogischen Arbeit
Die Geschichten ermöglichen eine Vorstellung von dem, was den Kindern ein gutes Gefühl vermittelt. Es ist daher sinnvoll, diese Imagination mit dem verbundenen stärkenden Gefühl immer wieder zu nutzen. So können die Kinder beispielsweise jeweils vor dem Einschlafen an »ihr

Bild und ihre Geschichten denken«, oder ein vertrauter Mensch liest die Geschichte vor. Die Kraft-Quellen-Geschichte wirkt als Imagination. In manchen Fällen kann sie aber auch Anregung geben, sich eigene Wohlfühl- und Kraftorte in der nahen Umgebung zu suchen und dort direkt die damit verbundenen angenehmen Gefühle zu erleben.

Das folgende Beispiel dokumentiert noch einmal ein Ergebnis aus der Arbeit mit Kraft-Quellen:

Meine beste Freundin

Ich gucke mir mit meiner besten Freundin den Sonnenuntergang an.
Wir reden miteinander und stehen am Wasser.
Wir riechen den Duft der Blumen.
Wenn es dunkel wird, gehen wir nach Hause.
Wir spielen Mutter, Vater und Kind.
Wir hören Musik.
Ich fühle, dass ich eine gute Freundin habe.
Das ist ein gutes Gefühl.

Hannah, sieben Jahre

PädagogInnen können erleben, wie die Kinder bei der Arbeit mit den Kraft-Quellen vor Freude strahlen. Sie können sich auch selbst eine Freude bereiten, ihre Kraft-Quellen-Karte aussuchen und bei der Gestaltung ihrer Geschichte die eigenen Kraft-Quellen entdecken.

Literatur

Geupel, B. (2007). Kraft-Quellen-Arbeit. In: Forum Psychotherapeutische Praxis, H. 3, S. 120–126. Göttingen: Hogrefe.

Grabbe, M. (2005). Kooperation mit Kindern im therapeutischen und beraterischen Kontext. In: H. Schindler/A. Schlippe (Hrsg.), Anwendungsfelder systemischer Praxis, Dortmund: Borgmann Media, S. 117–142.

Grawe, K. (2004): Neuropsychotherapie. Göttingen: Hogrefe.

Grawe, K. (2005). (Wie) kann Psychotherapie durch empirische Validierung wirksamer werden? In: Psychotherapeutenjournal 1. Heidelberg: Decker.

Loth, W. (2003). Ressourcen bewegen. In: H. Schemmel/J. Schaller (Hrsg.), Ressourcen: ein Hand- und Lesebuch zur therapeutischen Arbeit. Tübingen: DGVT-Verlag.

Petermann, F./Niebank, K./Scheithauer, H. (2004). Entwicklungswissenschaft. Berlin: Springer Verlag.

Reddemann, L. (2001). Imagination als heilsame Kraft. Stuttgart: Pfeiffer.

AutorInnen

DIPL.-PSYCH. FRANK AUFHAMMER, wissenschaftlicher Mitarbeiter am Institut für Psychologie (Differentielle Psychologie und Persönlichkeitsforschung) der Universität Osnabrück. Aktuelle Forschungs- und Tätigkeitsschwerpunkte: Projektevaluation im Projekt »Balu und Du«, Untersuchungen zur Entwicklung der körperlichen Stressregulationskompetenzen von sechs- bis zehnjähriger Grundschulkindern.

DIPL.-PSYCH. MICHAEL BACHG, Psychologischer Psychotherapeut und Kinder- und Jugendlichen Psychotherapeut, Lehrtherapeut, Supervisor und Ausbilder in Pesso Boyden System Psychomotor (PBSP), Begründer von feeling-seen. Leiter des PBSP-Instituts für Aus- und Fortbildung in feeling-seen und PBSP für Therapeuten, Pädagogen und Berater. Schwerpunkte: Motivation, Wahrnehmung, Gedächtnis und Bewusstsein, Persönlichkeitsentwicklung, Psychotherapie.

DR. PHIL. BIRGIT BEHRENSEN, Soziologin und wissenschaftliche Mitarbeiterin in der Forschungsstelle Begabungsförderung des Niedersächsischen Instituts für frühkindliche Bildung und Entwicklung (***nifbe***). Arbeitsschwerpunkte: Qualitative Forschung, Migration, Flucht und Bildung.

HILTRUD BIERBAUM-LUTTERMANN, Psychologische Psychotherapeutin für Erwachsenen und Kinder in eigener Praxis in Berlin, stellvertretende Leitung der Institutsambulanz der DGVT-KIJU und Regionalstellenleitung der MEG für Kinder u. Jugendliche Berlin, verh. zwei Kinder. Arbeitsschwerpunkte sind Verhaltenstherapie, Spiel-und Familientherapie, Klinische Hypnose und NLP. Sowohl im therapeutischen Bereich als auch in der Ausbildung als Dozentin und Supervisorin an unterschiedlichen Instituten tätig.

BRIGITTE GEUPEL, Pädagogin, Kinder- und Jugendlichen-Psychotherapie und Supervision in eigener Praxis in Ibbenbüren. Dozentin und Supervisorin u.a. in der Ausbildung von Kinder- und Jugendlichen-Psychotherapeuten. Arbeitsschwerpunkt: ressourcenorientierte Methoden.

MONIKA KAISER-HAAS, Grund- und Hauptschullehrerin sowie Mitarbeiterin im Landeskompetenzzentrum für Individuelle Förderung (LIF). Projektleiterin des FFP (Forder-Förder-Projekt) an der Ludgerusschule in Münster-Hiltrup. Schwerpunkte: Moderatorin für Kinder mit besonderen Begabungen, ECHA-Diplom (European Council for high Abilities).

MONIKA KONRAD, Oberstudienrätin, Koordinatorin für Begabungsförderung am Wilhelm-Hittorf-Gymnasium in Münster und Mitarbeiterin im Landeskompetenzzentrum für Individuelle Förderung (LIF). Fächer: Deutsch, Philosophie und Rhetorik. Schwerpunkte: Forder-Förder-Projekt und Individualisierung von Bildungsgängen.

DIPL.-PSYCH. THOMAS KÜNNE, Diplom-Psychologe, in Ausbildung zum Kinder- und Jugendlichentherapeuten (Verhaltenstherapie), wissenschaftlicher Mitarbeiter in der Forschungsstelle Begabungsförderung des Niedersächsischen Instituts für frühkindliche Bildung und Entwicklung (***nifbe***). Aktuelle Tätigkeits- und Forschungsschwerpunkte: Diagnostik von Selbstkompetenzen im Vorschulalter, Selbstkompetenzen bei Bezugspersonen und ihre Wirkung auf die fachliche Beziehungsgestaltung, Bedeutung der Beziehung im Rahmen der Begabungsentfaltung.

PROF. DR. JULIUS KUHL, vertritt seit 1986 das Fach Differentielle Psychologie und Persönlichkeitsforschung an der Universität Osnabrück und leitet eine Forschungsgruppe im Bereich der Begabungsförderung im Niedersächsischen Institut für frühkindliche Bildung und Entwicklung (***nifbe***). Stationen seines wissenschaftlichen Werdegangs: Bochum, University of Michigan, Stanford University, Max-Planck-Institut für psychologische Forschung (München) und Mexiko (UNAM). Seine Forschung bildete die Grundlage für eine integrative Persönlichkeitstheorie (PSI-Theorie) und für neue Methoden zur Diagnostik persönlicher Kompetenzen (EOS).

DR. PHIL. SUSANNE MÜLLER-USING, wissenschaftliche Mitarbeiterin am Lehrstuhl für Schulpädagogik am Institut für Erziehungswissenschaft der Universität Osnabrück sowie am Niedersächsischen Institut für frühkindliche Bildung und Entwicklung (*nifbe*) in der Forschungsstelle Begabungsförderung. Aktuelle Tätigkeits- und Forschungsschwerpunkte: Pädagogische Ethik im Kontext von Schulqualität, Kreativität in der Schulbildung sowie Ansätze zum Wahrnehmen von individuellem Talent, Begabung und Beziehung, Lehrerbildung und -fortbildung.

MEIKE SAUERHERING, M.A., Magistra Erziehungswissenschaften und Sportwissenschaft, Erstausbildung als Erzieherin, wissenschaftliche Mitarbeiterin der Forschungsstelle Begabungsförderung des Niedersächsischen Instituts für frühkindliche Bildung und Entwicklung (*nifbe*).

PROF. DR. GERD E. SCHÄFER, Prof. für Allgemeine Erziehungswissenschaft und Pädagogik der frühen Kindheit, Familie, Jugend an der Universität zu Köln, betreut dort den Diplomstudiengang Pädagogik der frühen Kindheit, Familie. Seit April 2009 im Ruhestand. Forschungsschwerpunkte: frühkindliche Bildungsforschung, Naturwissen der Kinder, ästhetische Bildung, Spiel.

DR. PHIL. CHRISTINA SCHWER, wissenschaftliche Mitarbeiterin der Forschungsstelle Begabungsförderung des Niedersächsischen Instituts für frühkindliche Bildung und Entwicklung (*nifbe*). Aktueller Arbeitsschwerpunkt: ErzieherIn-Kind-Beziehungen und Lehrkraft-Schüler-Beziehungen und deren Bedeutung für die Begabungsentwicklung von Kindern. Arbeitete an der Entwicklung eines Verfahrens zur Identifikation und Rekonstruktion von individuellen präsupponierten Kognitionen aus videoaufgezeichneten Interaktionen.

PROF. DR. CLAUDIA SOLZBACHER, Leiterin der Forschungsstelle Begabungsförderung des Niedersächsischen Instituts für frühkindliche Bildung und Entwicklung (*nifbe*) und Lehrstuhl für Schulpädagogik an der Universität Osnabrück. Arbeitsschwerpunkte: Begabungsförderung, Netzwerkbildung, Schulentwicklung.

DR. PHIL. ROSWITHA STAEGE, Akademische Rätin am Institut für Erziehungswissenschaft der Universität Osnabrück. Forscht und lehrt im Arbeitsbereich Frühkindliche Bildung/Elementarpädagogik mit den Schwerpunkten Ästhetische Bildung, Didaktik des Elementarbereichs, Pädagogische Anthropologie sowie Erziehungs- und Bildungsphilosophie.

DIPL.-PSYCH. ALEXANDRA STREHLAU, wissenschaftliche Mitarbeiterin der Forschungsstelle Begabungsförderung des Niedersächsischen Instituts für frühkindliche Bildung und Entwicklung (***nifbe***). Arbeitsschwerpunkte: Entwicklung einer umfassenden Persönlichkeitsdiagnostik für Grundschulkinder der dritten und vierten Klasse sowie Forschung zum Thema Motivation und Selbststeuerungskompetenzen in dieser Altersgruppe.

DR. RER. NAT. SUSANNE VÖLKER, Diplompsychologin und Kinder- und Jugendlichenpsychotherapeutin. Arbeitet als wissenschaftliche Mitarbeiterin in der Forschungsstelle Begabungsförderung des Niedersächsischen Instituts für frühkindliche Bildung und Entwicklung (***nifbe***). Aktueller Arbeitsschwerpunkt: Beziehung und Begabungsentfaltung bei Vor- und Grundschulkindern.

DIPL.-PÄD. WIEBKE WARNECKE, Mitarbeiterin in der Forschungsstelle Begabungsförderung des ***nifbe***. Tätigkeits- und Forschungsschwerpunkte u.a. im Themenfeld Heterogenität/Diversity und Bildung, Verschiedenheit und Begabungsentfaltung, international vergleichende Erziehungswissenschaft mit Blick auf Bildung im Kindes- und Jugendalter (Schwerpunkt Neuseeland, Postcolonial & Minority Studies).